U0908280

职业教育课程改革规划新教材

实用语文（表达与写作）

第2版

主 编 苏 琳

参 编 林 勤 董闻闻 毛晓玉

陈 蕾 唐铭培 李晓雯

机 械 工 业 出 版 社

本书涵盖基础、职业和拓展三大模块，体例设计新颖，评价体系科学，重视群体交流。编者以完成教学任务为着眼点，运用任务驱动的教学理念，激发学生学习的自主性和合作性，在保证各专业学生掌握必备的表达与写作能力的前提下，力求使教学的重点、难点辐射到不同专业、岗位乃至工种。其设置的三大模块任务书，单独成册，与各专业的知识与技能相通相接，对促进学生专业能力的提升大有益处。

本书可作为职业学校学生语文类课程分项教材，也可作为相关能力培训授课用书。

图书在版编目（CIP）数据

实用语文. 表达与写作/苏琳主编. —2版. —北京：机械工业出版社，2015.2（2017.9重印）

职业教育课程改革规划新教材

ISBN 978-7-111-49231-3

Ⅰ. ①实… Ⅱ. ①苏… Ⅲ. ①大学语文课—高等职业教育—教材 Ⅳ. ①H19

中国版本图书馆CIP数据核字（2015）第041467号

机械工业出版社（北京市百万庄大街22号 邮政编码100037）

策划编辑：宋 华 责任编辑：李 兴

责任校对：马丽婷 责任印制：李 洋

北京天时彩色印刷有限公司印刷

2017年9月第2版第6次印刷

184mm×260mm · 15.75印张 · 434千字

13 001-15 000 册

标准书号：ISBN 978-7-111-49231-3

定价：38.00元

凡购本书，如有缺页、倒页、脱页，由本社发行部调换

电话服务

服务咨询热线：010-88379833

读者购书热线：010-88379649

网络服务

机 工 官 网：www.cmpbook.com

机 工 官 博：weibo.com/cmp1952

教育服务网：www.cmpedu.com

金 书 网：www.golden-book.com

第 2 版前言

2014 年 6 月 23 日至 24 日，全国职业教育工作会议在北京召开。中共中央总书记、国家主席、中央军委主席习近平就加快职业教育发展作出重要指示。他强调，职业教育是国民教育体系和人力资源开发的重要组成部分，是广大青年打开通往成功成才大门的重要途径，肩负着培养多样化人才、传承技术技能、促进就业创业的重要职责，必须高度重视、加快发展。中国职业教育的春天真正到来了！作为职业教育课程改革规划新教材之一——《实用语文（表达与写作）》的编者，我们虽心余力绌也有责任和义务为职教大厦添砖加瓦。

《实用语文（表达与写作）》自 2008 年出版以来，六年的教学实践证明其相对新颖的体例设计、凸显的职业特色、任务驱动的教学思路以及个性化评价体系，为课堂带来了活跃的教学氛围和明显的教学效果，受到广大技工院校师生以及社会读者的认可，获得中国职工教育和职业培训协会 2013 年年度优秀科研成果二等奖。

尽管如此，它们难免存在着某些瑕疵；首版出书时间紧迫，遗憾一时难以发现。鉴于此，我们决定乘着职教会议的东风对《实用语文（表达与写作）》进行修订再版，使其百尺竿头，更进一步。

本次修订参考了专家及师生意见，全面审视三个模块共三十一个任务。修订重点主要在以下四个方面：一是将所有的《实训工场》（任务书）不再统一编排在模块之后，而是单独成册，以方便师生课堂练习；二是整体编排不再过于紧凑，而是留有空白以便学生做好课堂笔记和教学随想；三是对全书内容进行了全面谨慎的梳理，在不少细节甚至错漏上及时完善；四是根据技工院校教学要求，删减了以下内容：基础模块任务七、八、九，职业模块任务十三、十四，拓展模块任务八。

本书由苏琳主编，参编人员还有林勤、董闻闻、毛晓玉、陈蕾、唐铭培、李晓雯。书中部分插图和范文来自互联网，出处、作者均不详，在此一并叩谢。为方便教学，列出“学时分配参考表”如下。

学时分配参考表

（单位：学时）

章节内容				总学时	讲授	综练
表达与写作	基础模块	任务一	掌握听话、说话的基本方法	4	2	2
		任务二	掌握介绍的基本方法	4	2	2
		任务三	掌握叙述的基本方法	4	2	2
		任务四	掌握即席发言的基本方法	4	2	2
		任务五	掌握演讲的基本方法	4	2	2
		任务六	掌握应聘交谈的基本方法	4	2	2

（续）

章节内容			总学时	讲授	综练
表达与写作	职业模块	任务一　掌握接待的基本方法	4	2	2
		任务二　掌握答询的基本方法	2	1	1
		任务三　掌握讲解的基本方法	2	1	1
		任务四　拟写条据	2	1	1
		任务五　拟写启事	2	1	1
		任务六　拟写专用书信	4	2	2
		任务七　拟写通知	4	2	2
		任务八　拟写请示与批复	2	1	1
		任务九　拟写报告	2	1	1
		任务十　拟写函	2	1	1
		任务十一　拟写计划	4	2	2
		任务十二　拟写总结	2	1	1
		任务十三　拟写请柬、欢迎词、开幕词	4	2	2
	拓展模块	任务一　掌握商务洽谈的基本方法	4	2	2
		任务二　掌握协商的基本方法	2	1	1
		任务三　掌握辩论的基本方法	4	2	2
		任务四　拟写调查报告	2	1	1
		任务五　拟写说明书	2	1	1
		任务六　拟写广告词	4	2	2
		任务七　拟写海报	2	1	1
		任务八　拟写民事起诉状	2	1	1
小计			**82**	**41**	**41**

因种种原因，修订后的本书还会有不足之处，恳请读者包涵，并请一如既往地提出宝贵意见，以使本书通过不断打磨，臻于圆满。

编　者

第 1 版前言

2009 年 12 月 21 日，胡锦涛总书记到珠海市高级技工学校视察时，对围拢在身边的学生语重心长地说："没有一流的技工，就没有一流的产品。现在我国技术工人特别是高级技工非常匮乏，希望同学们刻苦学习文化科学知识，潜心钻研专业技能，努力成为高素质技能型人才。"

胡总书记一语中的，道出了新时期技能型人才对国家经济发展的重要作用，这也是对肩负培养高素质技能型人才的职业学校的广大教职工巨大的鼓舞。

职业教育培养的是面向生产、管理、服务一线需要的技能型人才，重点培养学生的动手能力。然而，随着社会经济的发展，各行各业对技能型人才综合素质的要求也大大提高。语文学科是职业学校各专业学生必修的文化基础课，在保证各专业学生掌握必备的语文基础知识、通用的职业能力的前提下，还应力求使自身教学的重点、难点辐射到不同专业、岗位乃至工种，与各专业的知识和技能教学相通相接，成为促进学生专业能力提升的助推器、具备就业能力的基石。

本教材采用职业任务驱动的教学模式，凸显"以适应职业工作为核心目标，以完成工作任务为教学着眼点，以运用任务驱动为教学方法"之亮点，以学生成功就业为根本目标，为提升学生的职业素养奠定基础。

本书有如下特点：

（1）体例设计新颖。遵循教学过程中学生循环往复、螺旋上升的认知规律，按照职业任务驱动的教学思路设置了任务阐述、对号入座、知识云梯、范文学习、实训工场、小链接、自我盘点等环节。本书图文并茂，符合学生的心理和爱好，有助于激发学生的学习兴趣，使课堂教学的平衡态势向有利于教学的方向发展。

（2）职业特色突出。紧扣学生的学习兴趣和未来职业岗位要求设置任务、提供范文；模拟职业情景设计活动项目并组织实践，帮助学生解决实际问题。

（3）评价体系科学。提倡多元化评价模式，加大过程性评价力度，推动学生的全面发展。在任务完成过程中设置了任务书和任务完成评价表，自评、互评和师评相结合，对学生的学习、沟通、合作以及潜在能力进行全方位的客观评价，体现了评价的多元化，保护了学生的求知欲和自信心。

（4）重视群体交流。关注学生的情感体验和交流愿望，通过任务的完成过程实现对所授知识的建构或探究，最终实现学习方式的革新。通过模拟情景完成任务，促使学生在教师的服务性指导下，以小组为单位，通过分工、合作，自主运用所学知识去解决工作中、生活中的实际问题，并将得失整理成文字，学习方式由被动接受到自主地合作、探究，激发出学习潜能和热情，使"授人以渔"的教学目标得以实现。

本书分为《实用语文（阅读与欣赏）》和《实用语文（表达与写作）》两个分册（配套使用），可作为职业学校语文、应用文写作等课程的教材或自学者的课外读本使用。本册为《实用语文（表达与写作）》分册。

本书由苏琳、杨燕珠主编，负责设计、审稿、校对；参编人员有胡燕玲、林勤、董闻闻、高婉馨、毛晓玉、陈蕾、黎杏玲、唐铭培、吴颖怡、曾小瑜，分别负责各个任务的编写。书中部分插图和范文来源于互联网，出处、作者不详，在此一并感谢。

编　者

目　录

基础模块

职业模块

拓展模块

附 录

附录 A 基础模块任务书

附录 B 职业模块任务书

附录 C 拓展模块任务书

基础模块

☆ 任务一　掌握听话、说话的基本方法

☆ 任务二　掌握介绍的基本方法

☆ 任务三　掌握叙述的基本方法

☆ 任务四　掌握即席发言的基本方法

☆ 任务五　掌握演讲的基本方法

☆ 任务六　掌握应聘交谈的基本方法

任务一　掌握听话、说话的基本方法

任务阐述

养成说普通话的习惯，掌握听话和说话的基本方法。

对号入座

读一读，想一想，改一改

1. 婚礼上外宾赞美新娘美丽，新娘谦虚地说："哪里，哪里。"外宾愣了一下，说："头发、眉毛、眼睛、耳朵……"

2. 电视里一个武功高强之人在怒吼："我要打得你形神俱灭、魂飞魄散，让你永世不得超生！"一旁专心织毛衣的奶奶闻言叹息着说："现在超生罚得真重……"

3. 一下班，王丽就跑到楼下面馆，对张师傅说："我饿死了，快拉快拉！"张师傅笑着说："没问题，只要你想吃我就拉！"王丽点头："嗯，只有你拉的才好吃！"

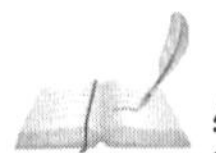

知识云梯

有的人常常羡慕别人能够滔滔不绝地演说、针锋相对地辩论，为自己的笨嘴拙舌、词不达意感到自卑。其实，只要掌握了一些基本的方法，就不会比那些雄辩家逊色多少。

一、如何听话

长期以来，"说"是很多人选择的主要沟通方式，因为它快速、直接。但是，沟通就好像是一条水渠，必须两头通畅，关上耳朵、张开嘴巴的谈话，不能算是沟通。听是说的前提，先听懂别人的意思，再说出自己的想法和观点，才能更有效地进行沟通。

所谓"听话"，就是不打断别人说话，等别人把想说的话都说完，再表达自己的想法。那么，应该怎样"听"呢？

第一，不要太主观。不能听"懂"话的最主要原因就是主观，如果你对某人、某事先入为主，有自己的看法或见解，那么无论别人说什么，都很难再听进去了。所以，要客观地、仔细地听说话者的表面意思和内在意思。

第二，思想不能混乱。有的人脑子里充满了各种思想，要想让他接受别人的思想是很难的。所以，如果要听人说话，自己的思想必须安静且有条理。

第三，要体会别人的感受。光是听未必能懂得别人的意思，还得去尝试体会说话人的感受。如果有一个人很伤心，遇到了很大的困难，但是你怀着一种无所谓的心态去听，那么，他就算说了一大堆，又有什么用呢？

二、如何说话

会说话的人有很强的说服力，能用自己的嘴说动他人的心，让别人赞同他、支持他。不会说话的人往往一句话即招致大祸，因此才有“病从口入，祸从口出”的俗语。

言为心声，所谓“说话”就是用语言表达自己的意思，发表见解。因此，在研究说话的技巧之前，必须先接受别人的话语，也就是要先做个良好的“听话者”。

说话应遵循以下原则：

急事，慢慢地说；大事，清楚地说；小事，幽默地说；没把握的事，谨慎地说；没发生的事，不要胡说；做不到的事，别乱说；伤害人的事，不能说；开心的事，看场合说；伤心的事，不要见人就说；别人的事，小心说；自己的事，听听自己的心怎么说；没做的事，做了再说。

具体说来，要注意以下几点：

（一）先听后说

说话时不应抢，更不要逞强，必须多听，一方面显示自己的谦逊，使别人感到高兴，另一方面可借机观察对方的神态，给自己思考的时间。

（二）态度和善

说话要真诚，不要表里不一，虚伪狡猾。几乎每一个人，都更喜欢忠实的听众。

（三）明达不紊

要说得条理清楚，有理有据。说话者的思想至少要顺着两条线发展：一条线是自己的，一条线是对方的。一方面要有自己的立场、态度和推理方式；另一方面还要懂得对方的立场、态度和推理方式。如果谈话的对象不只一个人，所要顾及的方面就更多，因为每个人的思想、嗜好和推测等都是不同的。

（四）当说则说

讲话要看机会。机会没有到，不适宜太早说；机会一到，该说就说，不说反而不好。

（五）多细节，少评论

在说话过程中，不要直接阐述自己的观点和评价，而应列举具体的事实尤其是细节让听者形成自己的观点。

范文学习

一　林黛玉进贾府（节选自《红楼梦》）

曹雪芹

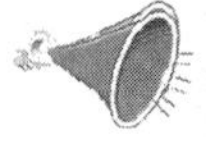

阅读提示

《红楼梦》是中国最具文学成就的古典小说之一，是章回小说的巅峰之作，亦是“中国古典文学四大名著”之一。《红楼梦》中的人物对话所体现出来的感情是非常丰富的，曹雪芹笔下人物的口语比文言更加生动，更加优美，更加流韵绵长。此文以“林黛玉进贾府”这一事件为中心，以林黛玉进贾府第一天的行踪为线索，通过她的耳闻、目睹、心感，为读者展示了贾府这一典型环境，介绍了一大批主要人物。

一语未了，只听后院中有人笑声，说：“我来迟了，不曾迎接远客。”黛玉纳罕道：“这些人个个皆敛声屏气，恭肃严整如此，这来者系谁，这样放诞无礼。心下想时，只见一群媳妇丫鬟围拥着一个人，从后房门进来。这个人打扮与众姑娘不同，彩绣辉煌，恍若神妃仙子：头上戴着金丝八宝攒珠髻，绾着朝阳五凤挂珠钗；项下戴着赤金盘螭璎珞圈；裙边系着豆绿宫绦双鱼比目玫瑰佩；身上穿着缕金百蝶穿花大红洋缎窄褃袄，外罩五彩刻丝石青银鼠褂；下罩翡翠撒花洋绉裙。一双丹凤三角眼，两弯柳叶吊梢眉。身量苗条，体格风骚，粉面含春威不露，丹唇未启笑先闻。黛玉连忙起身接见。贾母笑道：“你不认得他，他是我们这里有名的一个泼皮破落户儿，南省俗谓作辣子，你只叫他‘凤辣子’就是了。”黛玉正不知以何称呼，只见众姊妹都忙告诉道：“这是琏嫂子。”黛玉虽不认识，也曾听见母亲说过，大舅贾赦之子贾琏娶的就是二舅母王氏之内侄女，自幼假充男儿教养的，学名王熙凤。黛玉忙陪笑见礼，以嫂呼之。这熙凤携着黛玉的手，上下细细打谅㊀了一回，便仍送至贾母身边坐下，因笑道：“天下真有这样标致的人物，我今儿才算见了。况且这通身的气派，竟不像老祖宗的外孙女儿，竟是个嫡亲的孙女。怨不得老祖宗天天口头心头，一时不忘。只可怜我这妹妹这样命苦，怎么姑妈偏就去世了。”说着，便用帕拭泪。贾母笑道：“我才好了，你倒来招我。你妹妹远路才来，身子又弱，也才劝住了，快再休提前话。”这熙凤听了，忙转悲为喜道：“正是呢，我一见了妹妹，一心都在他身上了，又是喜欢，又是伤心，竟忘记了老祖宗，该打该打。”又忙携黛玉之手，问“妹妹几岁了？可也上过学？现吃什么药？在这里不要想家，要什么吃的，什么玩的，只管告诉我。丫头老婆们不好了，也只管告诉我。”一面又问婆子们：“林姑娘的行李东西可搬进来了？带了几个人来？你们赶早打扫两间下房，让他们去歇歇。”

㊀ [打谅]同“打量”。

简析

王熙凤是贾府中炙手可热[一]的人物，她的权势多半是来源于贾母的宠信，所以王熙凤行事说话时时刻刻都依据贾母的爱憎好恶，揣测[二]其心理。她初见贾母的外孙女黛玉，便恭维她是天下最标致的人物，“我今儿才算见了”，似乎是说她从未见识过。而周旋于贾府上下、又是名门之女的王熙凤不是没有见过世面，为什么对黛玉如此夸奖呢？我们知道，是贾母一再致意要把自己唯一的女儿的孩子黛玉接进贾府的，承受失女之痛的贾母自然会把对女儿的感情转移到外孙女的身上。听到有人这么夸奖外孙女，贾母定是欢喜。接着，王熙凤又说黛玉不是贾母的外孙女而是孙女，这显然违背事实。但有时候，假话比真话更让人爱听。由外孙女到孙女，其潜台词是想告诉贾母：黛玉就像是她自己调教出来的孙女一样。此话如扑面之清风，贾母怎会不受用？对于寄人篱下的黛玉来说，置身于人地两疏的贾府，听到别人的夸奖，并且说自己是贾府的最高统治者贾母的嫡亲[三]孙女，除了高兴之外，说不定还有感激呢。不仅如此，王熙凤始终没有忘记，或者说更清楚黛玉进贾府的原因：姑妈去世。女儿的去世会给贾母以精神上的打击，而失去母亲的黛玉在感情上更是不必说，所以王熙凤又向二人表达自己的悲伤与哀痛——“怎么姑妈偏就去世了”。真是做尽了人情，好一个八面玲珑的人物。真可谓：言为“心”生甚机敏，巧于周旋太聪明。

（摘自《语文天地》刘秀银）

思考

1. 根据上文中的对话，体会林黛玉听了王熙凤的话之后的心理变化，试阐述一二。

2. 试举例说明“一语双关”的口语技巧。

3. 你自己说话时爱做什么动作？面部表情如何？是否有需要克服的毛病？可征求周围同学的意见，并注意改进。

二　学习听话

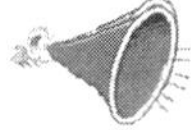

阅读提示

会说话难，会听话更难。学习听话，也是人生中的重要一课。会听话，就是要把话听懂，把话听全，尤其要能举一反三，触类旁通，从一句话演绎出更多的意义，这才是真正的会听话。

希腊哲学家苏格拉底非常善于演说，他以教人如何讲话为职。有一天，一位青年前来向他请教演说之道。青年侃侃[四]而谈演说是如何重要，苏格拉底等他说了一会儿以后，向他索

[一] [炙（zhì）手可热]炙，烤。手一挨近就感觉得热，比喻气焰很盛，权势很大。

[二] [揣（chuāi）测]推测。

[三] [嫡（dí）亲]血统最接近的（亲属）。

[四] [侃侃（kǎnkǎn）]形容说话理直气壮，从容不迫。

取两倍的学费，青年问为什么，苏格拉底说：“因为我除了要教你讲话以外，还要教你如何不讲话！”

一个人，从童年开始就要学会听父母的话，接着要学会听老师的话，然后要能听懂各行各业，各专家、长辈、前贤的话。在佛法里，所谓会听话，就是要全听、兼听、善听、谛听㊀。听话不能断章取义，要能全听，还要兼听，也就是要多方面地听，不能偏听；听话要懂得往好处想，这就是善听；要懂得分析，不能囫囵吞枣㊁，这就叫谛听。

有一个机场的塔台人员问飞行员：“请问你的高度、位置？”飞行员：“我身高180厘米，现在正坐在驾驶座上。”答非所问，就是不会听话。

有一天，小张请教小王一个问题，小王解释了半天，小张依然似懂非懂，小王终于忍不住对小张说：“你七窍已经开了六窍啦。”小张听了乐不可支，以为小张是在夸奖他，其实他哪里知道，小张是在损他“一窍不通”呢。

会听话的人才能听出“弦外之音”，才能懂得“意在言外”。因此，学习如何听话，是人生的一大课题。

思考

1．如果双方初次见面，怎样通过说话使对方一见难忘？分小组模拟情境试一试。

2．谈谈你关于说话、听话失败或成功的例子，供师生点评。

三　用心听别人说话

阅读提示

“站在对方的立场上思考与行动”，谁都明白是金玉良言，如果你能做得到，终将体会到成功的喜悦。

美国汽车推销之神乔·吉拉德曾有过深刻的体验。一次，某位名人来找他买车，他推荐了一款最好的车型。那人对车很满意，并准备拿出10 000美元现钞。这笔生意眼看就要成交了，对方却突然变卦离去。

乔·吉拉德为此事懊恼了一下午，百思不得其解。到了晚上11点，他忍不住打电话给那位名人：“您好！我是乔·吉拉德，今天下午我曾经向您介绍过一部新车，眼看您就要买下，却突然走了。”

“喂，你知道现在是什么时候吗？”

“非常抱歉，我知道现在已经是晚上11点钟了，但是我检讨了一下午，实在想不出自己错在哪里，因此特地打电话向您讨教。”

“真的吗？”

“肺腑之言。”

㊀ [谛（dì）听]仔细地听。

㊁ [囫囵（húlún）吞枣]把枣儿整个儿吞下去，比喻读书等不加分析地笼统接受。

"很好！你在用心听我说话吗？"

"非常用心。"

"可是今天下午你根本没有用心听我说话。就在签字之前，我提到犬子吉米即将进入密歇根大学念医科，我还提到犬子的学科成绩、运动能力以及他将来的抱负，我以他为荣，但是你毫无反应。"

乔·吉拉德已经不记得对方曾说过这些事，因为他当时根本没有注意。乔·吉拉德认为那笔生意已经谈妥了，不但无心听对方说什么，而且在听办公室内另一位推销员讲笑话。

乔·吉拉德这次失败的原因：那位名人不仅需要买车，更需要在自己夸赞优秀儿子的时候得到回应。

思考

1．"悄悄话接力赛"——以小组为单位，把事先写好的一段话让每组的第一个同学用一分钟时间默记下来，然后用悄悄话的形式传给下一个同学，以此类推至小组的最后一个同学，看看哪一组能够最大限度地保留原文的意思。事后总结成功或失败的原因。

2．假如同学之间产生了纠纷，你将如何进行调解？分小组模拟情境试一试，看哪一组的效果最好并分析原因所在。

小链接

绕 口 令

1．试试能否一次性顺利读完

牛郎恋刘娘，牛郎牛年恋刘娘。刘娘念牛郎，刘娘连连念刘郎。

牛郎恋刘娘，刘娘念牛郎。郎恋娘来娘恋郎。念娘恋娘念郎恋郎。念恋娘郎。

2．用正常速度读以下各句，测试你的反应能力

（1）化肥会挥发。

（2）黑化肥发灰，灰化肥发黑。

（3）黑化肥发灰会挥发；灰化肥挥发会发黑。

（4）黑化肥挥发发灰会花飞；灰化肥挥发发黑会飞花。

（5）黑灰化肥会挥发发灰黑讳为花飞；灰黑化肥会挥发发黑灰为讳飞花。

（6）黑灰化肥灰会挥发发灰黑讳为黑灰花会飞；灰黑化肥灰会挥发发黑灰讳为飞花化为灰。

任务二　掌握介绍的基本方法

任务阐述

学会介绍的方法和技能，做到语言文明得体、简洁清楚，内容恰当、符合主题。能够根据学习、生活和工作的情境与目的进行恰当的表达和交流。

对号入座

读一读，想一想，改一改

自 我 介 绍

（1）我叫李忠仁，李林甫的李，魏忠贤的忠，黄世仁的仁。我一定对公司忠心耿耿，领导让我往东我绝不往西，领导让我喝酒我绝不推辞，绝不做损害公司利益的事，团结同事，对客户讲仁义、讲道德，做一名诚信、踏实的好员工。

（2）第一堂英语课，老师让同学们用英语做自我介绍。刘洪涛说：“My name is Hongtao Liu.”这时有一位同学在底下小声说道：“我还叫方块七呢。”

知识云梯

一、自我介绍

自我介绍就是介绍主体通过口头或书面等形式，使其他人对自己的有关情况有所了解（如姓名、年龄、籍贯、职务、工作单位或地址、文化程度、主要经历、特长或兴趣等），可分为社交性自我介绍和应聘性自我介绍。

正确利用社交性自我介绍，不仅可以扩大自己的交际范围，广交朋友，而且有助于自我展示、自我宣传，在交往中消除误会，减少麻烦。恰到好处的应聘性自我介绍则犹如商品广告，在有限的时间内，针对“客户”的需要，将自己最美好的一面毫无保留地展现出来，在给对方留下深刻印象的同时，也能大大提高面试成功率。

1．介绍时的注意事项

（1）目的要明确。介绍的目的是使人们彼此认识，便于交往，给人留下良好的印象。

（2）时机要把握。在适当的场合进行自我介绍，如当对方有空闲且情绪较好时，这样就不会打扰对方。

（3）方式要注意。介绍前应先向对方点头致意，用眼神表达自己的友善、关心以及沟通的愿望，得到回应后再向对方介绍自己。如果有介绍人在场，进行自我介绍则被视为是不礼貌的。

（4）态度要适当。友善、亲切、随和的态度能传递出自己渴望认识对方的真诚情感，用眼神、表情和手势等传情达意要协调一致，忌单调、随意或高傲。

（5）语气要自然。做到语速正常、语音清晰、用词得体，力求叙述简洁有序、幽默风趣，评价透彻精当、深入浅出。

2．自我介绍的内容

自我介绍的时间不应太长，一般可控制在 1～3 分钟。介绍的内容应有条理和层次，要突出重点，留有分寸，可适当增加幽默风趣的语言，以表现自己开朗、平易近人的性格，从而缩短双方的心理距离。自我介绍是突出自己个人优势和特长、展现综合素质的好机会，介绍得好，会给人留下良好的第一印象。

介绍的内容可大体分为三段：

（1）开头段应连续报出自己的姓名、供职（或读书）单位、担任职务和所从事的具体工作，在实事求是的基础上，可适当地以幽默风趣的语言展示自己的与众不同之处；中间段根据需要，有侧重地强调自己某些方面的特点或亮点；结束段进行画龙点睛式的概括，给对方留下深刻印象，并表达能结识对方的荣幸之感。

（2）如果是应聘性自我介绍，在中间段就要根据求职岗位的特点和需要，有针对性地介绍自己的求职动机和优点、特长，突出相关经验或经历，适当引用老师、朋友的评价来支持自己的描述，使自己的优势自然显露。结束句表明求职意愿，适当表达对招聘单位的好感，并预测自己能为之带来的贡献。

（3）要使自我介绍具有感染力，为人们所注意、理解和认可，就得使自己的介绍独具特色，生动新颖并富有人情味。否则就无法展现个人的特点，甚至会令人反感。这就要求介绍者具备一定的知识功底，储存一些幽默信息，注重培养豁达、活泼的性格。

二、介绍他人

介绍他人是以第三者的身份为彼此不相识的双方引见、介绍的一种介绍方式。介绍他人通常是双向的，即将被介绍的双方各自均作一番介绍。

遇到下列情况，有必要进行介绍他人：与家人外出，路遇家人不相识的同事或朋友；在家里或办公地点，接待别人不相识的客人或来访者；打算推荐某人加入某一交际圈；受到为他人作介绍的邀请；陪同上司、长者、来宾时，遇见了其不相识者，而对方又跟自己打了招呼；陪同亲友前去拜访亲友不相识者。

1．介绍的注意事项

（1）介绍人：在公务交往中，介绍人应由公关礼仪人员、秘书担任；在社交活动中，一般由东道主、家庭聚会中的主人担任；正式活动中，由地位、身份较高者担任；如熟悉被介绍的双方，又应一方或双方的要求，也可充当介绍人。

（2）介绍的顺序：尊者有权先了解情况，因此男士应被介绍给女士、晚辈应被介绍给长辈、下级应被介绍给上级、客人应被介绍给主人、迟到者应被介绍给先到者。

（3）介绍的内容：介绍他人的内容与自我介绍大体相仿。作为第三方，介绍他人相识时，要先向被介绍的双方打一声招呼，让双方都有所准备。

（4）慎重准备：为他人作介绍前，要先了解双方是否有结识的愿望，做法要慎重自然，不要贸然行事。最好先征求一下双方的意见，以免为原来就相识或关系不好的双方作介绍。

2．介绍他人的内容

根据实际需要的不同，介绍内容也有所不同，一般只介绍双方的姓名、单位、职务，有时为了推荐一方给另一方，介绍时可以说明被推荐方与自己的关系，或强调其才能、成就，便于增进双方的相互了解与信任。介绍具体的人时，要用敬辞，如“张小姐，请允许我向您介绍一下，这位是金小姐”。同时，应该礼貌地用手示意，而不要用手去指点。

范文学习

一　感动天地　震撼你我（节选）

——“感动中国·2008年年度人物评选”颁奖词

阅读提示

“感动中国年度人物评选”是中央电视台自2002年以来开展的一项群众性专题活动。此处所选的是“感动中国·2008年年度人物评选”颁奖晚会上对几位获奖人物的介绍及颁奖词。这几篇颁奖词，以诗般的语言，饱含情感的笔墨，概述了得奖者的主要事迹。每篇只是短短的几句话，便使观众真切地感受到他们精神品格的崇高。

男儿榜样——武文斌

【颁奖词】山崩地裂之时，绿色的迷彩撑起了生命的希望，他竖起了旗帜，自己却悄然倒下，在那灾难的黑色背景下，他26岁的青春，是最亮的那束光。

【事迹】一个战士倒在了抗震救灾的第一线，上万民众为他哭别。所有参加吊唁的人都与武文斌素昧平生，他们只听说：一位解放军战士在抗震救灾中活活累死了！仅这一句话，已经让人们泪流满面。2008年6月17日晚，济南军区士官学员武文斌和战友们冒着大雨将8车50吨重的活动板房建材全部卸载完后，累得瘫倒在泥水地上。就在这个夜晚，他因劳累过度，引起肺部大出血而停止了年轻的生命。“我们一定要多救人，才能对得起身上的这身军装。”这是一个普通的解放军战士对老百姓的承诺，更是对共和国的承诺。

傲拓天疆——“神七”航天员

【颁奖词】中国人的足迹，从此印进寥廓而深邃的星空，当他们问候世界的时候，给未来留下了深远的回声。

【事迹】2008年9月25日晚，搭载着三名宇航员的“神舟七号”载人飞船发射成功，执行中国第三次载人航天飞行任务。航天员翟志刚、刘伯明、景海鹏在68小时的飞行过程中出色地完成了所有任务，9月27日16时43分24秒，翟志刚开始出舱，他在太空迈出第一步，成为中国“太空行走”第一人。

这就是爱—— 韩惠民

【颁奖词】他用百姓最朴素的方式，回答了生活中最为深奥的问题：有比爱情更坚固的情感，有比婚姻更宏伟的殿堂。34年的光阴，青丝转成白发，不变的是真情。

【事迹】34年前，一场飞来横祸，把韩惠民和初恋情人吴月瑛分开，吴月瑛瘫痪了。照顾吴月瑛3年多后，韩惠民认识了徐敏芳，而他答应交友的前提是，对方必须同意与他一起照顾吴月瑛。当徐敏芳了解到韩惠民坚持多年不谈恋爱只是为了照顾过去的恋人，她被韩惠民的一片痴情所打动。1980年，韩惠民与徐敏芳结为伉俪，从此，守护在吴月瑛身边的人又多了一个。韩惠民和徐敏芳告诉吴月瑛：“我们一定会守护你，照顾你到老！”吴月瑛被深深地感动了，她流下的不再是悲伤的泪水，而是幸福的泪水，更坚定地活下去的泪水……一段相知带来一个汉子34年的照顾，一声承诺变成一对夫妇共同的看护，一个特殊的传奇连起两个普通的家庭。

思考

1. 试分析以上颁奖词的特点。
2. 试用精练的语言概括本校或本班先进人物的事迹，并为大家介绍。
3. 请介绍你的同桌或班主任。

二　自我介绍

阅读提示

平常我们如何介绍自己呢？姓名、籍贯、爱好……总是一成不变。下面几例简短的自我介绍幽默含蓄，在带给我们语言艺术享受的同时，还对我们有所启发。

著名哑剧大师、喜剧表演艺术家王景愚的自我介绍

我就是王景愚，表演吃鸡的那个王景愚。人称我是多愁善感的喜剧家，实在不敢当，我只不过是个走火入魔的“哑剧迷”罢了。你看我这40多公斤的瘦小身躯，却经常负荷着许多忧虑和烦恼，又多半是自找的。我不善于向自己所敬爱的人表达敬与爱，却善于向憎恶的人表达憎与恨，然而胆子并不大。我虽然很执拗，却又常常否定自己。否定自己既痛苦又快乐，我就生活在痛苦与快乐的交织网里，总也冲不出去。在事业上人家说我是敢于拼搏的强者，而在复杂的人际关系面前，我又是一个心“无”灵犀、半点不通的弱者。因此，在生活中，我是交替扮演强者与弱者的角色。

单口相声自述式——著名相声艺术大师马三立的自我介绍

我叫马三立。三立，立起来，被人打倒；再立起来，又被人打倒；最后，又立起来，但愿别再被打倒。

我很瘦，但没有病。从小到大，从大到老，体重没超过100斤。

现在，我还能做几个下蹲。向前弯腰，还能够着自己的脚。头发黑白各一半。牙好，还能吃黄瓜、生胡萝卜，别的老头儿、老太太很羡慕我。

我们终于赶上了好年头，托共产党的福。我不说了，事情在那儿明摆着，会说的不如会看的。没有共产党，我现在肯定还在北闸口农村劳动。

其实，种田并非坏事，只是我肩不能担，手不能提。生产队长说：“马三立，拉车不行，割麦不行，挖沟更不行。要不，你到场上去，帮帮妇女们干点活，轰轰鸡什么的……”惨啦，连个妇女也不如。

也别说，有时候我也有点用。生产队开个大会，人总到不齐。可队长要是在喇叭上宣布：“今晚开大会，会前马三立说段单口相声。”立马人就齐了。

思考

1. 在家长会上面对众多家长，在实习工厂见到领导，在朋友家见到陌生人……你将如何介绍自己？

2. 请为小朋友介绍《西游记》中的一个角色。

3. 请为父母介绍你的学校。

三　面试中的自我介绍

郑　琳

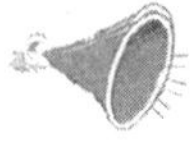

阅读提示

作为一名职业院校学生，该如何在面试中自我介绍呢？如何让别人更了解自己呢？下文简洁、流畅，显示了面试者良好的综合素质。对自己名字的巧妙诠释，表达了积极向上的追求和求职意愿，给人留下深刻印象。

大家好！我的名字叫郑琳：郑成功的郑，琳琅满目的琳。

三年前，我踏入职业院校大门的时候，是迷茫的、失落的；如今的我即将毕业，已有一技傍身，是自信的、从容的。我已经做好了迎接各种挑战的准备，因为在这三年里，我做到了端正思想、努力学习、认真工作、乐观助人、积极拓展，在各个方面都取得了一些成绩，得到了老师、同学和家长的肯定。那一张张奖状、证书印证着我的每一个脚印，包含了我的每一滴汗水。我感谢学校给予我的所有帮助，我也相信有付出就会有收获。

琳，玉也。玉不琢，不成器；人不学，不知义。既然我的名字中有一个“琳”字，那我就要回报父母对我的殷切期望，通过自己的不断耕耘，把自己打造成一块真正的“美玉”，使自己的人生演绎出精彩和光华！恳请给我一个为贵公司服务的机会，我将用最大的努力回报给您一个惊喜。谢谢！

➘ 思考

1. 假设你要应聘学校社团的一个职位，请作一分钟自我介绍。
2. 假设你现在即将毕业，请为面试准备一份两分钟的自我介绍。

小链接

广州南越王墓博物馆介绍

1983 年发现的南越国第二代国王赵眜之墓，是岭南地区所发现的规模最大的唯一汉代彩绘石室墓。墓中出土文物一万余件，其中“文帝行玺”金印、玉角杯、错金铭文虎节、印花铜板模、平板玻璃铜牌饰等文物具有重大历史、科学、艺术价值，集中反映了两千年前岭南政治、经济和文化等多方面的内容。南越王墓是中国 20 世纪 80 年代重大考古发现之一，1996 年被列为全国重点文物保护单位。

1988 年正式对外开放的西汉南越王博物馆，建筑面积 17 400 多平方米，主要展示南越王墓原址及其出土文物。博物馆以古墓为中心，依山而建，将综合陈列大楼、古墓保护区、主体陈列大楼几个不同序列的空间有机地联系在一起，突出了遗址博物馆的群体气派，是岭南现代建筑的一个辉煌代表，曾获得六项国内外建筑大奖。博物馆还设有杨永德伉俪捐赠的陶瓷枕专题陈列和不定期的临时展览。博物馆现藏陶瓷枕多达 400 余件，制作年代由唐迄民国，以宋、金为主，数量之多、品质之精、窑口之广在国内同类收藏品中均属罕见。

任务三　掌握叙述的基本方法

任务阐述

学会叙述的方法和技能，做到语言文明得体、简洁清楚，内容恰当，符合主题。能够根据学习、生活和工作的情境与目的进行恰当的表达和交流。

对号入座

读一读，想一想，改一改

关于一件事情的多角度叙述

第一个：

今天下午我在宝源路口摆了臭豆腐摊，热了锅子，煎了几块臭豆腐，摆好了我特制的很好吃的甜蜜酱等待客人买。突然就看到我旁边的人吵了起来，然后慢慢地移向我这边，我那个急啊，推着车子慢慢地移动着，想逃啊，但一个年轻人突然过来一下子抢走了我的甜蜜酱，啊，我急啊，我马上去抢，没想到他一下子整杯泼了出去，我看了傻眼了，就马上拿出了手机打了个110，然后气愤地逃跑……不知道这两个人现在怎么样了，那个女的又怎么样了，我的甜蜜酱啊！

第二个：

我是个警察，今天没事做，突然有人打110进来，就听见那人说："有人杀人了，在宝源路口……"我立马开车过去，就看见一个年轻人在和一对情侣吵架，明显那人不对，对方女的身上都是黑乎乎的东西。我就放了他们两个，带了这个长得挺秀气的年轻人回派出所。唉，不知道他怎么回事……

第三个：

今天下午接到群众反映，宝源路口有流氓斗殴，并抢劫臭豆腐摊。我和几个同事3分钟后赶到。当时的情况是：地面上都是珍珠奶茶和甜蜜酱。两男一女衣着不整。当时我们认定这是一场小规模持械斗殴，并把3人都带回派出所，还好3个人都比较老实。反正最后事情真相还没搞清楚我就下班了。

第四个：

我是一杯珍珠奶茶，今天生意不好，我还没被卖出去，突然一对情侣来了，男的用发抖的手递过2元钱给老板，看样子很不舍得这2元钱，唉，怎么这么抠啊！后来我被递到了一个长得很难看的女的手里，那个女的拿着我又不喝，一路上还讲点笑话。不知怎地，他们后来就起了争执，我最讨厌暴力，算了，安静点待在那儿吧……突然那女人一把拉住了我，把我摔向了那男子，我惨啊，一下子全部倒在了他的怀里，后来我重重地摔在了地上，后来的事我也没看到，不知道他们怎么样了……

第五个：

说起来我才倒霉呢，我就是那瓶甜蜜酱。好好地坐在桌子上面，天气热，电风扇也没有一个。在这个灼热的下午看到有人争斗起来了。呵呵，反正也没什么生意，有好戏看喽。他们吵着吵着，那个男的突然向我逼近，一把抓起我就把我给扔了出去。我飞快地扑向那个女的怀里。哈哈，我实实在在地砸在她的身上，我的甜蜜酱还真甜蜜，弄了她一身，就像个蜜蜂似的，玻璃瓶碎了，我最后的生命就黏在那个女的衣服上，意识开始模糊起来……

——根据上面的叙述，你能还原事情的本来经过吗？

知识云梯

著名语言学家吕叔湘曾谈及他的孙子时，提到一件事：有一次，他孙子在街头碰到新鲜事，可回来后给大人叙述时却结结巴巴、语无伦次，半天也没有讲清楚。他对此十分感慨地说："要注重学生的口头语言表达训练，要使学生讲起话来清楚流畅、有条有理。"

一、叙述的概念

叙述是对人物、事件、环境进行介绍、说明和交代，即把人物的经历、行为和事情的发生、发展、变化用口语表达出来。它是基本的表述方法之一。交代清楚，有条有理，繁简适宜，详略得当，这是叙述的一般要求。较高的要求就是要有波澜起伏，有张有弛，有疏有密，有离有合，有断有续等。

二、叙述的分类

按叙述的详略，可分为概括叙述和具体叙述；按叙述的线索，可分为合叙（总说）、分叙（分说）等；按叙述的顺序，可分为顺叙、倒叙和插叙。

（1）顺叙，是按照事件的发展过程或人物经历的自然顺序进行叙述的方法。顺叙材料易于组织，文字条理清楚。其缺点是容易陷入平铺直叙，让人觉得枯燥呆板。要将事情的"六要素"交代清楚，还要按照一定的次序叙述，如果次序混乱，就会使人理不清头绪。

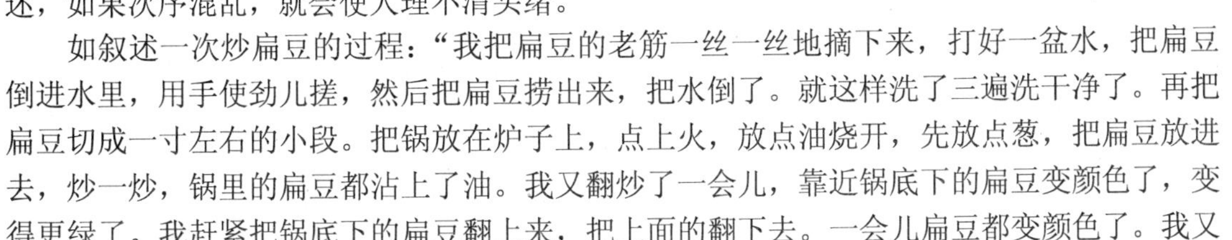

如叙述一次炒扁豆的过程："我把扁豆的老筋一丝一丝地摘下来，打好一盆水，把扁豆倒进水里，用手使劲儿搓，然后把扁豆捞出来，把水倒了。就这样洗了三遍洗干净了。再把扁豆切成一寸左右的小段。把锅放在炉子上，点上火，放点油烧开，先放点葱，把扁豆放进去，炒一炒，锅里的扁豆都沾上了油。我又翻炒了一会儿，靠近锅底下的扁豆变颜色了，变得更绿了。我赶紧把锅底下的扁豆翻上来，把上面的翻下去。一会儿扁豆都变颜色了。我又放点盐，放点水，盖上锅盖焖了一会儿。大约一分钟后，锅里的水快没了，我放了味精和酱油。很快，我闻到了一股香味儿。扁豆炒好了。我把菜盛进盘子里。看一看，颜色鲜绿，尝一尝，真好吃。”

这段话语句通顺、条理清楚，摘扁豆、洗扁豆、切扁豆、炒扁豆，按部就班、有条不紊。炒扁豆的工序也很清楚：放油、放葱、放扁豆、放盐、放水。一步接一步，而且内容具体，如洗扁豆要洗三遍，炒扁豆要等扁豆一面变了颜色再翻炒，放水后要盖上盖儿焖一会儿等，这些介绍得十分细致。相信不会炒扁豆的人照此去做，也能炒出香喷喷的菜来。

（2）倒叙，是先交代故事的结局或某些关键性情节，再倒转回去具体叙述故事始末的叙述方法。倒叙运用得当，能突出重点，造成悬念。在一件事情的结局比较特殊、有新鲜感、能吸引人的时候，可用倒叙法开头。这样先让听者简要地知道事情的结果非同一般，可以造成理解上的整体感并激起较强的兴奋心理。在电影创作中，也经常用这种方法。从故事的结果开始叙述，然后再开始回述其发生和发展。影片《这里的黎明静悄悄》从年迈的上尉带领几个年轻的人在扫墓开始，然后倒叙墓碑下埋葬的年轻女战士们在保卫祖国的战争中可歌可泣的故事，影片结尾又回到墓碑前。影片《泰坦尼克号》也运用了这种方法。

（3）在叙述过程中，由于某种需要，暂时中断叙述的线索，插入与之有关的其他事情，插入叙述完毕，再继续原来的叙述，这就是插叙。运用插叙的方法，能使话语、文章结构富于变化，内容更加充实。

（4）将中心事件的某些环节或片段放在事件产生某种结果以后予以补充叙述，就是补叙。补叙往往能造成悬念，使文章结构波澜起伏。

（5）概括叙述又叫简述、略述，就是简单地将人物、事件、环境加以介绍，给听者提供一个大概的印象。具体叙述又叫详述、细述，就是详尽地将人物、事件、环境作详细介绍。两种方法各有其功用。

例如，一位同学说：“老师脾气特好。”这是概括叙述，未能充分体现老师的个性特点。后来，他用具体叙述补充说：“老师脾气特好，待我们就像大姐一般。即使我们做错了事、惹了祸，她也从不发火，还耐心地开导我们。有一次我们不小心弄洒了水彩，把她一幅即将创作完毕的春景图给弄脏了。当时，她愣住了，随即笑着说：‘不就一幅画吗？老师是专业的，再画一幅不就完了吗！’她是故意说得那么轻巧的，可我们知道，那幅画是她要用几个星期才能画好的呀！”这样用具体的事件来表现老师的脾气，就使老师的个性得到了充分表现。

三、叙述的要求

口头叙述要求态度从容，内容完整，层次清楚，没有语病，不带口头禅，发音清晰，如能提供客观细节，表情自然，速度适中，那就更好了。

（1）叙述要线索清楚。确定一定的线索，才能理丝有绪，无论多么复杂的情况，都能自成条理。

（2）要交代明白。叙述要达到告诉读者“是什么”的目的，就要把握叙述的六要素：时间、地点、人物、事件起因、经过、结果。在提供客观细节时，不要添加自己的看法，这样听者才会得到一个完整、清晰的印象。

（3）要详略得当。叙述一件事，对它发展过程的每个阶段不能平均用力，叙述几件事，也要有个侧重点。要根据文章的具体情况，做到详而不杂。

（4）要注意叙述人称的统一和变化。叙述人称，指表述时所用人称，它由说、写者叙述的立足点不同而有区分。说、写者站在事件中，把自己当做故事的见证人、当事人，或者以故事中某个人物的身份出现，可用“我”或“我们”的口吻来叙述，这就是第一人称叙述。若是站在事件之外，用旁观者、闻听者的口吻来叙述，可用“他”或“他们”，这就是第三人称叙述。第一人称直接表达“我”的耳闻目睹、亲身经历及感受，具有真实可信、亲切感人的优点，但常受时空的限制，凡“我”未曾参与或观察到的就不能直接叙述。第三人称则不受时空限制，可以自由变换观察角度，但它不如第一人称亲切。

范文学习

一　关于《祝福》的故事概述

鲁　迅

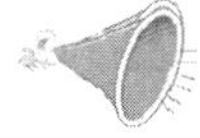

阅读提示

此文是对鲁迅小说《祝福》故事的概述，不足五百字，而原文却有万字左右。通过这个对比，可以进一步明确筛选必要信息的方法。

旧历年底，当大家都忙着准备“祝福”的时候，我回到鲁镇，遇到了祥林嫂，她竟问起我灵魂有无的事，使我狼狈而且不安。当天夜里，她就冻饿死于街头了。

她的一生是很悲惨的。二十六七岁就死了丈夫，逃到鲁四老爷家做女工。后来被婆婆抓回去，虽百般反抗，还是被卖到深山里。刚过了几天好日子，第二个丈夫又死了，儿子也被狼衔走，大伯又收屋，她只好再回鲁镇做工。然而，她的精神、体力已大不如前，引起主人的不满。鲁四老爷又说她是伤风败俗的人，不许她沾手祭祀。镇上的人们也听厌了她反复诉说自己的悲惨故事，一味地冷淡她，嘲笑她。

这年年底，鲁四老爷家的帮工柳妈对祥林嫂说：你嫁过两个丈夫，死后要被阎罗大王锯成两半的，不如到土地庙去捐一条门槛，赎了自己的罪名。祥林嫂不惜花掉积攒的工钱，照柳妈的话办了，但鲁家仍不许她沾手祭祀。从此，祥林嫂精神异常，最后被鲁家赶走，沦为乞丐。

全鲁镇都在“祝福”，祥林嫂却尘芥般地死掉了。

思考

1. 请用倒叙的方式将本文内容叙述出来。
2. 请说说鲁迅先生叙述的特点有哪些。
3. 请向大家叙述一个朋友的特殊经历，力求简洁流畅、详略得当。

二　云冈游（节选）

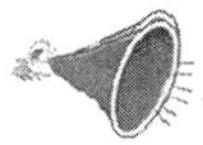

阅读提示

这段材料涉及的时间很长，从公元5世纪中叶开始，直到作者去游览的这一天。作者从“最近点”入手，写云冈石窟“展现在面前了”。但接着并没有写游览所见，而是中断游览线索，插进了一段石窟开凿历史的材料。插叙完毕，再用“但只这眼前几窟的大小佛像群便已是色彩斑斓……”一句，接续游览的线索。写到第二十窟最高的大佛时，因为“正在搭着架子整修”无法看到，作者再次把时间倒回去，用儿时的回忆来弥补不足。这段文字对时间要素的处理是很出色的。

第二天早饭后，便驾车去云冈。小时候坐骡车去云冈，出了城门，还要过一条河，似乎很远很远，而今天汽车顺公路不一会儿就到了。由寺门买票进去，走过一两层院落，往左面一转，建在武周山北崖，开凿于北魏和平年间（公元5世纪中叶）的云冈石窟，就展现在面前了。开凿工程由云昙和尚主持，留下了著名的“云昙五窟”，即第十六至二十窟。北魏拓跋氏建都于此，直到孝文帝大和十八年（公元494年）才迁都洛阳，才经营洛阳龙门石刻。据《北史》记载：“拓”是土的意思，“跋”是后的意思。拓跋意译即土后。迁都洛阳后，改姓“元”，取《易经》“元亨利贞”第一字。即《三字经》上所说的“北元魏，分东西”了。石窟佛像大小五万多尊，共五十三窟，自然不会全看到，但只这眼前几窟的大小佛像群便已是色彩斑斓、神态各异，不能不感到洋洋大观、叹为观止了。狮城友人惊讶得不得了，一边赞叹，一边说下回一定拉他太太一起来。二十窟最高的十七米的大佛正在搭着架子整修，回忆小时爬上去站在他手掌心够不着他肚脐眼的情景，一晃半个多世纪过去了。妙在他还大耳垂肩，慈眉善目，没有长胡子……

思考

1. 请用第一人称简单叙述《云冈游》的内容。

2. 请仿照《云冈游》叙述一次自己的旅游经历，并请其他同学对自己的表达效果进行点评。

三　诉苦翻心（节选）

孙　犁

阅读提示

本文是抗日战争时期一个农村老婆婆的“诉苦”。她自己没有文化，听她诉苦的也同样是一些老婆婆。这篇文章虽然经过了文人的整理加工，也还保留了她口语的本色：用词通俗，句子简短，句间多用“意合”而很少用关联词。

郭兰瑞的母亲诉苦说：“我带着孩子们要了几年饭，就在村里借了这间房子住着，俺家冬学在村里当了干部，太积极，财主们恨他，告到炮楼上抓了去。把家里的一点东西，娘们穿的衣裳全卖了，也没赎回他来，运到关东煤窑上受苦去了。唉，俺那孩子啊！家里没吃的，他爹会剃头，就到安国去磨刀子，去了两天，还不见回来，我不放心，拉着俺家兰瑞，就打听着找下去了。到了卢家营儿里，街上有娘儿们坐着，我就问：大嫂子，你看见剃头的老郭过去了吗，人家说，前两天看见他过去了，穿着破黑袍子，带着火车头帽儿，可是不见他回来，再往前边打听打听吧。我就又拉着兰瑞往前走，孩子饿得实在走不动了，那边过来一个老头子，手里提留着一大把胡萝卜儿，我就说：大哥，俺家这小姑娘，饿得慌了，给俺们个萝卜吃吧，那老头儿就给了一大把，兰瑞吃着，走着，就说：娘，爹到哪里去了哩？我说：我们到安国去找他吧。一进东关，日本鬼子站着岗，查问两个推小车的，我就拉着孩子混进去了。到了南关，我见人就问：大嫂子，那个磨刀子的老王住在哪里呀？人家说：就在药王庙那个南屋里，我拉着兰瑞进了药王庙，南屋里，坐着一个娘儿们，我就问：大嫂子，你是磨刀子老王的内掌柜的吧，人家说是。我说：前两天，老郭来磨刀子，你们见他来吗？人家说：来着，磨了刀子，他就说肚子痛，我叫他喝米汤，他也不喝，定要回去，他说家里人还结记着哩，就走了。俺家掌柜的劝他养一养再走，他说死在哪里，就算哪里吧！抱着肚子走了。

➘ 思考

1. 请分析《诉苦翻心》叙述者的叙述特点及其性格。
2. 模仿班主任、父母或实习师傅的口吻叙述某件事情的经过。

四　神农架“野人”目击记

阅读提示

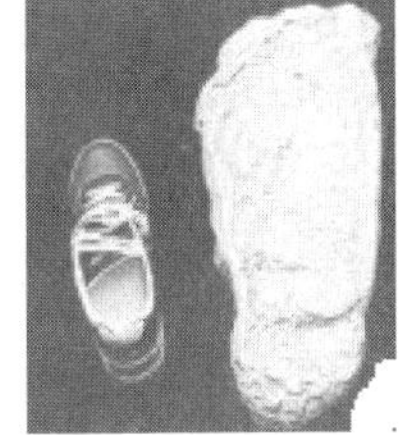

2007 年 11 月，神农架林区对据称近日发生在其境内的“野人”目击事件调查取得重大进展，目击者声称发现了“野人”脚印。考察人员找到神农架温水的目击者王东和襄阳的目击者张先生。他们的叙述如下。

……18 日，我前去神农架踏勘越野自驾线路，会同林区向导王东一行 5 人前往老君山、里叉河一带。中午 12 时许，快速行进的越野车到距离叉河管护所约 1 公里处的简易公路上。在绕过一个缓弯后，我突然看到前方约 50 米处的公路上，一高一矮两个浑身黑色的直立的“人”，呈右侧对着来车，向公路下方向走着。两“人”相距很近，高的似乎还拉着矮的。我惊叫：“野人啊！”坐在车后的王东也看见，急喊：“快停车！”

发觉来车，反应迅捷的两个“人”，大步往前，飞身闪入公路下。越野车在冲出去事发地 20 米后才停下来。大家急急下车往回，我操起车上的摄像机，冲向那“人”消失的地方，对着下面灌丛、对面山坡上一通狂拍。但已经太晚，没能看到什么。

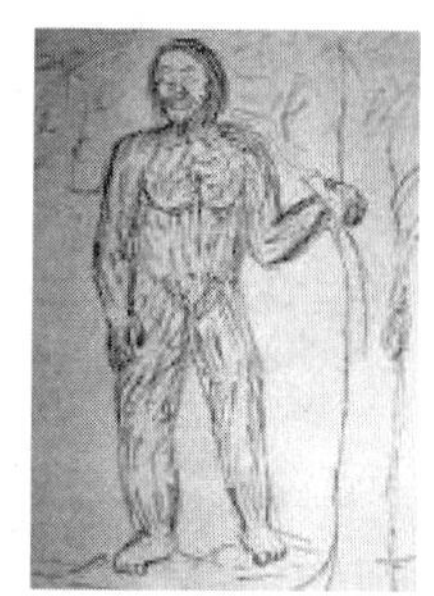

我们看到的这一大一小两个“人”，高的约1.7米，矮的约1.3米，形体看上去精瘦，浑身似黑色毛发，好像当时转过脸来，但没能看清面部。该动物身形矫健，反应迅捷，非一般常人所能想象。王东反复表示，自己虽然是神农架人，但以前是不相信“野人”这回事的，这次所见真的让他觉得这以前只听人们说的东西还真有，他感叹神农架真的太神奇了。

思考

1. 你认为以上叙述有什么特点？你印象最深的是哪个细节？
2. 你能将本文的内容转述给别人听吗？请尝试一下。

小链接

面试时的讲述

一个职业院校学生面试大公司的总裁秘书一职，她说：“从小到大我都特别仔细，特别认真。我从上职业学校第一年就开始订英语杂志，有一次我发现杂志上用了一个中文标点符号，我把页数、第几行抄下来寄给杂志社。”

结果，她收到了杂志编辑的回信。编辑在回信中表示：现在很少有人那么细心了，杂志社决定为她免费提供一年的杂志。

电影《肖申克的救赎》对白

剧中，犯人每10年有一次机会，可以面对面地说服法官批准其假释申请。

当他刑满20年时——

法官：“你被判无期徒刑，你改过自新了吗？”

犯人：“我已经得到教训！真的，我已洗心革面，上帝为证，我不会危害社会！”

法官拒绝了他的申请。

当他刑满30年时——

法官：“你被判无期徒刑，你改过自新了吗？”

犯人：“是的，的确如此，我真的已经变好！我完全洗心革面了！”

法官拒绝了他的申请。

当他刑满40年时——

法官：“你被判无期徒刑，你改过自新了吗？”

犯人：“改过自新？我不懂什么意思。你到底想了解什么？我后悔犯罪吗？我没有一天不后悔的，但并非接受惩罚而后悔。我回首前尘往事，那个犯下重罪的小笨蛋，我很想跟他沟通，我试图讲道理，让他明白，但我办不到，我只剩下垂老之躯，我得接受事实。”

法官批准了他的申请。

任务四　掌握即席发言的基本方法

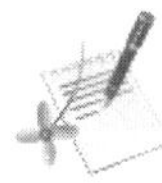

任务阐述

学会即席发言的方法和技能，做到语言文明得体、简洁清楚，内容恰当，符合主题。能够根据学习、生活和工作的情境与目的进行恰当的表达和交流。

对号入座

读一读，想一想，改一改

民国年间，军阀韩复榘斗大的字不识一个。但他在任山东省主席时，却爱冒充斯文人，到处讲演。他在齐鲁大学的一次发言，就是一篇难得的奇文。

诸位、各位、在齐位：今天是什么天气，今天就是演讲的天气。来宾十分茂盛，敝人也实在感冒。今天来的人不少咧，看样子大体有 8/5 啦，来到的不说，没来的把手举起来！很好，都来了！

今天兄弟召集大家来训一训，兄弟有说得不对的，大家应该相互原谅。你们是文化人，都是大学生、中学生、留洋生。你们这些乌合之众是科学科的，化学化的，都懂得七八国英文，兄弟我是大老粗，连中国的英文都不懂。你们大家都是笔杆子里爬出来的，我是炮筒子里钻出来的。今天来这里讲话，真使我蓬荜生辉，感恩戴德。其实，我没有资格给你们讲话，讲起来嘛，就像对牛弹琴，也可以说是鹤立鸡群了。

今天，不准备多讲，先讲三个纲目。蒋委员长的新生活运动，兄弟我举双手赞成。就一条，行人靠右走，着实不妥。大家想想，行人都靠右走，那左边留给谁呢？还有件事，兄弟我想不通。外国人在北京东交民巷都建立了大使馆，就缺我们中国的。我们中国为什么不在那儿建个大使馆呢？说来说去，中国人真是太软弱了。第三个纲目，学生篮球赛，肯定是总务长贪污了。那学校为什么会那么穷酸？十来个人穿着裤衩抢一个球，像什么样？多不雅观。明天到我公馆领笔钱，多买几个球，一人发一个，省得再你争我抢的。

今天这里没有外人，也没有坏人，所以我想告诉大家三个机密：第一个机密暂时不能告诉大家，第二个机密的内容跟第一个机密一个样，第三个机密前面两点已经讲了，今天的演讲就到这里，谢谢诸位。

知识云梯

一、即席发言的概念及特点

即席发言是指在特定场合中，在事先无准备的情况下，就某个问题发表见解，提出主张，表达某种情感愿望。就广义而言，日常生活中与人会话便是一种即席发言的基本形式。即席发言具有临场性、针对性和简洁性的特点。

二、即席发言的方法

即席发言的构思方法（运用培训发散思维的方法）：

（1）表达强烈愿望——愿为事业献身——指出必胜的光明前途——表达感激之情。

（2）欢迎众人到来——表达高兴心情——表明自己观点（联系实际）——表达祝福。

（3）（答谢词）表示感谢——回顾过往生活——两者间相互促进——升华思想、感情。

（4）引出话题——介绍关系——双方情况说明——表达希望与祝福。

（5）（颁奖）受奖人的贡献——具体介绍其贡献所产生的影响——赞扬其巨大贡献。

（6）说感受——分析原因——言问题——道艰难——呼吁大家。

三、即席发言的技巧

进行即席发言要具备多方面的知识素养，又需要敏捷的思维能力，快速的语言表达能力和应变能力。在日常学习、生活和工作中，经常会遇到即席发言，很多人不知道应该怎么讲。临场性决定了即席发言者必须具有较强的快速思维能力。快速思维即快速组织内部语言，实际上就是一个快速创作、打腹稿的过程。

即席发言的技巧主要表现为“三定”：定话题、定观点、定框架。

定话题——应选择你想说的、观众想听的、你能讲的、社会生活需要的话题。

定观点——应确立明确精练的、正确深刻的、为大家所能接受的、言之有理的观点。

定框架——开门见山式，也叫金字塔式，方法为先亮出主题，然后对主题作较详细的论证和分析说明；曲径通幽式，方法为先举例，再叙主旨要点，三说理由，进行论证分析。

即席发言的快速思维线路图：观察——定观点——扩展观点（组织语言）——观点、语序的排列——表达。

范文学习

一　开学典礼上的即席发言

阅读提示

本文作者以学长的身份向新同学表示了欢迎，发言的语气得体，内容恰当，层次清晰，感情真实。

今天，能结识这么多新同学，我感到由衷的高兴。请允许我代表广大老生向你们表示热烈的欢迎！

作为去年的新生，今年的老生，我想从环境、生活、交友、学习这四个方面来介绍一下：

去年，我从天津站下火车，本以为学校在市里，可乘上汽车后，七拐八拐、七绕八绕，总到不了。当时，就想到一句古诗："曲径通幽处。"到校一看，绿树成荫、鸟鸣蝉唱、小河潺潺、空气新鲜，可谓环境幽雅，真是读书的好地方。

要说生活，请大家先观察我：身高1.72米，体重85公斤。从某种意义上说，这是咱们学校伙食好的体现。有些女同学入校后想苗条，那非叫你大失所望不可，除非你经常参加体育锻炼。在此，我们希望食堂师傅们再接再厉、精益求精，使我们变得更加"富态"。

古人说："独学而无友，则孤陋而寡闻。"也就是说，如果没有朋友和你切磋交流，那么你在常识上很可能偏狭浅薄、见闻不广。我们大家来自全国16个不同省市，带着自己故乡的风采，相聚在民政学校。每个人都是一部百科全书，每个人都是一个新世界。谁不愿意多读一部书，多畅游几个新世界呢？

最后说学习，也是最重要的一方面。人们常说"三十而立"。等到我们30岁时，家可能已经立起来了——如果你不想打光棍儿的话。可是在事业上能不能有所作为、出人头地呢？千里之行，始于足下，未来的成就始于现在。现在，我们都是学生，正处在"衣带渐宽终不悔，为伊消得人憔悴"的刻苦学习时期。再从客观情况看，目前，民政部只办有5所大中专院校，各地方办有4所民政学校，各类院校每年培养大专生500人，中专生2 000多人，培训人员3 000多人，这远远不能满足我国民政事业的需要。可见，民政事业是具有广阔发展前景的。套用一句歌词来形容我们现在，就是："有劲你就尽情地使，有汗你就尽情地流，要问我们想什么，献身民政最潮流。"

同学们，让我们手拉着手，心连着心，互相帮助，共同努力，一个充满生机和活力的××民政学校一定会出现！

思考

1. 请用关键词表述这篇发言稿的思路。
2. 体会发言者当时的心情，并用三个形容词来概括。

二　毕业生家长代表的发言

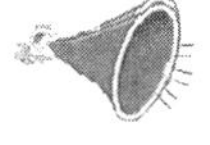

阅读提示

本文作者以家长的身份发言，感情真挚，内容丰富，思路清晰。

尊敬的领导、老师，亲爱的同学们：

大家好！

今天，我怀着十分激动的心情，参加中国传媒大学南广学院首届毕业生毕业典礼，并站在这里，代表众多的家长诉说我们的心声。

2004年的9月，中国传媒大学南广学院正式成立并迎来了她的第一批学生。四年后的今天，是南广学院收获的日子，亦是我们家长收获的日子。今天，是一个值得庆祝和纪念的日子，一个我们大家都将铭记的时刻。南广学院——成长了，我们的孩子——成熟了！明天，他们将要走向社会，踏上新的人生旅程。

在这里，我必须向辛勤培育我们孩子的南广学院领导、老师们致以崇高的谢意与敬意！因为有了你们，我们的孩子才能健康向上地成长，才能顺利地完成大学四年的学业，才能为今后的学习生活打下坚实的基础。四年的大学时光虽长亦短，孩子们从初次踏入大学校门到四年后的今天，从一个个懵懂的花季少年，到优秀的大学毕业生，生活、学习中的点点滴滴无不凝聚着老师们的心血，是你们教给了他们丰富的科学文化知识，是你们让他们体会到了进取、攀登、成功的喜悦。更重要的是，你们帮助他们树立了积极向上的人生态度，敬业尽责的治学精神，这些，将成为他们一生的财富。在此，我要感谢南广学院的全体老师，向全体老师真诚地道一句：谢谢你们，你们辛苦了！

同时，我也要代表全体家长，向我们即将踏上人生新旅程的孩子们提出几点希望：希望你们不要辜负学校的培养，不要辜负老师的期望，必须牢记老师对你们的谆谆教诲，在各自的工作岗位上努力工作，争做同龄人的表率、社会的栋梁！今天，你们光荣地从南广学院的大门走出；明天，南广学院必将以你们为荣！

最后，我衷心祝愿各位领导、老师在今后的工作中一帆风顺，祝愿南广学院的教育事业蒸蒸日上！

思考

1. 简单口述这篇发言稿的思路，并用几个关键词概述出来。
2. 请为自己的父母拟写一份家长会上的发言提纲。

三　婚礼上的发言

阅读提示

这是一篇新娘在婚礼上的发言稿。她朴实真切的话语富有感染力，人们可以真切体会到新娘的激动心情。

各位来宾、各位亲朋好友：大家好！

今天，在你们的祝福声里迎来了我和新郎最重要、最难忘的日子！和许多新人一样，我们幸福、紧张的心情从昨天晚上开始就正式进入了倒计时。幸福自不必说，紧张倒是有另一个重要的原因——要准备今天婚礼上的发言。为此，我们特意上网查找了几乎所有可以参考的新人发言内容，并从中筛选、提炼了经典的语句，再结合自己的体会，精心打造出一篇演说词。

但是，此时此刻被亲朋好友祝福声包围着的我们却发现，互联网上查找到的任何一段文字都无法准确地描述我现在的心情，所提炼出的任何一个段落都无法充分地表达我内心的感受。

在这里，我首先要表达的是感激。感谢各位亲朋好友的祝福，感谢父母的养育之恩，感谢朋友的倾力相助！没有你们的到来，就没有我们今天这个幸福、难忘的婚礼！

曾听朋友说，两个人在一起三年五年是欢喜，十年二十年是惊喜，相伴一生是奇迹！我愿用最诚挚的心和新郎一起共同经营我们的婚姻，共同期待奇迹的发生！

再一次感谢各位来宾作为我们婚姻的见证人，也希望这个奇迹发生在每一个人身上。最后，祝愿所有来宾身体健康，家庭幸福！

➘ 思考

1. 请体会发言者的心情，并用三句话概括。

2. 简单口述这篇发言稿的构思思路。

3. 请从下列情境中选择其一，迅速构思，作即兴发言训练。准备时间3分钟，发言时间2分钟。

（1）作为新员工在“新员工欢迎会”上发言。

（2）作为班长在欢送同学光荣参军的欢送会上发言。

（3）作为班主任在调离学校的告别会上发言。

（4）在实习单位第一次见师傅时讲话。

（5）十年后在职业院校同学聚会上发言。

小链接

四 句 话

为了避免即兴发言的时候信口开河，美国公共演讲专家理查德认为，即兴演讲应当记住四句话，在讲之前把它们作为构思提示，在讲的过程中把它们作为思路主线，并按它们的顺序组织语言。这四句提示的话是：

（1）“喂，请注意！”（开头就激起听众的兴趣）

（2）“为什么要说？”（进而强调聆听演讲的重要性）

（3）“举例子。”（形象化地将一个个论点印入听众脑海里）

（4）“怎么办。”（具体地讲清楚大家该做些什么或怎么做）

任务五 掌握演讲的基本方法

任务阐述

学会演讲的方法和技能，做到语言文明得体、简洁清楚，内容恰当，符合主题。能够根据学习、生活和工作的情境与目的进行恰当的表达和交流。

对号入座

读一读，想一想，改一改

飞机发明家莱特兄弟是一对很善于思索、又刻苦钻研的兄弟，可是他们却是一对最不善于交际的难兄难弟，他们最讨厌的就是演讲。有一次在某个盛宴上，酒过三巡，主持者便请大莱特发表演说。

“这一定是弄错了吧？”大莱特为难地说，“演说是归舍弟负责的。”

主持者转向小莱特。于是小莱特便站起来说道：“谢谢诸位，家兄刚才已经演讲过了。”

就这样推来推去，人们还是不放过兄弟俩，经各界人士再三邀请，小莱特只说了这样一句话：“据我所知，鸟类中会说话的只有鹦鹉，而鹦鹉是飞不高的。”这只有一句话的演讲，博得了人们长时间的热烈鼓掌。

知识云梯

一、演讲的本质

情感交流

演讲是演讲者在特定的情境中，借助有声语言和无声语言，针对现实生活中的某一问题，或围绕一个中心，面对广大听众发表意见、抒发情感，从而影响和感召听众的一种现实信息交流活动。

演讲不同于表演。演讲是演讲者（具有一定社会角色的人，而不是演员）就人们普遍关注的某种有意义的事物或问题，面对一定场合（不是舞台）的听众（不是观看艺术表演的观众），通过口头语言直接发表意见的一种社会活动（不是艺术表演）。

演讲不同于报告。报告是向听众单方面输出信息，演讲则是演讲者在现场与听众双向交流信息。严格地讲，演讲是演讲者与听众、听众与听众的三角信息交流，演讲者不能以传达自己的思想、情感和情绪为满足，他必须能控制住自己与听众、听众与听众情绪的应和与交流。

二、演讲的作用

（1）促进作用。促进历史转变、促进文明建设、促进个人成才。

（2）教化作用。培养高尚美好的情感，既是教育他人，又是自我教育。

（3）美感作用。演讲的题材首先是真实的，要求形式是美的，要使人产生愉悦感。听一次演讲不仅是一次心灵的净化，而且是一次审美的升华。

三、演讲的特征

（1）现实性。演讲是演讲者通过对社会现实的判断和评价，直接向听众陈述自己的观点、主张、感情、态度的一种现实活动。

（2）说服性。演讲作为语言交流的工具，其目的和作用就在于打动听众，使听者对讲话者的观点或态度产生认可或同情。所以演讲一定要具有说服力和感染力。很多著名的政治家都是很好的演讲者，他们往往借助于自己出色的演讲，为自己的政治斗争铺路。

（3）艺术性。演讲不是一般地使用有声语言和态势语言，而是刻意追求有声语言和态势语言的运用技巧，使之带上强烈的艺术色彩。

（4）情景性。不同的演讲有不同的目的、情绪、场合和听众，这些构成演讲的情景，演讲要与这些特定情景相适应。演讲者可以随时观察听众的情绪、反应，及时调整自己的演讲内容和形式，从而求得最佳的演讲效果。

四、演讲的方法

1. 有声语言

有声语言是演讲活动最主要的表达手段，是信息传达的主要载体。演讲时要特别注意语势，也就是演讲时处理句子之间关系的语言手段。该断则断，可以造成强烈而肯定的气势；该连则连，又能造成一气呵成的氛围，从而使有声语言能更准确地表情达意，更加富于感染性和鼓动性。

2. 态势语言

态势语言是一种非口头语言，是通过人的身体形态、手势动作、眼神表情等无声语言将众多信息输送给对方的一种行为。在演讲中，演讲者根据表情达意的需要，配合有声语言，做出各种各样的姿态、动作、手势和表情，以此来吸引和感染听众，以获得特殊的交际效果。

3. 个人形象

个人形象也是一种无声语言。一般来说，演讲者的个人形象包括形体、容貌、衣冠、发型、举止神态等。

五、演讲稿的基本结构

演讲稿即用于演讲的文稿，它是演讲的依据、规范和提示。演讲稿的基本结构通常包括开场白、主体、结尾三部分。

1. 开场白

好的开场白能够紧紧地抓住听众的注意力，为整场演讲的成功打下基础。常用开场白的种类有点明主题、交代背景、提出问题、故事引论、敌论树靶等。不论哪种开场白，目的都是使听众立即了解演讲主题、引入正文、引起思考等。

2. 主体

主体必须有重点、有层次、有中心语句。演讲主体的层次安排可按时间或空间顺序排列，也可以平行并列、正反对比、逐层深入。由于演讲材料是通过口头表达的，为了便于听众理解，各段落应上下连贯，段与段之间有适当的过渡和照应。

3. 结尾

演讲的结尾必须得出结论，或归纳中心论点，或升华论点。结尾的方法有归纳法、引文法、反问法等。归纳法是概括一篇演讲的中心思想，总结和强调主要观点；引文法则是引用名言警句，升华主题、留下思考；反问法是以问句引发听众思考和对演讲者观点的认同。此外，演讲稿的结尾也可以用感谢、展望、鼓舞等语句，使演讲能自然收束，给人留下深刻印象。

范文学习

一　天下兴亡，我的责任

高震东

阅读提示

在中国台湾有这样一所学校，学生年龄在15～18岁，每年3 000多名学生中，因违反校纪校规被校方开除的有二三百人。学校没有工人，没有保安，没有厨师，一切必要工作都由学生自己去做。学校实行学长制，三年级学生带一年级学生。全校集合只需3分钟。学生见到老师七米外要敬礼。学生没有寒暑假作业，没有一个考不上大学的。这就是台湾享誉30年、以道德教育为本的忠信高级工商学校。在台湾各大报纸招聘广告中，经常出现“只招忠信毕业生”字样。以下是校长高震东在宁波大学的讲演（略有删改）。

同学们，你们说“天下兴亡”的下一句是什么？（台下声音：“匹夫有责”）不，是“我的责任”。如果今年高考每个人都额外加10分，那不等于没加吗？“天下兴亡，匹夫有责”等于大家无责。“匹夫有责”要改成“我的责任”，我是这样教我的学生的。所以说，帮助大陆办好教育，是我高震东的责任，只因为这样，我才回大陆专门举办道德方面的演讲。(掌声)“以天下兴亡为己任”是孟子的思想。

吃亏就是占便宜

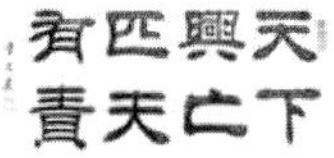

禹是人，舜是人，我也是人！他们能做到的，我为什么不能呢？“天下兴亡，我的责任”，唯有这个思想，我们的国家才有希望。我们每个学生如果人人都说：学校秩序不好，是我的责任；国家教育办不好，是我的责任；国家不强盛，是我的责任……人人都能主动负责，天下哪有不兴盛的国家？哪有不团结的团体？所以说，每个学生都应该把责任揽到自己身上来，而不是推出去。我在台湾办学校就是这样，如果教室很脏，我问“怎么回事？”假如有个学生站起来说：“报告老师，今天是32号同学值日，他没打扫卫生。”那样，这个学生是要“挨揍”的。在我的学校，学生会这样说：“老师，对不起，这是我的责任。”然后马上去打扫。灯泡坏了，哪个学生看见了，自己就会掏钱去买个安上；窗户玻璃坏了，学生自己马上买一块换上它，这才是教育，不把责任推出去，而是揽过来。也许有些人说这是吃亏，我告诉你，吃亏就是占便宜，这种教育要牢牢记在心里，我们每个中国人都要记住！

学校更应该训练学生这种“天下兴亡，我的责任”的思想。校园不干净，就应该是大家的责任。你想，这么大的一个校园，你不破坏，我不破坏，它会脏吗？脏了之后，人人都去弄干净，它会脏吗？你只指望几个工人做这个工作，说：“这是他们的事。我是来读书的，不是扫地的。”这是什么观念？你读书干什么？读书不是为国家服务吗？眼前该服务的你都不服务，你还能为未来服务？当前的责任你都不负，未来的责任你能负吗？水龙头漏水，你不能堵住吗？有人会说：“那不是我的事，那是总务处的事。”这是错误的。一般人最坏的毛病是这样：打开水龙头后，发现没水，又去开第二个，第二个也没有，又去开第三个。这样的学生，在我的学校是要被开除的，连举一反三都不懂。第一个没水，第二个会有吗？你就没想到水会来吗？人无远虑怎么能行？作为一个干部，作为一个人，都要想到后果，后果看得越远的人，越是一个成功的人。一个只管眼前、不顾将来的人，不是一个好干部，不是一个有用的人。水龙头不关，来了水后让它“哗哗哗”满池子去流，仍不去关，“反正是国家的水，不是我自己的！”浪费国家的，就是“汉奸”。你为什么浪费国家的水？你为什么浪费国家的资源？我每天洗脸都为国家省一盆水，一年省多少水，你算算，你们学校6 000多学生，每人每天节省一盆水，一年省多少水？省水就是省电，就是节省国家资源。爱国可有两种，一种是积极爱国，一种是消极爱国。积极爱国是为国家创造财富，消极爱国是为国家节省财富。国家用那么多百姓纳的税来供你读书，你还浪费国家的财富，你良心何在？大学生都如此，怎么能期望中学生、小学生呢？怎么能期望一般老百姓呢？你这样的高级知识分子都不爱国，怎么能让老百姓去爱国呢？从自己身边做起，我们国家才有希望。这就是“天下兴亡，我的责任”积极负责的敬业观念，这就是道德教育。

任何小事都是大事

另一点，我们要有“勿以善小而不为，勿以恶小而为之”的敬业观念。天下有大事吗？

没有。但任何小事都是大事。集小恶则成大恶，集小善则为大善。培养良好的道德，是从尊敬老师开始的，是从那很小很小的事开始的。这种道德是慢慢建立起来的，而不是专门找到大事才干。今天上午下课的时候，我和师大校长一块出来，礼堂里有很多废纸。我说不要捡，要等下午学生自己捡。同学们，谁丢下这些纸屑就是不爱国。天下无大事，请先把自己脚下的纸屑捡起来，这就是我的教材。好的，同学们捡起自己脚下的废纸，这就爱国的开始。我给大家讲两个关于废纸的故事。

第一个，美国有个福特公司，福特是一个人，他大学毕业后，去一家汽车公司应聘，和他同应聘的三四个人都比他学历高。当前面几个人面试之后，他觉得自己没有什么希望了。既来之，则安之，他敲门走进了董事长办公室。一进办公室，他发现门口地上有一张纸，弯腰捡了起来，发现是一张废纸，便顺手把它扔进了废纸篓里。然后径直来到董事长的办公桌前，说："我是来应聘的福特。"董事长说："很好，很好！福特先生，你已被我们录用了。"福特惊讶地说："董事长，我觉得前几位都比我好，你怎么把我录用了？"董事长说："福特先生，前面三位的确学历比你的高，且仪表堂堂㊀，但是他们眼睛只能'看见'大事，而看不见小事。你的眼睛能看见小事，我认为能看见小事的人，将来自然能看到大事，一个只能'看见'大事的人，会忽略很多小事，他是不会成功的。所以，我才录用你。"福特就这样进了这个公司，这个公司不久就扬名天下，福特把这个公司改为"福特公司"，使美国汽车产业在世界占据鳌头，这就是今天"美国福特公司"的创始人福特。大家说，这张废纸重要不重要？看见小事的人能看见大事，但只能"看见"大事的人，不一定能看见小事，这是很重要的教训。

第二个废纸的故事，当亚运会在日本广岛结束的时候，6万人的会场上竟没有一张废纸。许多报纸都登文惊叹："可敬，可怕的日本民族！"就是因为没有一张废纸，就使全世界为之惊讶。再看看我们10月1日天安门广场升国旗的镜头，当人们散去，满地废纸，到处乱刮。外国人一看当然会这样认为：你们中国此时要同日本比，差得远呢！大家不要总是说：我们国家地大物博，有137枚金牌—— 这都没用，咱们的道德水准还没上来，还差得远！大家说这些废纸重要不重要？所以说，我让大家捡起一张废纸，这就是爱国的开始。万事从小事做起。美国太空船快到月球了，它却不能登上去而无奈地返回来，为什么？只是因为一节30块钱的小电池坏了，他们这个酝酿很久的航天计划被破坏了，几亿元报废了！天下有大事吗？大家看哪次飞机失事是翅膀和头一齐掉下来的？都是一节油管不通，一个轮胎放不下来才失事的。一个人的死，哪个是全身完全溃烂死掉的？都是肝坏了，或心脏等一个器官不正常而死的！同学们，从现在开始，你们要有敬业观念。我们中国实行九年制教育的目的就是这样，就是要看你怎样同老师相处，怎样与朋友相处，这就是教育的目的。从古至今，中国的教育才是最伟大的教育，你把西方的教育看做是最先进的教育，那就大错特错了。美国的教育部长三个月前发表讲话说："我们国家的教育是彻底失败的，我们把人教成了肉机器，我们要向东方学习人文教育！"所以说，我们祖国的教育是世界上最伟大的教育！（掌声）孔子告诉我们：学而不思则罔，思而不学则殆。一个学生要不断地学，不断地想，不断地做，这就是真正的教育，这就是中国教育的精髓所在。

㊀ [仪表堂堂]仪表，人的外表，风度；堂堂，庄严大方的样子。形容人的容貌端正。

要咬牙切齿学英文

再一个，我们要进行“吃中国饭、说中国话、过中国节、穿中国服装”的振兴民族文化的道德教育。一个中国人连中国饭都不吃了，能叫中国人吗？吃中国饭的第一代表是使用筷子。筷子原是中国的文化，是文明的行为。我去美国，偶尔吃他们的西餐，他们一上西餐我就说：“请给我拿筷子来。”他们问我：“吃西餐都用刀叉，你为什么用筷子？”我说筷子是文明的象征，而你们的刀叉是野蛮的标志，所以我不用。筷子可切、可叉、可削、可夹、可戳，无所不能，而你们的刀叉笨重至极，像杀人的武器。（掌声）学生要吃烧鸡，我说可以，如果他说要吃“肯德基”，我要揍他，他说吃面包夹豆腐乳，可以，他说吃“汉堡”却不可以。你可以吃碉堡，但不能吃“汉堡”。这就是中国的民族精神教育。外国只是机器、枪炮比我们强，吃的能与中国比吗？吃外国人的东西只是种怪心态，可悲啊！

我们学校的英文教学是全台湾最好的。我从美国请来两名老师，专门教我的学生学说外语。我有一个留美班，他们一定是要留美的。但是他们所学的教材第一页上都印着我的话：“中国人学英文是我们的国耻行为，学英文是中国最可悲的行为，但我们不能不学，因为别人超过了我们，‘敌人’枪炮、科学压过了我们。今天我们必须学习他们的科学，然后才能超过他们！我们非把英文学好不可，所以要咬牙切齿学英文！”（掌声）所以，我的学生英文学得都非常好。如果一个英文老师一上课就说：“同学们，今天我们要学英文了。英文是世界语言，是世界上最美的语言！一个不会英文的民族是一个低等民族，英文太美了！太棒了！”你说这个老师要不要打屁股？所以我总是告诉这些老师：要好好教我的学生，你不要替外国人宣传，变成“汉奸”。要告诉学生雪耻图强，打败列强，这是中国人的希望。（掌声）你们这里不也有英文老师吗？外语系的学生以后不也去教英文吗？上课以前你们要对学生进行爱国学英文的教育，不要上来就替外国吹一场，你们不要认为，传道者只是传英文之道、授英文之业，而要传爱国之道，授英文之业。

爱国常体现在微小的地方

我今天讲了什么是爱国主义，哪里是爱国主义。其实处处都是爱国主义。任何一个行为都可以爱国。大家都知道以色列与阿拉伯的战争。阿拉伯和以色列打仗打得正热闹的时候，世界正举行选美比赛，那年以色列小姐正好当选“世界小姐”。许多电影界的人士都围着她：“小姐签约吧，将来你可以发大财了。”“签约后你名利双收，你何必回国呢，你的国家正在打仗啊！”“你回去多可怕！你现在又有钱，又有名，留在美国吧！”这姑娘却在电视上发表讲话：“世界小姐不是我个人想选，我只是让你们知道，以色列是一个优秀的民族，所以我出来竞选。我想让人们知道，地球上有以色列这个国家，所以我要出来竞选。我今天被选上了，就完成了我的任务，我也告诉世界，以色列是个优秀的民族，因为我是世界上最漂亮的女人。同时还要告诉世界，以色列这个国家正在艰苦奋战，希望全世界的人民支持我们！支持我们国家的独立！现在我的国家正在打仗，要钱何用？我们以色列亡国两千年，因为我们文化不亡，所以我们还能建国。今天我要回去，为祖国而战，要钱何用？”她发表完这番演说，第二天就坐飞机回国了。（掌声）这个消息发表后，全世界的人对以色列刮目相看！以色列人真了不起啊！于是，以色列的军队军心大振，把阿拉伯的军队打得大败，这就是历史上的六日战争，七天打完，这就是因为一个女孩子的一句话。

所以，同学们，爱国常常体现在一个微小的地方。“一言以丧邦，一言以兴邦”。我们是受过高等教育的人，我们肩负着国家的荣辱，人家看到我们就能看到国家的希望。同学们，国家的前途是向后看的，个人的前途是往前看的。老师这样一回顾，就知道二十年以后的中国是什么样子，看看小学生就知道三十年后的中国是什么现象。如果他们品德良好，道德高尚，爱国，二十年后国家就有希望。我们今天要雪耻图强，力争做得更好。不要丢了祖宗的脸，不要丢了我们汉唐先烈的脸。

爱国是很具体的。我的学校门口有个标语：离开校门一步，肩负忠信荣辱。推而广之，离开国门一步，肩负全国荣辱。一口痰吐在中国是小事，吐在外国，你就丢了中国十三亿同胞的脸，因为你代表十三亿中国人，而不是你个人，你千万不要以为“好汉做事好汉当”，你错了，你做不到，你不够资格当。所以每个同学的一言一行都要注意。高老师回到大陆，看到不顺眼的要讲要骂，要批评要建议，但是我离开了大陆回到台湾，不会讲大陆一句坏话。他们问：大陆好吗？我说好得不得了，太大了，太棒了。到了美国就说中国人伟大得不得了，绝对不会丢中国人的脸，一句对中国的批评也没有。但是，回来一定要实实在在地讲话，诚诚恳恳建议。有的人刚好相反，在国内装得那么温顺，那么可爱，一离开中国就大放厥词，把中国骂得一文不值，这就是标准的汉奸也。

思考

1. 请指出这篇演讲稿给你留下最深刻印象的段落，并谈谈自己的感悟。

2. 请找出文中提及的“不文明行为”，反省自己是否存在这些方面的问题，并请老师和同学为你提出改正的意见和建议。

3. 请说说对于“国家兴亡”你有哪些责任？

二　爱迪生欺骗了世界

马　云

阅读提示

马云，阿里巴巴集团主要创始人之一、阿里巴巴集团主席兼首席执行官、软银集团董事、中国雅虎董事局主席。1999年，创办阿里巴巴网站，开拓电子商务应用，尤其是B2B业务。目前，阿里巴巴是全球最大的B2B网站之一。下面这篇文章是马云给雅虎员工所作演讲的演讲稿，词锋尖锐、正话反说、举例丰富，让人耳目一新。

今天是我第一次和雅虎的朋友们面对面交流。我希望把我成功的经验和大家分享，尽管我认为你们其中的绝大多数勤劳聪明的人都无法从中获益，但我坚信，一定有个别懒得去判断我讲的是否正确就效仿的人，可以获益匪浅。

让我们开启今天的话题吧！

世界上很多非常聪明并且受过高等教育的人，无法成功，就是因为他们从小就受到了错误的教育，他们养成了勤劳的恶习。很多人都记得爱迪生说的那句话吧："天才就是 99%的汗水加上 1%的灵感"，并且被这句话误导了一生，勤勤恳恳地奋斗，最终却碌碌无为。其实爱迪生是因为懒得想他成功的原因，所以就编了这句话来误导我们。

很多人可能认为我是在胡说八道，好，让我用 100 个例子来证实你们的错误吧！事实胜于雄辩。

世界上最富的人，比尔·盖茨，是个程序员，他懒得读书，就退学了，又懒得记那些复杂的 DOS 命令，于是他就编了个图形的界面程序——叫什么来着？我忘了，懒得记这些东西。于是全世界的计算机都长着相同的脸，而他成了世界首富。

世界上最值钱的品牌，可口可乐，他的老板更懒，尽管中国的茶文化历史悠久，巴西的咖啡香味浓郁，但他实在太懒了，弄点糖精加上凉水，装瓶就卖。于是全世界有人的地方，大家都在喝那种像血一样的液体。

世界上最好的足球运动员，罗纳尔多，他在场上连动都懒得动，就在对方的门前站着，等球砸到他的时候，踢一脚。这就是全世界身价最高的运动员了。有的人说，他带球的速度惊人，那是废话，别人一场跑 90 分钟，他就跑 15 秒，当然要快些了。

世界上最厉害的餐饮企业，麦当劳，它的老板也是懒得出奇，懒得学习法国大餐的精美，懒得掌握中餐的复杂技巧，弄两片破面包夹块鸡肉就卖，结果全世界都能看到那个 M 的标志。必胜客的老板，懒得把馅饼的馅装进去，便直接撒在发面饼上边卖，结果大家都管那叫 PIZZA，比 10 张馅饼还贵。

还有更聪明的懒人，懒得爬楼，于是他们发明了电梯；懒得走路，于是他们制造出汽车、火车和飞机；懒得每次计算，于是他们发明了数学公式；懒得出去听音乐会，于是他们发明了唱片、磁带和 CD。这样的例子太多了，我都懒得再说了。

还有那句废话也要提一下：生命在于运动。你见过哪个运动员长寿了？世界上最长寿的人还是那些连肉都懒得吃的和尚。如果没有这些懒人，我们现在生活在什么样的环境里，我都懒得想。

人是这样，动物也是如此。世界上最长寿的动物是乌龟，它们一辈子几乎不怎么动，就趴在那里，结果能活一千年，它们懒得走，但和勤劳好动的兔子赛跑，谁赢了？牛最勤快，结果人们给它吃草，却还要挤它的奶。熊猫傻乎乎的，什么也不干，抱着竹子能啃一天，人们却亲昵地称它为"国宝"。

回到我们工作中，看看你公司里每天最早来最晚走、一天像发条一样忙个不停的人，他是不是工资最低的？那个每天游手好闲，没事就发呆的家伙，是不是工资最高？据说还有不少公司的股票呢。

我以上所举的例子，只是想说明一个问题——这个世界实际上是靠懒人来支撑的。世界如此精彩都是拜懒人所赐。现在你应该知道你不成功的主要原因了吧。

懒不是傻懒，如果你想少干，就要想出懒的办法，要懒出风格，懒出境界。像我从小就懒，连肉都懒得长，这就是境界。

再次感谢大家！

思考

1．请用自己的话概括，马云为什么说“爱迪生欺骗了世界”？

2．请谈谈你是如何理解“懒出风格，懒出境界”这句话的？

三　创文明城市从我做起

苏　琳

阅读提示

下面这篇文章是某校同学参加广州市市属技校演讲比赛的演讲稿。读一读并体会文章的逻辑性及鼓动性。

大家好！我演讲的题目是《创文明城市从我做起》，想从“环境美”的角度来谈谈自己的看法。

诗人艾青说过：“为什么我的眼里常含泪水？因为我对这片土地爱得深沉。”广州，这座拥有2 200多年历史、1 000多万人口的文化名城，滋养了我，培育了我。在当下创建文明城市的浪潮中，我，一名技校学生，该做些什么来表达我对家乡深切的热爱呢？

第一，认识要提高。城市环境的美化，是搞好城市建设、提高城市文明程度、进一步扩大对外开放的需要。多年来，广州市的环境保护工作取得了重大进展，但离“花园式城市”的目标还有一步之遥。噪声扰民、小贩占道经营、“三废”污染、“六乱”等问题仍不同程度地存在，人民的正常生活还不时遭受侵扰。对此，我们不能熟视无睹。

其次，行动要迅速。在校内可开展绿色环保知识竞赛，用黑板报、宣传画廊、广播等方式宣传环保知识，提高学生对环境保护的认识程度。在生活细节中，要养成良好的习惯：不随地吐痰，不乱扔果皮纸屑，节约用水，少用塑料袋，不使用泡沫饭盒和一次性筷子……总之，应时刻牢记“勿以善小而不为，勿以恶小而为之”。

更重要的是发动宣传。一支竹篙难渡汪洋大海，众人划桨才能开动大船。我们要把创建文明城市这一头等大事牢记心间，利用每一个可能的机会，向亲朋好友甚至陌生人提醒、宣传。只要你加我，我加你，大家心相连，何愁我们的目标不会实现？

朋友，你还在漠不关心吗？你还在犹豫彷徨吗？快快行动吧！让我们并肩携手，从一点一滴做起，让我们的广州天更蓝、水更清、树更绿！

思考

1．本文开头引用了诗人艾青的诗句，请谈谈这样做的好处。

2．请谈谈作为一个市民，置身于城市建设的大潮之中，你能作些什么贡献？

小链接

连续演讲 4 天破世界纪录

2006 年，津巴布韦一名法律系学生自称已连续演讲 99.5 个小时，打破了“演讲时间最长”的吉尼斯世界纪录。这名学生叫穆扎瓦兹，当时 22 岁。他的演讲题目是“非洲团结与青年权利”。这个演讲从 2006 年 8 月 28 日晚开始，一直持续到 9 月 1 日晚。演讲时间比以前印度人拉梅什创造的纪录长了 1 小时。这次“最长”演讲的另一目的是为津巴布韦的艾滋病孤儿之家筹款。吉尼斯世界纪录官员目前还未确认穆扎瓦兹是否已打败拉梅什的纪录。据吉尼斯世界纪录官方网站显示，拉梅什纪录是在 2006 年 3 月进行的一场名为“生命的分子逻辑”演讲，耗时 98.5 小时。

演讲十八招

绝招一：运用排比；绝招二：用词准确；绝招三：亲切感；绝招四：应对意外；绝招五：巧妙引用；绝招六：语调的抑扬顿挫；绝招七：脉络清晰；绝招八：俚语的使用；绝招九：使用身体语言；绝招十：正确发音；绝招十一：幽默的运用；绝招十二：押头韵；绝招十三：事前准备；绝招十四：设备的使用；绝招十五：语速的把握；绝招十六：作好即兴演讲；绝招十七：音量的控制；绝招十八：节奏的把握。

任务六　掌握应聘交谈的基本方法

任务阐述

学会应聘交谈的方法和技能，做到语言文明得体、简洁清楚，内容恰当，符合主题。能够根据学习、生活和工作的情境与目的进行恰当的表达和交流。

对号入座

读一读，想一想，改一改

1. 考官：你区别于前两个同学的优点是什么？
   应聘者：自信，自制力强，克制自己不上网。
   考官：那他们在上网时你在做什么？
   应聘者：在宿舍看新闻，关注时事。
   考官：那你说一下最近发生的三条新闻事件？
   应聘者：（沉默10秒）“十八大”。
   考官：“十八大”什么时候结束的？中心思想是什么？
   应聘者：记不太清了。我比较喜欢体育新闻。
2. 考官：从观察、思考、理解这三方面能力中选你最擅长的，并举例。
   应聘者：理解能力。我能通过观察、理解猜透同学的意思。例如，下课了，有个同学突然说不吃饭了，我看他不像是不饿，觉得他应该是忘带饭卡了，一问真是这样。

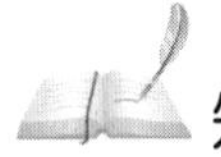

知识云梯

随着现代社会的不断发展，人才流动日益频繁，谋求职业的能力变得越来越重要。谋求职业时，我们可以主动向用人单位推荐自己，也可以根据招聘广告去应聘。无论哪种方式，一般都要经过递交求职信（或个人资料）和参加面试（或笔试）两个环节。其中，面试是求职成败的关键环节。

应聘，首先要了解用人单位所需人才的标准和要求，然后结合自己的实际情况，从学历、专业理论和技能水平、身体状况、个人爱好等方面进行对照、权衡，看看自己是否符合招聘条件，以及这个岗位能否满足自己的需求。这是面试时成功自我推销的现实基础。

一、应答的要求

1. 用心聆听，有的放矢

“请你做一下自我介绍”常常是面试中碰到的第一个问题。其实从求职者的简历中，主考官对其已经有基本了解，他只是想借此引起话题，同时考查求职者在语言表达等方面的能力。求职者应在 2 分钟内简要介绍自己的相关信息。

一些开放性问题并没有明确的答案，主考官只是从你的回答中，判断你处理问题的方式、原则和能力，判断你的性格和人品，这就需要你用心聆听，分析主考官想知道的究竟是什么。譬如说，面试官问：“你希望与什么样的上级共事？”通过面试者对上级的“希望”，面试官可以判断出你对自己的要求。这既是一个陷阱，又是一次机会。回答此类提问，最好回避对上级具体的希望，多谈对自己的要求，如“作为刚步入社会的新人，我应该尽快熟悉环境、适应环境，而不应该对环境提出什么要求，只要能发挥我的专长就可以了。”

2. 扬长避短，坦率作答

有时候你会被问到一些专业方面的问题，这就完全看自己平时的积累了。但如果不知道，千万别不懂装懂，否则会给面试官留下不良印象。

正式的面试往往有较固定的模式：招聘者先向你介绍工作岗位的基本情况，这时你必须“会听”，抓住重要信息并能正确理解；招聘者还会问你一组相关联的问题，这时你必须“会答”，针对问题的实质恰当作答；最后招聘者可能会请你提问，这时你必须“会问”，不能不问，而且要问得中肯。非正式的面试多为漫谈式，需要你随机应变，抓住时机，展示自己良好的形象。

二、面试前的准备

1. 了解招聘单位，查找相关信息

面试前，求职者可以通过互联网、报刊、用人单位的产品广告等途径，尽可能了解清楚招聘单位的背景情况，明确应聘职位的要求。因为作为用人单位，希望录用对自己公司有一定认识的人。

2. 查找交通路线，以免面试迟到

接到面试通知后，应仔细阅读通知上是否标有交通路线，要搞清楚在何处上下车和换乘。要留出充裕的路途时间，一些意外情况也应考虑在内。如果对交通不熟悉，最好把路线图带在身上，以便问询查找。

3. 整理文件包，带齐必备用品

面试前要把资料整理一遍，诸如毕业证、身份证、报名照、其他证明文件（包括所有的复印件），以备考官查验。同时应带上一定数量的现金，以备不时之需。

4. 准备面试时的着装和个人修饰

参加面试，在衣着方面虽无须特别讲究，但也要注意整洁大方，不要过于花哨华丽，不可邋遢。男士衬衫要换洗干净，皮鞋要擦亮，头发要梳

整齐，胡须要刮干净。女士不能穿过分前卫的服装，若感觉脸色不佳，可化淡妆。总之，着装要得体，要与所申请职位相符。

三、面试的礼节

现在越来越多的企业在录用员工时，都很重视对其品行的考察。因此在面试时，考官们会随时注意求职者的言行举止。哪些举止容易获得考官的青睐呢？

1. 应提前多长时间到达面试地点

提前 10 分钟到达效果最佳。在面试时迟到或是匆匆忙忙赶到都是致命的，而提前半小时以上到达亦会被视为没有时间观念。到达面试地点后应在等候室耐心等候，并保持安静及正确的坐姿。假如一些小企业没有等候室，可在面试办公室的门外等候。当办公室门打开时，应有礼貌地说声“打扰了”，然后向室内考官表明自己是来面试的，切不可贸然闯入。假如有工作人员告诉你面试地点及时间，应当表示感谢。

2. 进入面试室后能否马上坐下

等考官告诉你“请坐”时方可坐下。坐下后不要背靠椅子，也不要弓着腰，并不一定要把腰挺得很直，这样反倒会给人留下死板的印象，应该很自然地挺起胸。

3. 与考官交谈时是否应始终注视对方

与考官交谈时并不需要始终注视对方，当然更不能漫不经心地四处张望。在交谈时应当显得自然，平时怎么和别人交谈的，就怎么去做。

总之，面试就是要在极短的时间内向对方推荐自己，让对方记住并接受自己。这不仅需要求职者有良好的谈吐，而且还要有良好的心理素质和文化修养。

范文学习

一　不要怕推销自己

阅读提示

求职者要保持上进的工作态度，使自己充满信心，才能赢得最后的胜利。以下是一名技校生的真实面试经历。

那是两年前，一家著名的 4A 广告公司（4A 为美国广告代理商协会的简称，进入该协会的广告公司统称 4A 广告公司）招聘策划文案人员，要求大专学历，两年以上工作经验。作为一名应届毕业生，原本不符合条件的我却对广告业有着浓厚的兴趣，在看到招聘信息后便抱上一大摞应聘材料前去应聘。当我赶到这家公司时，所有应聘者的初试都已结束了，任凭我好话说尽，接待人员仍很委婉地拒绝了我。

前几次求职失败使我对找到一份满意的工作失去了信心，觉得生活无奈又无助。从公司出来，望着公司的铜字标志在阳光下熠熠生辉，心里特别不是滋味。难道我就这样甘心放弃？我不停地问自己。

也不知道是什么原因，回到家后，我便四处查找资料，终于在网上找到了这家公司老总的名字和电话。第二天早上，我很客气地打电话过去找陈总经理。接电话的女秘书问我是哪个公司的，找他有什么事，几经“纠缠”，或许是我的执着，女秘书终于帮我接通了陈总的电话。

陈总经理接过电话后，我直截了当地说自己想应聘策划文案一职，因错过时间没能赶上，但又非常自信可以胜任这份工作，所以希望能再给一次机会。陈总先是愣了一下，然后说：“你如果真的觉得自己能胜任这个工作就过来试试吧，直接找我们的人事主管。”

到公司后，人事主管亲自对我进行了面试。听完我的自我介绍后，他面有难色地说：“对不起，你不符合我们的要求，我们的招聘条件不仅要求大专学历，更重要的是要有两年工作经验。”

被委婉地拒绝，我自然有一些气馁，但并没有绝望，于是笑着说道：“我虽然是一名高职毕业生，但我在学校担任过学生会主席，勤工俭学时做过日用品直销员、兼职过报刊特约记者，在广告公司实习时也从事文案工作，并取得了不错的成绩……我相信自己完全能胜任这一份工作。”说完我便递上精心设计的求职材料：“这是我的材料，您可以先看看。”

人事主管一言不发地看着我的材料。在焦急的等待中，时间似乎过得特别慢。过了很久，他合上材料，抬起头对我说：“你的确很优秀，可是我们规定要大专以上学历，真的很抱歉。”

这时我真的有些失望了，当我决定起身离去时，我还是鼓起勇气说：“文凭仅仅代表一个人受教育的程度，并不能真正代表一个人的能力。规定是死的，但规定毕竟也是人定的，我相信贵公司要的是能为公司谋利益的人才，而不是大专文凭。”

面对我执着、坚定的目光，人事主管动摇了，说：“你稍等一下。”随后走进了陈总经理的办公室。两分钟之后，人事主管告诉我：“年轻人，我很想知道你的勇气到底从哪里来的？”听了这话，我想自己应该是通过了。

这次求职的成功让我明白，只要有信心，事情往往就成功了一半。在后来的日子里，无论遇到怎样的困境和麻烦，我都始终把自信写在脸上，写在心里。正如美国学者戴尔·卡耐基说的：不要怕推销自己，只要你认为自己有才华！前进的道路上，有时差的就是那自信的一步，前进一步便是不一样的人生。

思考

1．本文作者并不符合招聘要求，最后却被录用了，请你谈谈作者求职成功的主要原因。

2．假如你在面试时遇到类似情况，你会怎样处理呢？

3．假如作者被录用后，公司安排了一名老员工作为他的实习老师。第一次见到实习老师时，应该怎样与他沟通？请模拟情境为作者出出主意。

二 应 答 词

李 华

阅读提示

某企业到某校招聘公关人员。负责招聘的陈经理要求应聘的学生谈谈对公关工作的认识。下面是李华同学的应答词，这篇应答词采用较正式的口语语体，言简意赅，显示了李华的才华和干练。

陈经理：

感谢贵公司给了我一个机会，让我有机会从事我一心向往的公关工作。

公共关系学传入我国的时间并不长，但已经引起许多优秀企业家的关注。我认为公关工作的主要任务是在公众面前树立企业的良好形象。因此，公关人员要能成为企业良好形象的代表，成为企业联系社会公众的桥梁。我之所以向往这个职业，就是因为它在企业中的作用非常重要，在这个岗位上可以为企业作比较大的贡献。我学的就是公关与文秘专业，有比较丰富的公关理论知识，我还是校学生会的外联部部长，有一定的交际与沟通能力。当然，像我这样一个尚未走出校门的女生，还缺乏公关工作的实际才干，不过我很乐意从最基础的工作做起，善于学习、勇于实践是我的特点。如果这次我能够被录用，我相信在公司领导的指导下，我一定能很快进入角色，成为一个称职的员工，对此我有足够的信心。

这是我的英语等级证书和我发表过的几篇文章，请过目。还有一盘我在电视台做嘉宾主持的录像带，希望您能够抽空看一下，以便对我有更全面的了解和认识。谢谢！

思考

1．李华对公关工作的认识比较深刻，而且能坦率地正视自己的不足，并适时地表达自己的信心，容易被人接受。请仿照本文，用恰当的语言描述自己的不足之处。

2．李华在言辞之中暗含对对方的赞美和恳求，说得不露声色、委婉得体，体现了较高的口语交际水平。请找出一两个暗含对对方的赞美和恳求的句子，并加以分析。

小链接

面试话外音

面试时，你回答的每句话，富有经验的主考官都能从中听出一些“言外之意”，并了解你的工作价值观，判断你和公司发展、工作职责、企业文化等是否相融、相互促进，最后决定是否录用你。

主考官：“你找工作时最在乎的是什么？”

答：“我希望获得一份有发展空间的工作。”其实，主考官知道，你的真正意向是：钱多、事少、离家近。

答："我希望得到一份能全面展示我长处的工作。"主考官会感觉你可能在以前的工作中有志难酬，究竟是何原因他一定会在接下来的提问中继续寻找。

答："我希望在一个气氛和谐融洽的环境中工作。"主考官判断：你以前的工作单位人际关系复杂，同事之间很可能勾心斗角。

答："我希望付出与所得成正比，有能力者能脱颖而出。"主考官判断：你可能在以前激烈的竞争中，错失晋升良机，因而在待遇上不甚满意。一旦职位与待遇问题都得到化解时，你会继续为公司拼命努力吗？

答："我希望在一个朝阳企业工作，最好是高科技产业。"主考官判断：热门企业是你最热衷的，正所谓"君子爱财，取之有道"，不过如果总以"利"字为先，那你的忠诚度可能会令人担忧。

一份好工作的背后，一定有成百的竞争对手在同场较量。因此，考虑成熟、把握答话分寸是你顺利通过面试的关键一环。

克服面试怯场

一、要以一颗平常心正确对待面试，要做好承受挫折的心理准备。即使面试一时失利，也不要以一次成败论英雄。

二、对招聘单位和自己要有一个正确的评价，相信自己完全能胜任此项工作。"有信心不一定赢，没信心一定输。"

三、适当提高服装档次，穿着整洁大方，以改变自身形象，增强自信心。

四、面试前做几次深呼吸，心情肯定会平静得多，勇气也会倍增。

五、与主考官见面时，要主动与对方进行目光交流，消除紧张情绪。在心里尽量建立起与招聘者的平等关系。如果心里害怕，有被对方的气势压倒的感觉时，就鼓起勇气与对方进行目光交流，等紧张情绪消除后，再表达自己的求职主张。

六、当出现紧张局面时，不妨自嘲一下，说出自己的感受，可使自己变得轻松些。

七、感到压力大时，不妨借助间隙去发现招聘者诸如服饰、言语、体态方面的缺点，借以提高自己的心理优势，这样就会自觉或不自觉地提升自信，回答问题时也就自如多了。

八、当与对方的谈话中断时，不要急不可耐，这样可以给自己留下思考的时间，及时理清头绪，让对方感觉到你是一个沉着冷静的人。

九、回答问题时一旦紧张，说话可能结结巴巴或越说越快，紧张情绪也会加剧。此时，最好的办法就是有意放慢自己的说话速度，让字一个一个地从嘴里清晰地吐出来，速度放慢了，心情也就不紧张了。也可加重语尾发音，说得缓慢响亮，用以缓解紧张。

十、进入考场，见到主考官时，不妨有意大声地说几句有礼貌的话，做到先声夺人，紧张的心情就会自然消失。

职业模块

☆ 任务一　掌握接待的基本方法

☆ 任务二　掌握答询的基本方法

☆ 任务三　掌握讲解的基本方法

☆ 任务四　拟写条据

☆ 任务五　拟写启事

☆ 任务六　拟写专用书信

☆ 任务七　拟写通知

☆ 任务八　拟写请示与批复

☆ 任务九　拟写报告

☆ 任务十　拟写函

☆ 任务十一　拟写计划

☆ 任务十二　拟写总结

☆ 任务十三　拟写请柬、欢迎词、开幕词

任务一　掌握接待的基本方法

任务阐述

掌握接待的方法和技巧，做到表达准确，态度真诚，仪态大方，语言文明，符合职业岗位的要求。

对号入座

读一读，想一想，改一改

接　待　者

古时候宴请宾客，门口有接待者，口齿十分伶俐。

第一位客人来了，他问："先生怎么来的？"客人答道："骑马来的。"接待者恭维道："啊！威武得很！"

第二位客人来了，说："坐轿来的。"接待者一脸尊敬的模样："啊！堂皇得很！"

第三位客人来了，说："乘船来的。"接待者立刻换了一副风雅的面孔："啊！潇洒得很！"

轮到一位听了三次精彩寒暄的客人，他想难一难接待者，大声说道："我爬来的。"

不料接待者不假思索地答道："啊！稳当得很！"

最后一个客人说："我是滚来的。"接待者毫不犹豫地说："啊！周到得很！"

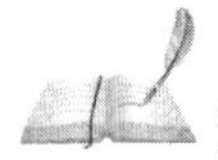

知识云梯

一、什么是接待

接待是指个人或单位以主人的身份招待有关人员，以达到某种目的的社会交往方式。通过接待，主人能够表达自己的情谊、体现礼貌素养，可以增进主客之间的关系、提高工作效率、交流感情、沟通信息，为双方下一步的深入接触打下基础。

二、接待的总体要求

无论单位还是个人，在接待客人时，都希望客人能乘兴而来，满意而归。为达到这一目的，在接待过程中，主人应对客人一视同仁、以礼相待、热情友善，这样才能赢得来客的尊敬和爱戴，达到沟通信息、交流感情、广交朋友的目的。

三、迎接礼仪

（一）迎候礼仪

“出迎三步，身送七步”是我国迎送客人的传统礼仪。接待客人的礼仪要从平凡的举止中自然地流露出来，这样才能显示出主人的真诚。客人在约定的时间按时到达，主人应根据具体情况去迎接。

1. 针对异地客人

对前来访问、洽谈业务、参加会议的外国客人、外地客人，应首先了解对方到达的车次、航班、来宾人数、身份等。安排与客人身份、职务相当的人员前往车站、码头、机场迎接，也可安排高于对方职务、身份的人前去迎接。若因某种原因，由低于对方身份的人前往迎接，前去迎接的人应向客人作出礼貌性的解释。

2. 针对本地客人

对于来访的本地客人，主人可根据情况亲自或派人到大门口、楼下、办公室或住所门外迎接。

（二）乘车礼仪

出于方便来宾的考虑，主人应提前为客人准备好交通工具，不要等到客人到了才匆匆忙忙准备交通工具，那样会因让客人久等而误事。而当来宾自备交通工具时，则应提供一切所能提供的便利。

1. 轿车乘车礼仪

如果接待客人的交通工具选用小轿车，并配有司机，小轿车的座位，以后排右座为首位，后排左座次之，中间座位再次之，前排副驾驶座为末席。

2. 旅行车乘车礼仪

在接待团体客人时，多采用旅行车接送客人。旅行车以司机座后第一排为尊，后排依次为小。其座位的尊卑，依每排右侧往左侧递减。

3. 乘车礼仪注意事项

宾主不同车时，以引导者坐的车在前，来宾坐的车居后；宾主同车时，则大都讲究引导者后上车、先下车，来宾先上车、后下车。轿车抵达目的地时，若有专人恭候于此，并负责拉开轿车的车门，则位尊者也可率先下车。

（三）引导礼仪

1. 引导者的身份

一般情况下，引导者多为接待单位的接待人员、礼宾人员或专门负责此事的人员，也可以是接待单位内与来宾对口部门的办公室工作人员等。

2. 引导中的顺序

在单行行进时，引导者要走在客人前面，以便由前者为后者带路。在宾主双方并排行进时，引导者应主动在外侧行走，而请来宾行走于内侧。引领客人出入无人服务的电梯时，引导者应先入后出，以操纵电梯，在电梯轿箱内，引导者应靠边侧站立，面对或斜对客人。

3. 引导时的提示

在接待中，有可能要给对方指示方向或引导就座位置，规范且优美的引导姿势就显得很重要。在引导过程中，女性的标准礼仪是手臂内收，然后手尖倾斜上扬同时说“请往里面走”，显得很优美；男性要体现出绅士风度，手势要夸张一点，手往外推。同时，站姿要标准，身体不能倾斜。

（四）接待室礼仪

1. 接待室的布置

接待工作不是从见到客人时才开始的，而是客人到来之前就要开始做好准备工作。接待室是接待各种来宾的场所，其布置应给人以高雅、宁静的感觉。

2. 热情相待

“有朋自远方来，不亦乐乎？”因此，对待来宾一定要热情欢迎，以礼相待，一般应做到主动相迎、安排就座、奉以茶水、进行交谈。

（五）座次礼仪

座次的安排体现出礼仪的规范和对来宾的尊重。招待来客时，特别是在专门的会客室、贵宾室、接待室招待来宾，宾主双方的具体座次往往是一个十分敏感的问题，不能有所疏忽而失礼于人。

安排座次通常应遵循以下几条规律：①以门为上；②以右为上；③以远为上；④居中为上。

（六）送客礼仪

送客是接待的最后一个环节，如果处理不好，将影响到整个接待工作的效果。通常当客人起身告辞时，主人一方的人员应马上站起来，主动为客人取下衣帽，帮他穿上，与客人握手告别，同时选择最合适的言词送别，如“希望下次再来”等礼貌用语。尤其对初次来访的客人更应热情、周到、细致。当客人带有较多或较重的物品时，主人一方应有人帮客人代提重物。与客人在门口、电梯口或汽车旁告别时，要与客人握手，目送客人上车或离开，要以恭敬真诚的态度送客，应鞠躬挥手致意，不要急于返回，待客人移出视线后，才可结束告别仪式。

范文学习

一　一个办公室主任的接待任务

阅读提示

接待工作要考虑来访者、来访意图、接待者、接待任务及接待方式，服务要做到稳重、大方、敏捷、及时。文中的接待人员做到了将心比心、换位思考，使来访者乘兴而来、满意而归，同时也体现出自身的素养和友好的情谊。

刘心是某上市公司温州分公司的办公室主任。今年六月，总公司的一个审查小组来全国各分公司检查业务，一路南下，温州是最后一站。

事关本公司的业绩考核，办公室主任刘心丝毫不敢马虎，趁对方还在杭州考察的时候，刘心特派“侦查”人员到杭州搜集情报，一番旁敲侧击，探得“军情”如下：五女一男，来自五湖四海，对饮食要求不高，唯一提出的书面要求是——安静，住的地方要安静。

接到情报后，刘主任随即在市区展开一番酒店搜索行动。首先是安静，最好是曲径通幽，四处无声；除了“安静”还要考虑距离——酒店距离工作单位要近，不能让人家在烈日炎炎下赶十几分钟还没有到公司，那样还不晒成“干”了？最后，刘主任终于在位于闹市区的一家酒店选定了房间，房间一不靠近马路，二不靠近电梯，隔着长长的走廊和厚厚的地毯，虽然比不上独门大院，可也是集便捷和安静于一身的难得好房。

审查小组女性占绝对优势，这一点成了办公室招待工作的一大突破口：在工作的地方放上糖果、蛋糕和水果之类的零食，让半夜还在加班的他们有点“零嘴”嚼嚼。所有的就餐时间随他们工作时间弹性调整，午饭一律为工作餐，晚餐之前，派人去问候一下，顺便探探底，如果一切顺利，晚餐就可以尽心安排；如果还要加班，那就速战速决，绝不拖泥带水浪费时间。酒席上不劝酒、不刻意安排晚上的娱乐项目，少了应酬，却多了很多休息时间，这让劳累了一天的审查小组感到十分贴心，因为睡眠可是女性的最佳美容方式。

购物对大部分男人来说是苦差使，但是对很多女人来说，做一个购物狂却是放松心情的绝佳方式，于是刘主任特意安排邻近购物区的就餐点，让饭后还有闲暇时间的她们去逛逛街。每天都在不同的酒店就餐，每餐必有该店的特色菜，再搭配几样小吃，几乎没有一次的菜式是相同的，光虾的做法就有十几种……充分照顾了女性好新鲜的特性。

最后一天的晚宴，刘主任做了一个相当大胆的举动：彻底抛弃了温州人待客必用的海鲜，而是用北方人常吃的菜式。当然，这不是“匹夫之勇”，而是深思熟虑的结果：在温州这么多天，该吃的海鲜已经吃得差不多了；审查小组成员以北方人居多，离家太久就会想念家乡的味道，海鲜虽然是温州特色，却抵不过最深的乡思。果然，酒席中，对方对此次招待赞不绝口，在顺利完成工作的同时，还能享受这么细致贴心的招待。

➘ 思考

1．假如你是文中的办公室主任，对于本次接待任务，有更多、更好的想法吗？

2．为下面的接待情景剧设计接待礼仪，并模拟再现剧中情景，师生共同评价。

商务情景剧本

旁　白：梁先生和太太在 2011 年之前一直都忙着还房贷，他俩的共同理想就是摆脱“房奴”的身份，于是在 2010 年最后一天领证结婚，一起还贷。为了提高生活质量，他俩又决定要买一辆车。经过了一个晚上的激烈讨论之后，他们心中的理想座驾就是三菱劲炫。一大早，小两口就高高兴兴地来到三菱 4S 店……

销售员：欢迎光临广州三菱 4S 店，请问有什么可以帮到您？——**销售员接待顾客的站姿**

丈　夫：三菱劲炫有新款上市吗？

销售员：先生，您运气真好，我们店最近有一款 2011 最新劲炫，这款车经济实惠、性价

比又高，所以很多顾客都非常喜欢这款车。现在我就带您去看看，这边请。——**销售员引导顾客、销售员走姿**

销售员边走边问：请问先生贵姓？

丈　夫：我姓梁。

销售员：那这位就是梁太太啦？二位是新婚夫妻吗？——**销售员拉近与顾客的关系**

妻　子：你怎么知道？

销售员：你们这么亲密，所以我猜您二位应该是新婚夫妻，祝福你们！

妻　子：呵呵，谢谢！

销售员：这就是我们店最新款的劲炫，有5个版本，您想要看哪个版本呢？——**销售员站姿**

妻　子：你可以简单介绍一下吗？

销售员：好的，这是劲炫劲酷版。它具有高端配置，舒适时尚，它还有MASTER树脂翼子板，组合式LED尾灯，从外观看显得运动十足，魅力无限。而且它内部空间宽敞，您们可以进去感受一下。

丈　夫：好的。

旁　白：经过销售员的精彩介绍之后，梁先生和梁太太决定要买这辆车。

丈　夫：嗯，那这辆车现在售价多少？

销售员：现在三菱劲炫优惠1万元，所以原价为18万现在只需要17万可以了。

丈　夫：哦，我就要它了。

销售员：梁先生，梁太太，这边请。我们讨论一下一些细节的问题。问你们想要什么颜色的车呢？——**销售员坐姿**

丈　夫：你想要什么颜色？

妻　子：我喜欢红色的。

丈　夫：你们这里有红色的现车吗？

销售员：不好意思，现在我们这里暂时没有红色的现车，要不您可以先订车，我们可以一周内到货，可以吗？

丈　夫：好的。

销售员：这里是合同，请二位看一下，如果没有什么问题可以在这里签字。

丈　夫：嗯（签字完成）。

销售员：谢谢您的惠顾！这是我的名片，日后有什么需要可以联系我。——**接递名片礼仪**

旁　白：梁先生和太太在三菱4S店买完车后，高高兴兴地回到了家，期待着他们提车的那一天……

二　一次“陌生”的接待

——记河南海纳置业/会展服务有限公司总裁包海东先生

杨　宇

阅读提示

2009年3月1日，黑龙江双鸭山市政府接待处一行四人赴河南海纳置业/会展服务有限公司就宾馆服务管理等内容进行了为期三天的学习考察。考察期间，受到了该公司总裁包海东先生的热情接待。这次略带传奇色彩的考察之旅令他们终生难忘，无法忘却那种莫名而又亲切的敬佩之情，无法忘却那次唐突而又愉快的短暂通话，无法忘却那段真挚而又融洽的深入交流，更无法忘却那份长久萦绕心间的深深感动。

机缘——无处不在

作为地市一级政府服务接待部门的负责人，我每天都有繁杂的事务相扰，时刻不得清闲，面对肩上重任，面对领导信任，我乐此不疲。一日，稍有闲暇，我信手翻开一本《接待与交际》（2008 年第 6 期）浏览，看到一篇题为《“酒店奇人”包海东》的文章，出于职业习惯，我对这篇文章产生了浓厚的兴趣，于是细细品读。这是一篇人物小传，作者在文中生动详细地记录了一位遨游商海、战绩显赫的酒店业精英人士包海东的创业及发展历程和一些妙趣轶事，读罢令我拍案惊奇、钦慕不已。只见文章插图上，一位衣着朴素、笑容亲切、目光睿智、气质儒雅的中年男子悠然盘坐于一栋建筑物前的草坪之上，他就是那篇文章的主人公—— 河南海纳置业/会展服务有限公司总裁包海东先生，他的公司专门开展酒店管理、会议策划、媒介推广等业务，算是我的半个同行。“见贤思齐”，我突然莫名地产生了想进一步了解这个人的想法，并想同他深入交流关于接待服务方面的经验。打定主意后，我毫不犹豫地拨通了《接待与交际》杂志社的电话，说明情况后，杂志社为我提供了包总的联系方式。

拨打包总电话前，我的心情有些忐忑，素未谋面，又从无业务往来，这样直接通话会不会显得唐突？“您好，我是包海东”，一声透着稳重、谦和的男中音从电话那端传来，顿时打消了我的顾虑，我言简意赅地进行了自我介绍并说明了意图，简单交流过后，包总当即盛情邀请我到他的公司进行参观考察，并主动提出此行一切事项由公司安排，随后与我商定了时间及行程。萍水相逢，初次通话，就迅速地促成了一次学习考察的良机，这是我始料未及的，感激之余，深感包总其人真诚大度，做事干练果决。

博学——无所不晓

3 月 1 日，我带领接待处三名工作人员欣然踏上了充满未知与期待的考察之旅。下午 4 时，我们抵达开封，入住开元名都大酒店。在此，我第一次见到了包总。一番交谈过后，包总给我的第一印象是热情真诚、平易谦和、思维敏捷、博学睿智。

在交谈过程中，我得知包总早年学习建筑专业。但他痴迷酒店事业，尤其对中国国宾馆的研究情有独钟。他根据多年来对中华酒店文化的思考和对当代市场需求趋势的研究，开创性地提出了“无景点式”度假旅游等国宾馆文化新理念，不断与旅游业、酒店业名人志士进行深入研究和探讨，与政府相关部门进行交流和沟通，达成了共识并获得了部门和单位的支持，创建了国内唯一的集政务与商务服务于一体的海纳国宾馆组织俱乐部，集结起北京钓鱼台国宾馆、上海西郊宾馆等国内 61 家国宾馆，建立起了国内唯一的国宾馆组织网站，通过网络详尽地介绍了每家国宾馆的历史、文化和特色，为顾客提供精准方便的服务。如今，3 000 多个商界精英和成功人士慧眼识珠，抢先成为他的国宾馆组织俱乐部会员，享受着良好的服务。他对我说：“长期以来，‘国宾馆’这个词对普通大众来说是神秘而又遥不可及的，希望今后我们双方能够在这个领域加强合作，建立国宾馆信息共享平台。”在交谈中，我感觉包总简直就是一个“酒店通”，他不仅对国内外著名的酒店、宾馆的名字如数家珍，而且对各个酒店的特点、历史文化、经营理念、服务特色、建筑风格、菜品口味甚至饰品摆件、餐客用具的设计等都能够信手拈来。他绝不仅仅是局限于那种浅表式的夸夸其谈，而是从历史与现状、管理与规划、经营与发展等多个方面发表自己对酒店服务行业鞭辟入里的独到见解，这些无不让我对包总心悦诚服、肃然起敬。

关照——无微不至

抵达开封之前，包总特意安排我们一行先在北京做短暂停留，由于他有事情要办，专程安排公司驻北京办事处的杨总陪同我们参观了钓鱼台、木棉花、天伦王朝、索菲特等著名宾馆酒店。随后，在包总的陪同下，驱车前往位于开封市中心的山陕甘会馆进行参观考察。晚7时，包总在开元名都大酒店中餐厅为我们一行举行了隆重的欢迎晚宴，晚宴后有幸参观了闻名于世的开封鼓楼夜市。此后两天，包总又不辞辛劳，全程陪同我们参观考察了开封清明上河园、郑州黄河迎宾馆、河南嵩山少林寺景区，在包总的大力引荐和热情介绍下，我们同各大宾馆酒店服务企业负责人及管理人员进行了广泛深入的交流，着重学习考察了这些企业先进的管理经验和发展模式，探讨合作发展的可能性。在学习考察过程中，我们不但领略了中原地区丰富的历史名胜、人文风物和城市特色，还深切感受到建立在深厚历史人文积淀基础上、在现代先进管理模式下运营的酒店宾馆所具有的独特魅力和过人之处。最令人难忘的，就是在参观考察中得到了包总无微不至的关照，每一处细节都体现出包总的热情周到与细致，让我们在舒心愉快的学习考察之余，拓宽了视野，增长了见识，找出了差距，学习和积累了宝贵的服务接待经验。可以说，这次学习考察不虚此行、收获颇丰。

感激——无法释怀

3月8日，短短数日的学习考察之行画上了一个完美的句号。早8点，用过早餐之后，包总送我们一行前去郑州机场准备搭乘郑州飞往哈尔滨的航班返回。在车上，包总一再邀请我们有机会再来，这让我们十分感动。此次考察时间虽短，但包总身为企业负责人，事务缠身，却专门抽出时间全程陪同，足见包总对我们的深厚情谊与高度重视。我们也十分希望今后可以不断地与海纳置业/会展服务有限公司加强在酒店及其他领域的合作，并真诚地邀请他到双鸭山投资考察。包总深情说道：“杨主任，我们所从事的工作大同小异，都是服务与接待，天下接待本是一家，既然是一家人，您就千万不要这么客气，正如您所说，有机会我一定会去双鸭山考察，希望我们能够经常在一起相聚，共同探讨工作，共同交流经验，并能够长期加强合作。”好一句“天下接待是一家！”包总的一番话让我觉得仿佛一股暖流通彻全身。是的，这几天，我真真切切地感受到了一种家的温暖。

到达机场后，包总细心地安排身边的工作人员将我们的行李一一清点，搬上货车，并替我们换好了登机牌。临行前，在登机处长廊口，双方依依惜别，殷情切语不绝于耳，竟让我一个年过半百的人心头充满了一种温暖与伤感交织在一起的复杂情绪。包总不舍地说：“杨主任，郝大姐，一路顺风，一定要保持联系，欢迎您再来！”包总同身边工作人员一字排开，向我们挥手道别，我们已经走得很远了，他们还是不肯离去，依旧稳稳地站在那里挥手……在长廊转角处，我侧首望去，只见包总正低头按动手机，与此同时，我们一行四人的手机纷纷响起了短信提示音，掏出一看，是包总发来的短信息：“海东携海纳置业/会展服务有限公司全体员工，祝杨主任一行‘三八’节快乐，一路顺风。欢迎再次来做客!”那一刻，我深深地感受到，作为一名政府接待工作者，尽管工作紧张繁忙、辛苦劳累，但是能够得到同行的理解、支持与帮助，能够收获友谊、真诚与祝福，这一切付出与辛劳都是值得的。

➘ 思考

1. 你认为文中接待方做得最好的一点是什么？为什么？
2. 读完本文你有哪些感想和收获？请写成一份提纲式的发言稿。

小链接

以 左 为 尊

我国自古以来都是以左为尊，成语中就有“虚左以待”的说法，表示空出左边位置以招待宾客，称为“虚左”。但国际通行的做法却是以右为上。悬挂两国国旗时，客方的国旗在右边，主方的国旗在左边；在涉外活动中，会见时，主客并列入座，右边的座位要留给客人；宴会上，客人也要安排坐在主人的右侧。基于此，新中国的外交礼仪吸取了国际上这一习惯做法，不过在非涉外的礼仪活动中，仍可按照传统的礼仪做法安排，以左为上，比如全国人大、国务院等召开会议时的座位安排等。

如何恰当安排公务接待住宿

公务接待住宿安排要按客人的身份、人数、性别、年龄、身体状况、生活习惯和工作需要来酌情安排，选择宾馆要根据接待经费预算、宾馆实际接待能力、口碑与服务质量、周边环境、交通状况、安全条件等因素来考虑，基本生活需要如空调、热水、卫生间、电话、电视、娱乐、购物及办公、会议设施等要符合要求。接待人员要让来宾产生宾至如归之感，体贴入微、善解人意，但要以不妨碍对方私生活为准、以不限制对方个人自由为限、以不影响对方休息为度。

任务二　掌握答询的基本方法

任务阐述

掌握答询的方法和技能，做到表达准确，态度真诚，仪态大方，语言文明，符合职业岗位的要求。

对号入座

➘ **读一读，想一想，改一改……**

1. 有人问马克·吐温：“戒烟难吗？”

马克·吐温答：“不难，我都戒过一千次了！”

2. 乘　客：司机先生，请问本市最繁华的街道在哪儿？

司　机：现在是白天，你得晚上再问我这个问题。

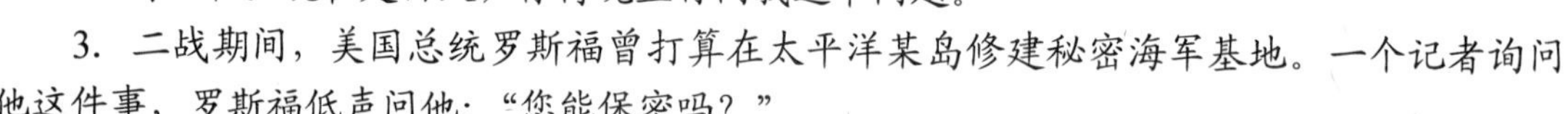

3. 二战期间，美国总统罗斯福曾打算在太平洋某岛修建秘密海军基地。一个记者询问他这件事，罗斯福低声问他：“您能保密吗？”

记者说：“能！”

罗斯福立刻笑道：“我也能！”

知识云梯

一、答询的概念

所谓答询，即对问话方询问的具体事项进行答复。本书的答询是指在一定场景，问答双方的口语交流或答话过程，属于口语交际范畴。

二、答询的原则和方法

答询的基本原则是抓准询问者的主要意图，迅速告知对方想了解的信息，达到及时沟通的目的。

答询是对口语交际综合素质的考验。除了得体的语言外，表情、动作、体态无不影响着询问者的感受。因此，答询者要做到言之有礼。对政策性、专业性较强的问题，答询者应耐心细致地解释，确保询问者了解清楚，做到言之有物、言之有节。

一般来说，询问者问什么，答询者就答什么。若碰到不便说或不宜说的问题，答询者可视情况灵活处理。

1. 委婉含蓄

遇到敏感的话题时，可委婉含蓄地回答，既释疑又显得得体。比如，周总理接见西方记者时被问到："中国人民银行有多少钱？""十八元八角八分"，周总理不慌不忙地说，"我们的人民币票面币值是十元、五元、二元、一元、五角、二角、一角、五分、二分、一分，合计是十八元八角八分。"

2. 幽默回答

为己方观点立论时，应避免锋芒毕露的攻击性语言，可利用风趣幽默、轻松含蓄的语言使答复具有感染力和说服力，使交谈气氛更为融洽。比如，一位女士匆匆走进一家商店，不顾周围正在购物的人群，怒气冲冲地冲着售货员吼道："我一小时前称的一斤果酱只有六两，你这奸商也奸得太过分了吧！"售货员看了下包装，笑着说："太太，您还是回去称称您小孩体重增加了多少吧。"

3. 巧换概念

巧换概念是指在答复中针对对方的无理主张，故意断章取义，利用词义的多义性作答，曲解对方语言中某些词语的意思，出其不意地回答。巧换概念通常被认为是诡辩，因此须慎用。

4. 模糊应答

在回答一时难以明确解答的问题时，可寻找伸缩性较大的话语，作弹性回答。比如，病人询问医生自己是否得了绝症时，为顾及病人的情绪，医生可以回答："还得作进一步检查，目前很难做出确切的结论，请先安心养病。"

范文学习

一　梁晓声智答记者问

阅读提示

梁晓声，当代著名作家，作品多以知青题材为主，著有短篇小说集《年轮》、小说《这是一片神奇的土地》《雪城》等，他的名字被收入英、美、澳三国《世界名人录》。

一次，在现场录制电视采访节目后，英国某电视台一名老练机智的记者走到梁晓声跟前说："我请教一个问题，希望您做到毫不迟疑地用最简短的一两个字，即'是'与'否'来回答。"梁晓声点头认可。遮镜板"啪"的一声响，记者的录音话筒立刻伸到梁晓声嘴边。记者问道："没有'文化大革命'，可能不会产生你们这一代知青作家。那么在你看来，'文化大革命'究竟是好还是坏？"梁晓声微微一怔，灵机一动，立即反问道："没有第二次世界大战，就没有以反映第二次世界大战而著名的作家，那么您认为第二次世界大战是好还是坏？”

➘ 思考

1. 如果被问及相同的问题，你会怎么回答？
2. 分析英国记者提问的意图和梁晓声的回答技巧。

二　王僧虔巧言化危机

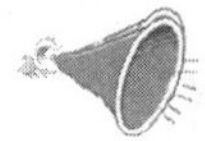

阅读提示

王僧虔，南朝齐书法家，王羲之四世族孙。

齐太祖萧道成擅长书法，一天，他提出，一定要与书法艺术造诣很深的王僧虔比试高下。君臣二人各书一幅楷书后，齐太祖得意地问王僧虔：“你说，谁第一，谁第二？”王僧虔既不想违心地贬低自己，奉承皇上，又不敢直言事实，得罪皇上。于是他说：“臣的书法，人臣中第一；陛下的书法，皇帝中第一。”

➘ 思考

1. 王僧虔用什么样的方法化解了危机？
2. 如果你是王僧虔，如何妙答齐太祖？

三　杨洁篪睿智答难题

阅读提示

杨洁篪，1950年5月生，上海人，历史学博士。2007年4月27日，在十届全国人大常委会第二十七次会议上被任命为外交部部长。

在十一届全国人大一次会议记者招待会上，新任外交部部长杨洁篪将幽默与睿智展现得淋漓尽致。

英国《泰晤士报》记者：今年是奥运年，中国如何保证外国游客安全？

杨洁篪：中国当然是世界上最安全的地方之一了。如果人们不相信的话，可以去问问英国大使、美国大使或者其他国家的大使，他们是感到在中国安全还是感到在其他地方安全。每年来中国的游客越来越多，听说北京现在的旅馆将在奥运会期间涨价，订也订不上，我看人们都觉得北京挺安全的。

《中国日报》记者：国际上有人认为中国应当在减少温室气体排放方面承担更多义务，您怎么看？

杨洁篪：三个中国人的排放量，还抵不上发达国家一个人的排放量，好比咱们吃一顿早饭，一个人吃三片面包，另外三个人每人只能吃一片面包，谁应该节食呢？如果按照人们所说的“人人生而平等”的观点来看人均的能源消费，我想有一些人就不必要那么振振有词地来宣传中国的排放量如何之大。

美国全国广播公司记者：某知名运动员因担心空气污染而退出北京奥

运会，您如何看待这件事？

杨洁篪：我想世界上绝大部分要参加奥运会的运动员，对北京的环境和空气质量都是满意的，都是有信心的。中国是一个体育强国，还是一个体育大国，大家还可以研究。但是有一点不可抹杀，中国很多的运动员是在中国的运动场上，特别是北京的运动场上打破了世界纪录，所以我相信，各国运动员在其他地方如果不能打破世界纪录的话，到北京来也许他们的机会更多一些。

➘ 思考

1. 试评价杨洁篪部长的答询。
2. 请设计一段学校开放日家长与学生的答询。
3. 请设计一段实习学生与指导老师的答询。

小链接

我国的幽默外长

1. 周恩来（1958 年前兼任外交部长）

一位美国记者在采访周总理的过程中，无意中看到总理桌子上有一支美国产的派克钢笔。那记者便以带有几分讥讽的口吻问道：“请问总理阁下，你们堂堂的中国人，为什么还要用我们美国产的钢笔呢？”周总理听后，风趣地说：“谈起这支钢笔，说来话长。这是一位朝鲜朋友的抗美战利品，作为礼物赠送给我的。我无功受禄，就拒收。朝鲜朋友说，留下做个纪念吧。我觉得有意义，就留下了这支贵国的钢笔。”美国记者一听，顿时哑口无言。

2. 陈毅（任期：1958—1972）

在一次中外记者招待会上，一位外国新闻记者问中国外交部长陈毅：“贵国最近打下了美国制造的 U-2 型高空侦察机，请问陈毅先生，你们用的是什么武器？是导弹吗？”风趣的陈毅举起双手在头顶做了一个动作，俏皮地说：“记者先生，美国飞机经不起导弹打，我们是用竹竿把它捅下来的呀。”

3. 李肇星（任期：2003.3—2007.4）

在美国俄亥俄州大学演讲时，一位老太太问李肇星：“你们为什么要‘侵略’西藏？”李肇星没有直接反击，而是亲切地询问道：“夫人，您是哪里人？”老太太回答道：“我是得克萨斯人。”李肇星耐心地给她讲述中国历史：“你们得克萨斯州 1848 年才加入美国，而早在 13 世纪中叶，西藏已纳入中国版图。您瞧，您的胳膊本来就是您身体的一部分，您能说您的身体侵略了您的胳膊吗？”老太太心悦诚服。最后，她热烈地拥抱住李肇星，连声说：“谢谢您，谢谢您让我明白了历史的真相。”

任务三　掌握讲解的基本方法

任务阐述

学会讲解的方法和技能，做到用语简洁，重点突出，条理清晰。能根据工作需要，恰当有效地进行口头表达与交流。

对号入座

读一读，想一想，改一改

游泳比赛讲解

1. “这一组，老的老，小的小……”
2. “所谓自由泳，就是什么泳姿都可以采用……”
3. “美国队是菲尔普斯一个外星人带领的一群外星人……”
4. “世界纪录就像玻璃瓶一样，一次一次地被运动员打破……”
5. 别看这个运动员瘦，骨头里面全是肉！

知识云梯

一、讲解的含义

讲解是指讲解者主要用语言方式传授知识和方法，启发思维，表达思想感情的一种教学行为。从两千多年前孔子的“私学”和柏拉图的“学园”延续至今，讲解成了常用的最基本方式。

二、讲解的特点

讲解的特点包括专业性、知识性和艺术性。

三、讲解的方法和技巧

各种讲解的方法和技巧不是孤立的，而是相互渗透、相互依存、密不可分的。只有将其融会贯通，结合自己的特点形成自己的独特风格，才能创造出适合自己的讲解方法和技巧，从而取得令人满意的讲解效果。

1．分段讲解法

分段讲解法是指将一大结构分为前后衔接的若干部分来分段讲解。

例如，介绍某处景点，首先在前往景点的途中或在景点入口处的示意图前，导游人员概括介绍景点（包括历史沿革、占地面积、欣赏价值等），并介绍主要景观的名称，使游客对即将游览的景点有一个初步印象，从而激起游客想一睹为快的欲望。导游员在讲解这一景区时注意不要过多地涉及下一个景区的景物，但要在快要结束这一景区的游览时，适当地讲一点下一个景区，以引起游客的兴趣。此讲解法适合在讲解规模大的重要景点时使用。

2．突出重点法

突出重点法是指讲解者在讲解中避免面面俱到，而突出某一方面的讲解的方法。讲解应该有的放矢，做到轻重搭配、详略得当、重点突出。应突出的内容包括：有代表性的内容；与众不同之处；听众感兴趣的地方。

3．触景生情法

触景生情法是指见物生情、借题发挥的讲解方法。第一层含义是讲解员要善于借题发挥，使听众产生联想，起到以点带面的作用；第二层含义是讲解的内容力求和谐统一，使听众融入情感。

4．虚实结合法

虚实结合法是指讲解员在讲解中将典故、传说与所讲解的内容紧密结合，即编制故事情节的讲解方法。

这里的“实”指的是所讲解内容的实体、实物、史实、艺术价值等；“虚”指的是与讲解内容有关的民间传说、神话故事、趣闻轶事等。虚与实必须有机结合，以实为主，以虚为辅。

5．问答法

问答法是指在讲解时，讲解员向听众提问题或启发他们提问题的讲解方法。使听众变被动为主动，激起其欲穷究竟的愿望。具体包括自问自答、我问客答和客问我答。

6．制造悬念法

制造悬念法是指在讲解时提出令人感兴趣的话题，但又故意引而不发，设置悬念，激起听众急于得到答案的欲望。

7．类比法

类比法是指以熟喻生，达到类比旁通的讲解方法。

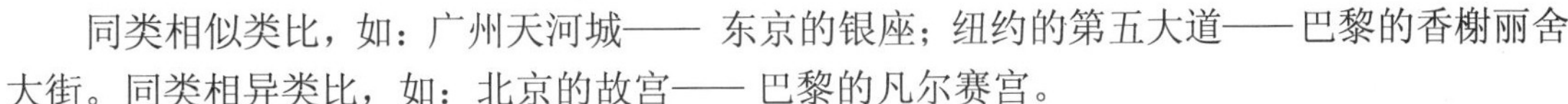

同类相似类比，如：广州天河城—— 东京的银座；纽约的第五大道——巴黎的香榭丽舍大街。同类相异类比，如：北京的故宫—— 巴黎的凡尔赛宫。

8．画龙点睛法

画龙点睛法是指用凝练的词句概括所讲解内容的独特之处，给听众留下突出印象的讲解方法。

四、讲解员的素质

第一，讲解员应具有良好的思想品德与职业道德。

第二，讲解员应具有良好的文化素质和知识修养，不仅要掌握丰富的专业知识，同时要博览群书。

第三，讲解员应具有良好的公众形象，身体健康，身高、相貌符合职业要求，这样才能给观众留下良好的第一印象，也有利于讲解的持续进行。

第四，讲解员应具有良好的嗓音条件和语言表达能力，善于与听众交流。

第五，讲解员应具有良好的性格、心理素质和反应能力，能为不同听众提供适合他们的讲解。

范文学习

一　水晶知识导游讲解词（节选）

阅读提示

本文主要讲解水晶制品的类别、物理特征、磁疗保健作用以及辨别方法，通俗易懂，使读者增长知识，体现了说明文的社会功用。

各位团友，大家好！

朋友们在许多旅游景点都看到了琳琅满目的旅游纪念品，尤其是那些晶莹剔透、闪闪发光的水晶制品非常吸引人们的目光。除了漂亮的水晶项链和吊坠之外，一些熠熠生辉的水晶雕刻的工艺品也格外惹人喜爱。现在许多朋友都喜迁新居，若是买上一两件摆在客厅的精品柜中，上面射灯一照，一定是满堂生辉，显得既高雅又华贵。

中国古人认为水晶是水的精灵，是天地精华的结晶，我本人对水晶也是情有独钟，它是那么冰清玉洁，有着无穷的魅力。水晶家族中有紫晶、黄晶、茶晶、烟晶和墨晶等多个品种，还有里面包含一丝丝闪光包裹体的发晶和里面包有天然水的水胆水晶。听说过水胆水晶吗？那是火山爆发的时候，大量的水蒸气被包裹在石英晶体中，经过高压和高热，形成的水胆水晶，在中空的水晶中，有水在流动，有气泡在翻滚，这种稀有的水晶品种产量很低，能在商店中见到它们都是很有福气的。据资料记载，还有一种能发出强烈磷光的水晶，是“夜明珠”中的一种，这些也都是收藏者们所热衷的。绿色的水晶被称为“绿幽灵”，是著名的招财水晶，颜色时而优雅，时而诡异，所以喜欢它的人比较多。普通的绿幽灵，色泽比较浑浊，缺乏清晰的晶体和漂亮的内含物。水晶中最贵重的品种莫过于金红发丝晶，它有钛金的强烈金属光泽，黄金般灿烂的光芒，太阳般耀眼的颜色，好的品种像发丝一般，生长得非常顺，没有参差的颜色，没有混乱的生长方向，色泽华丽，光芒万丈，深受海内外水晶迷的青睐。紫水晶被视为高贵的象征。相传，罗马凯撒大帝狂热地追求紫水晶，曾派数千人专程到乌拉尔山去寻找这种神奇的宝石。直到今天，罗马大教堂的主教们在盛典时还要郑重地佩戴紫水晶戒指，并在宗教典礼时用高足的紫水晶酒杯来斟酒。在我国古代，朋友间赠送紫水晶石的意思是捐弃前嫌，以诚相待；商人佩戴它可以时来运转；古人还认为紫水晶具有抵抗传染病的功效。它作为二月份的生辰石，象征着高贵、典雅和浪漫。我就是二月份生的，所以我就戴了一条紫晶吊坠的项链，你看，好看吗？

水晶在宝石学上称为石英，它的硬度相当大，可达到7级，所以真正的水晶可以在一块玻璃上划出印迹。水晶体属六方晶系，是一头尖或是两头尖的、有六条棱的长柱体，天然形成的往往是多个晶体连在一起，称为晶簇，十分奇特。我国产水晶的地方很多，差不多各省都有，其中山西的紫晶属优质水晶，江苏省曾经挖出一块3吨重的水晶王，广东也挖到过100厘米长的特级水晶。瑞士、前苏联、巴西和美国都有出产，其中瑞士出产优质烟晶。天然的优质黄晶比较少，多数是由紫晶或茶晶经热处理而得来的。

我们广西除了有许多美丽的溶洞之外，还有许多大大小小的水晶洞，整个洞内全是水晶矿石，晶莹剔透，闪闪发光。特别是桂林附近的贺州出产的水晶以质地纯净、透明度高在宝石界中享有很高的声誉。非常可惜，这些水晶洞还未开发为旅游景点，只是用于开采水晶。不过，没关系，为了弥补这个遗憾，等一会儿我带大家去参观一个真正的水晶世界。

水晶是矿产宝石的一种。天然的水晶有七种颜色，而且每一种颜色的水晶代表的含义都不一样。白色代表纯洁，紫色代表高贵，茶色代表成熟，绿色代表生命与活力，黄色代表财富，粉色代表神秘，蓝色代表稳重。

大家都知道，现在很多人都喜欢戴水晶饰品，不仅因为它能显示高贵的身份和地位，水晶的“压电效应”是其他宝石没有的，而水晶的这种微静电磁场对人体有很好的磁疗保健功效。对消除疲劳、肩周、颈椎、腰椎不适都有很好的效果。“水晶是唯一能抵挡对人体有害的光线的一种天然矿物”，因为水晶的折射率很高，所以水晶眼镜是目前全世界最流行的“护眼宝镜”。比如平时近视、老花眼要戴200度的镜片，戴水晶眼镜只需要戴150度，而且不会发展，因为水晶清晰度高，又能有效阻挡红外线、紫外线对眼睛的伤害。水晶的药用价值也很高。李时珍在《本草纲目》中记载，水晶“辛、寒、无毒”，主治“惊悸心热”，能“安神明目，去赤眼、熨热肿”，治“咳逆上气”，“益毛发、悦容颜”。“寒”就是凉，水晶是凉性宝石，再热的天气，水晶也能给人一种清凉宜人的感觉。

目前市场上也有许多假水晶，其实只要会看，真假水晶是很容易辨别的。第一，水晶的比重较重，用手掂一掂水晶眼镜与玻璃眼镜，对比重量就可辨别真假；第二，水晶性寒，用手触摸有冰凉感觉；第三，水晶是一种矿石，它和玉石一样有石花、杂质。根据这几点来选择，我们就不怕买到假水晶了。

➘ 思考

1．试说说水晶制品讲解的语言特点？

2．请你写一篇与自己专业相关的某物品的讲解词，字数在300字左右。

二　金色的鱼钩

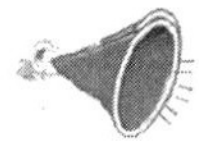

阅读提示

本文是一篇实物讲解文，文章主要采用简明扼要的语言，并讲述关于鱼钩的故事吸引听众。

大家好，我是中国革命先烈博物馆的讲解员林秋。今天我要给大家介绍一枚鱼钩，你们看到的这个长满红锈的鱼钩，它和普通鱼钩并没有什么区别，甚至还差许多，但这枚不起眼的鱼钩却有一段故事，请大家细细听来。

那是1935年秋天，红军战士在过草地时，许多同志得了肠胃病，指导员便派炊事班班长照顾三个病号走在后面，可是他们只能靠吃野菜和青稞面充饥，生命受到饥饿的威胁。不久，炊事班班长在河里洗衣服时发现一条鱼跳出水面，由此受到了启发，便把针烧红，弯成了一枚鱼钩，去河里钓了几条鱼，为大家做了一份鲜美的鱼汤。因为每次钓到的鱼都很少，炊事班班长为了让同志们有吃的，自己只吃些野菜根和大家吃剩的鱼骨头，最后终于在接近草地尽头的地方牺牲了。而这枚鱼钩则在革命胜利后，被一位同志送进了博物馆，这么多年来，有无数人来瞻仰它，它仿佛真的发出了金色的光芒。

思考

1．请试用简明扼要的语言讲解你熟悉的一件事物。

2．“金色的鱼钩”的由来是什么？请为老师和同学讲解一下。

三　雅鲁藏布大峡谷

阅读提示

本文主要采用概括性的语言讲解雅鲁藏布大峡谷，运用了设置悬念激发游客兴趣的讲解技巧。学习时注意讲解员是如何通过语言激发游客兴趣的。

尊敬的游客朋友们：你们好！

今天的行程将由我全程陪伴。

知道我们现在来到哪里了吗？对了，这就是号称“世界屋脊”的青藏高原，而前面即将到达的就是闻名中外的雅鲁藏布大峡谷。雅鲁藏布大峡谷的平均海拔在3 000m以上，长达504km，最深处可达6 009m，是世界第一大峡谷，它的上游围绕珠穆朗玛峰形成一个马蹄形大转弯。别急，等会儿让我们慢慢欣赏。

雅鲁藏布大峡谷是世界上生物种类最丰富多样的地方，有着“植物类型天然博物馆”和“生物资源的基因宝库”的美誉，有孟加拉虎、长尾叶猴、大眼镜王蛇等动物；墨脱兰、喜马拉雅红豆杉、罗汉松等植物。自由游览的时候你们就会亲眼目睹我跟你们说的这些动植物了。

雅鲁藏布大峡谷不但动植物多而且景色十分神奇，不信你们看：大峡谷的水由固态的万年冰雪到沸腾的温泉，从涓涓细流到帘帘飞瀑；大峡谷的山从遍布热带雨林到直入云天。十分神奇！

下面的时间请大家自行游览。由于大峡谷地形险要，请各位一定要多加小心、注意安全。

思考

1．讲解员应如何根据不同的景点灵活变化讲解方式？请举例说明。

2．学习本文的讲解方法，试选择你所在城市的一处景点进行讲解。

小链接

问：博物馆讲解员面试情况是怎样的？

答：你好，我就是一名博物馆讲解员。我们当初面试，是先朗诵了一篇文章，然后概括文章的中心意思。主要是考查普通话水平和语言组织能力。我们的题目是抽取某一特定的观众群体（比如港澳台游客、大学生、领导考察团之类），然后针对这一群体，准备一段欢迎词。当然面试官还会随机问些问题，就和一般的面试无异了。

作为一名讲解员，外在形象还是占一定分数的，最重要的是要有亲和力，记得要微笑啊……

任务四　拟 写 条 据

任务阐述

掌握便条、单据的写法，做到格式规范、文字简洁。能够根据学习、生活、工作的需要，运用恰当的应用文文种。

对号入座

读一读，想一想，改一改

1. 我今天 4567 不能上学去了，请假一天。（老师：4567，在音乐中是“发唆拉嘻”，就是发烧拉稀）

2. 今早收到一张请假条，上书：“老师，我们班××同学因为在校医院医治无效……”，我的脑子“轰”地一声巨响，前几天还活生生的人，怎么现在就……想到这儿，我眼泪“哗”地流了下来。哭了好一会儿，又拿起那张纸条，忽见：“所以今天转到市里继续治疗，望老师准假！”

知识云梯

一、条据的概念

俗话说：“空口无凭，立字为据。”条据就是条子、字据，它是人们日常生活中非常重要的一种凭证。

条据应用广泛，往往涉及人名、地点、时间、数字（包括电话号码）及金额等，一旦错漏，于人于己都会增添麻烦。因此，准确书写各类条据意义重大。

二、条据的分类和写法

一般分为凭证条据和说明条据两种。凭证条据包括借条、收条、领条、欠条等，说明条据包括留言条、便条、请假条等。

（一）凭证式条据

凭证式条据，指人们在处理钱、物的过程中，为了手续清楚或作为凭证而写的字据，因其具有法律效力，因此写作时要慎重、规范，以当面订立为妥。常用的有借条、收条、欠条、领条、发条等。

还钱时间到了！

1．借条

借个人或单位的现金、财物时写给对方的条据，就是借条。钱物归还后，债务方把条据收回作废或销毁。

2．欠条

借个人或单位的钱物，归还了一部分，还有部分拖欠，对所欠部分所打的条据，叫欠条。

3．收条

在收到个人或单位的钱款、财物时写给对方的条据，就是收条或收据。

4．领条

向单位领取钱物时，写给负责发放人留取的条据，称领条。

5．发条

这种便条式发条往往限于零担小卖的小额贷款，仅仅只作为一种付款的简便凭证。一般情况下，应使用税务部门印制的发票，以免违反税务制度。

凭证式条据通常由标题、正文、落款三部分组成。

（1）标题。在条据的上方居中位置，一般要写上“收条”、“借条”等字样作为标题，醒目地说明是什么性质的条据。既扼要地提示了内容，又便于归类保管。

（2）正文。标题下一行空两格书写正文。条据开头有较为固定的惯用语，一般为“今借到”、“今领到”、“今收到”等。如涉及钱物，要写明数量，数字一般用大写，如果是钱的金额，末尾要加上“整”字。数字如有写错的情况，改正后必须加盖章，或重写一张。

（3）落款。正文右下方为落款部分，须写清单位或经办人姓名，再下一行写明条据订立的时间。

凭证式条据种类较多，但格式基本上都一致，只须根据不同内容变换字句就行了。

（二）说明式条据

函件式条据，是指用来传递信息、道明原委的条据。其作用主要是向他人解释、说明某一事情或发出请求，因此具有较强的礼仪规范，要求在措词用语上表现得谦恭、礼貌。常用的函件式条据有请假条、留言条、托事条等。

函件式条据按照标题的有无，可分为有标题式和无标题式两大类。

（1）有标题式，如请假条。其格式包括五个部分：标题、称谓、正文、结束语、落款。第一行居中写标题“请假条”。第二行顶格写部门名称或领导名字。在称呼下一行空两格写正文，要写清楚请假的理由和时间，如：因××（请假原因）需要请假，请假时间自2015年×月×日至2015年×月×日共××天。正文写完后应写结束语“请予批准”。最后在正文右下方署全名，并在署名的下一行写清成文日期。

（2）无标题式，如留言条和托事条。留言条除不加标题外，其他格式与请假条相同，其写作要点是说事简要。托事条写法与留言条相同，写作时须顾及受托人的能力及意愿，切忌强人所难。

三、条据写作的注意事项

条据中写对方单位名称时要写全称；物品要写明名称、规格、数量；金钱要写明金额，且须用汉字大写，以防涂改；数字前不留空白，数字后面要写量词，如“元”、“个”、“双”、“千克”等；文字如确须改动，要在涂改处加盖印章，以示负责。字迹要工整清楚，要用钢笔、签字笔或毛笔书写。

写条据还有九大忌讳：

一忌空白留得过大。条据的内容部分与签章署名之间的空白留得太大，容易被持据人增添补写其他内容，或将原内容裁去，在空白处重新添加内容。

二忌大写、小写分不清楚。写金额时，如果只有小写没有大写，或者小数点位置不准确，数字前有空格，或大写、小写不一致，都容易被持据人添加数字或修改，甚至由此引发民事纠纷。

三忌用铅笔或易褪色的墨水笔书写。因为若条据保存不当、受潮或水浸时，字迹变得模糊不清，就会为某些别有用心的人涂改提供了可乘之机。

四忌不写订立条据的日期。不写明日期的条据，一旦发生纠纷，事实真相常常很难查清，对诉讼时效的确定也会造成困难。

五忌条据内容表述不清。有的条据将“买”写成“卖”，“收”写成“付”，“借给”写成“借了”等，都极易引起纠纷。

六忌签名不写完整。条据上有姓无名或有名无姓，都会给对方作弊提供机会。

七忌不认真核对。请别人或由对方写的字据，应字字斟酌，认真审核，不能不加核对就签字盖章。

八忌印鉴不规范。由他人代笔书写或者签名，而本人只在上面按一个手印，发生纠纷时，也很难认定责任。

九忌还款时不索回条据。还款还物时，对方若称一时找不到借条，应该让其写一张收据留存，这样才不至于给日后留下隐患。

总之，条据一经订立，一般来说对签订各方就有了约束力，特别是涉及经济方面的条据更是如此。因此，条据写得是否准确，权利与义务规定得是否严密、完备，关系到当事人的切身利益，影响到发生纠纷时是非曲直的判断和鉴别。那么，我们写条据时，就必须认真慎重，熟悉各类条据的格式及写法，切不可掉以轻心。

范文学习

一

借　　条

今借到成才技校凳子叁拾条，三日内归还。

此据

江湾居委会（公章）

经手人：李四（签字）

二〇〇八年一月一日

二

欠　条

原借张玉同学人民币伍佰元整，今已还叁佰元整，尚欠贰佰元，将于二〇〇八年三月三日前还清。

此据

06高汽3班　黄江（签字）
二〇〇八年一月三日

三

收　条

今收到×××技校学生科《学生手册》伍拾本整。

此据

07酒管班　李翔（签字）
二〇〇八年十月三日

四

领　条

今领到厂部福利科发给三车间的保温桶壹个，保温杯伍拾个，手套伍拾双。

此据

经手人：张三（签字）
二〇〇八年五月三日

五

发　条

今发给星星超市西洋菜伍拾千克，每千克×角，计×元×角整；红辣椒叁拾千克，每公斤×角，计×元×角整。共计××元×角整。

此据

×××批发部
李四（印章）
二〇〇八年九月三日

六

请 假 条

张老师:

我因感冒发烧需要休息，不能到校上课，特请假两天（六月十一日至六月十二日），医院证明后补，请批准!

此致

敬礼!

请假人：林小强（签字）

二〇〇八年六月十一日

七

留 言 条

爸爸:

刚接到大表姐的电话，她说明天坐中午 12 点钟的火车来广州，请您明天晚上 8 点整去火车东站接她。她的手机号码是×××××××××××。

小刚（签字）

二〇〇八年七月九日

思考

1．王晓听闻老乡熊应阳要回乡下，打算拜托他帮自己办点事。谁知去找熊应阳时碰巧他不在，于是写了一张留言条给他。请你帮王晓写一写这张条据。

2．假设班里某位同学的父亲即将去泰国旅游，请你写一张条据拜托他帮你买一些纪念品。想一想，应该要注意哪些方面？

3．作为劳动委员，你要去学校总务科领取洁具，应怎样写条据？请试写一张。

4．假设你去学校小卖部买作业本，但是钱不够，应该怎样写条据？

5．因举办元旦晚会的缘故，你代表班级向学生处借用一台扩音器，应该怎样写条据？

6．李强因在体育课上摔伤，留在校医室治疗，因此不能上接下来的语文课。请你以班长的身份代其写一份请假条，内容自拟。

小链接

借条和欠条的区别

1. 借条证明借款关系，欠条证明欠款关系。借款肯定是欠款，但欠款则不一定是借款。

2. 借条形成的原因是特定的借款事实。欠条形成的原因很多，可以基于多种事实而产生，如因买卖产生的欠款、因劳务产生的欠款、因企业承包产生的欠款、因损害赔偿产生的欠款等。

一个“还”字“值”万金

“今还欠款4 000元”，是已还4 000元，还是还欠4 000元？借条上一个“还”字产生歧义，惹出了一场官司，而这个“还”字竟然“价值”10 000元。

2004年，张×向高×借了14 000元钱，2006年7月，张×归还高×部分欠款后向高×打了借条。在借条上，张×写道：“张×借高×人民币14 000元，今还欠款4 000元。”可是剩余欠款张×一直未还，高×便一纸诉状将张×告到了法院，诉状称张×尚欠其余款10 000元，请求归还。

张×接到起诉书副本后，找到北京丰台区王佐镇司法所，称自己只欠原告4 000元。司法所工作人员发现欠条存在重大歧义。“今还欠款4 000元”既可以理解为“已归还欠款4 000元”，又可以解释为“尚欠4 000元”。

根据《中华人民共和国合同法》的规定，如果一方提供的用词可合理得出两种理解时，应选择不利于用语提供人的解释。张×在此案中是用语提供人，因此对“还”字的理解应选择不利于他的解释，也就是“还”应读“huan”，解释为“归还”，那么张×理应再归还高×10 000元。

最终，北京丰台法院王佐法庭判决张×向高×归还欠款10 000元。

任务五 拟 写 启 事

任务阐述

掌握启事的写法，做到格式规范、文字简洁。能够根据学习、生活、工作的需要运用恰当的应用文种。

对号入座

读一读，想一想，改一改

寻 卡 启 事

1. 公元 2010 年 5 月 7 日，历史将牢记这一天。赵某人饭卡不幸落于某人之手，有志于解开这一千古之谜者，请与赵某联系。（历史系学生）

2. 本报讯，新闻系王某不慎于今日将饭卡遗失。据悉，寻找工作正有条不紊地展开，有了解线索者，请打热线 12345678。（新闻系学生）

3. 本人郑某遗失一卡，长 7 厘米，宽 5 厘米，表面积为 35 平方厘米，卡号为 121，请将符合条件的卡片送到郑某处。（数学系学生）

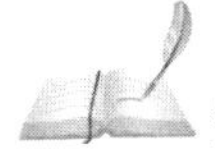

知识云梯

一、启事的含义

“启事”中的“启”含有“陈述”的意思，“事”即“事情”。启事，就是公开陈述某件事情。单位或个人将需要向大众公开说明并希望获得关心、理解、支持和协助的事情简写成文，通过传媒公开，这种应用文书就是启事。启事通常张贴在公共场所或者刊登在报纸、刊物上。

二、启事的特点

（1）公开性。启事通过传媒向社会广泛发布，无秘密可言。

（2）单一性。启事的事项要求单一，不掺杂无关的内容。

（3）期望性。启事没有行政约束力，不强制读者承担责任和义务，只期望人们了解并能支持、协助。

三、启事的类型

根据内容的不同，可将启事分为寻找、征招、周知、声明四大类。

（1）寻找类启事：是为了求得公众的响应和协助。这类启事有寻人启事、寻物启事、招领启事等。

（2）征招类启事：是为了求得公众的配合与协作。这类启事有招生、招考、招聘启事；征文、征订、征集设计启事等。

（3）周知类启事：是为了开展工作和业务，把某些事项公之于众，以便让公众知晓。这类启事有开业启事、迁址启事、变更启事、婚庆启事等。

（4）声明类启事：是为了完成法律程序，经声明公开、登报后，对其引起的事端不再承担法律责任。这类启事有遗失启事、更正启事和其他声明启事等。

四、启事的写法

1．标题

一是以文种作标题，如“启事”、“紧急启事”；二是以事由作标题，如“招聘”；三是以发文单位名称加文种作标题，如“××公司启事”；四是以事由加文种作标题，如“招标启事”；五是由发文单位名称、事由、文种构成标题，如“××商城开业启事”等。

2．正文

正文用明晰、简练的语言说清楚启事的目的、原因、具体事项、要求、通联方式和联系人等。正文是体现各种启事不同性质和特点的关键部分，应依据不同启事的内容和要求，变通处理，写法不强求一致。

开业启事一般要写明企业性质、宗旨、经营范围及地址、电话等，而且要写上“欢迎惠顾”等敬语。有的还会写负责人的姓名，也有的另列上祝贺单位名称。文末可写上“此启”或“特此启事”，或略而不写。

搬迁启事一般要写清搬迁日期、新址、电话以及方便联系的有关事项。

招聘启事要写明招聘人员的工种、应具备的条件、报名事项、考试及录用办法，有的还应说明待遇。

征集设计启事一般要说明征集的目的、相关背景、设计要求、奖励办法及截稿日期。若希望对方与启事方联系，则须写明联系方式。

3．落款

落款处写启事单位名称或个人姓名及发布启事的日期。如果标题或正文中已写明单位名称，此处可略。以机关、团体、单位名义张贴的启事，一般应加盖公章，以示负责。

五、注意事项

（1）标题要简短、醒目。启事标题力求主旨鲜明突出，高度概括，能抓住公众的阅读心理。尤其是广告性、宣传性的启事，标题更要注意艺术性。

（2）内容要严密、完整。启事事项要求内容单一，最好一事一启，便于公众迅速理解和记忆，联系方式等都要交代清楚。

（3）用语要恳切、文明。启事的文字要通俗、简洁，态度应庄重、平易而又热情恳切、文明礼貌，以增强公众的信任感，从而达到预期的效果。

范文学习

一　寻找类启事

阅读提示

寻人启事要写明被寻人的姓名、性别、年龄、身高以及外貌、衣着、口音等方面的特征和走失原因，并附上照片便于辨认。寻物启事要写明物品丢失的时间、地点、名称、数量、特征等，最后要写上感谢或拟予酬谢的话，如“必当酬谢”、“必有重谢”等。招领启事一般应写明于何时何地拾到何物以及认领的具体地址。至于拾物的具体特征和数量等具体情况则不宜写出，以防冒领、错领。以下三则寻找类启事语言精练，篇幅短小精悍，格式规范。

寻 人 启 事

王××，男，78 岁，身高 1.68 米，长脸，秃头，驼背，耳聋，讲普通话。穿一身蓝色服装，黑色运动鞋。2014 年 9 月 12 日外出，至今未归。有知其下落者，请速与××市××街道×××联系，必有重谢。

联系电话：×××××××××（家）、139××××××××（手机）

启事人：×××

2014 年×月×日

寻 物 启 事

本人不慎于 3 月 18 日乘 6 路公共汽车时，将内装身份证、驾驶证和单位业务发票数张的一黑色公文包遗失。有拾到者请与××机械局 201 办公室联系，必有重谢。电话：138××××××××

启事人：×××

××××年×月×日

招领启事

本店员工拾到皮包一个，内有人民币若干元、首饰若干件、银行卡若干张。望失主前来杭州市文明街48号认领。

××饭店接待室
××××年×月×日

➘ 思考

1. 小王周末在家门口捡到一只小狗，请你代小王写一份启事。
2. 小莉昨天不慎在公交车上遗失一个挎包。请你代小莉写一份启事。

二 周知类启事

阅读提示

这则启事简要介绍了每种新书的特点，并交代了有关邮购事宜、联系方式，以便读者选择购买。文字简明，准确周全。

《飞碟探索》新书邮购启事

《人类面临不明现象》汇集世界公认的不明现象并分类介绍，如不明运动、重力、水域、人体超能、特异气功等，5元。《国内UFO报告集萃》精选国内目击者目击UFO的230个案例，具有强烈的现场感和研究价值，470元。《世界最大之谜——UFO》依据世界范围内目击者目击UFO的特点，介绍了不同文化背景下的UFO研究，420元。《UFO远观察案例分析》对遍及全球的远观察UFO事件进行了独到、精辟的分析，420元……以上书价中均含邮资，请写清购买人的姓名、地址、邮购书名及数量。

汇款请寄：兰州市第一新村81号《飞碟探索》编辑部　何晓东（收），邮政编码：730000

三 征招类启事

阅读提示

征招类启事有征稿、征订、征集、招生、招聘启事等。征集启事标题由事由加文种构成，主旨鲜明，正文内容写明了征集的目的、相关背景、设计要求、奖励办法及截稿日期。招聘启事正文写了招聘的目的、对象、条件、办法等，落款注明招聘单位名称、成文日期、单位地址、联系电话和联系人。语言简明扼要，条理清楚。

征集标志启事

“广州市科技装修学院”已正式升格为“广州市理工职业学院”。今年8月8日，欣逢学院建院20周年。因宣传需要，广州市理工职业学院现面向社会征集学院标志，诚请社会精英参与设计。

学院将组织专家对所有来稿进行评选，将分别评出“设计奖”1名和“入围奖”3~5名，并给予一定奖励。要求作品能体现学院的办学宗旨，并富有时代气息。作品请附不超过1000字的释义稿。

截稿日期：2011年6月5日

联系地址：（略）

联系人：×××　　邮政编码：××××××

电话：×××××××××

电子邮箱：×××××××××　学院网址：www.gzlgzyxy.com

招 聘 启 事

根据公司扩大经营规模、开辟新经营网点的需要，经市人才服务中心批准，现诚聘以下人员：

商务管理人员10名、业务员10名、公关经理1名。要求应聘人员年龄在35岁以下，具有专科以上文化程度，并有从事本行业5年以上的工作经验。

有意应聘者，请将个人履历、身份证、毕业证复印件、联系地址、电话及近照一张寄至深圳市华强路市人才智力市场转深圳××商场有限公司（收）。邮政编码：518033。合格则考核录用，恕不面洽。

深圳××商场有限公司

二〇〇五年六月十日

四　声明类启事

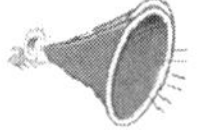

阅读提示

遗失启事要写明失物的名称、数量、号码等，最后一定要写“声明作废”字样。支票遗失，还须立即向银行挂失。企事业单位更改名称，要写更名启事。这类启事要写清楚原来的名称和更改后的新名称。同时在启事中还要声明一些相关事项，如对公章、合同、账务往来的处理等，以避免日后产生不必要的麻烦。

更 名 启 事

经上级有关部门批准，我单位将“快乐旅游中心”更名为“快乐旅游开发公司”。自2011年6月8日起启用新名称，原中心的各种印章即予废除，原来的银行账号不变，原来的一切业务关系及未尽事宜均由“快乐旅游开发公司”办理。

快乐旅游开发公司（公章）

2011年5月20日

思考

1．学校广播站即将开播，请你拟写一份启事。

2．学校广播站需要招聘数名播音员，请你拟写一份启事。

3．本校学生处将于近日从12楼迁到3楼办公，请你拟写一份启事。

小链接

“启事”与“启示”

通常报纸上的“启示”应该是“启事”。“启事”是为了公开声明某事而登在报刊上或贴在墙上的文字。这里的“启”是“说明”的意思，“事”就是指被说明的事情。而“启示”的“启”，则是“开导”的意思，“示”是把事物摆出来或指出来让人知道。“启示”是指启发指示，开导思考，使人有所领悟。可见“启事”和“启示”的含义截然不同，二者不能通用。无论是“征文启事”，还是“招聘启事”，都只能用“事”字，而不能用“示”字。“征文启事”写成“征文启示”是错的。(参考《高中语文教育网》)

任务六　拟写专用书信

——证明信、申请书、求职信

任务阐述

掌握专用书信的写法，做到格式规范、文字简洁。能够根据学习、生活、工作的需要运用恰当的应用文种。

对号入座

➘ 读一读，想一想，改一改

求　职　信

1. 借此择业之际，我怀着一颗赤诚的心和对事业的执著追求，我自信我的能力定能为贵公司的发展增加力量！

2. 非常愿意到本学校工作。

3. 我是北京第二外国语学院的应届毕业生，我的专业是英语，现已取得学士学位。我获知贵单位现在所招聘的职位与我所学的专业恰好对应，以我目前所学的知识我相信我能够胜任此职位。

4. 个人信条：没有什么问题是办不到的，以解决问题为快乐。

知识云梯

一、专用书信的概念

专用书信是个人或集体向单位、组织或个人写的具有专门用途的书信。它的格式和一般书信大体相同，包括称谓、正文、结尾和落款四个部分。

专用书信和一般书信的区别在于：有标明性质的标题，写在第一行中间；内容较简单，语言朴实、简洁，篇幅简短；一般是公开的，还可广播和登报；署名处要加盖公章。

常用的专用书信有：介绍信、证明信、申请书、求职信、聘请书、决心书、倡议书、挑战书、慰问信、感谢信、表扬信、祝贺信、请柬等。

二、专用书信的写法

本书主要介绍证明信、申请书和求职信的写法。

（一）证明信

证明信是单位或个人出具的用来证明某人的身份、经历或某事物的真实情况的专用书信。证明信有两种：一种是被证明人因公外出办事用的，近似身份证明。另一种是其他单位、组织来了解本单位某人、某事的真实情况的材料证明。这种材料证明，有的是由单位直接出具的，有的是由个人出具的，单位、组织核实并签署意见，盖章后生效。

证明信的格式通常由标题、称谓、正文、结尾和落款组成。

1. 标题

标题标明专用书信的性质，即“证明信”，在信的首行居中书写。

2. 称谓

称谓即收信单位名称，如果是外出办事作为身份证明使用，这一项可以略去。如果是直接给某单位的证明材料，就必须标明单位名称。

3. 正文

正文要写清楚证明的事项。如证明某人的工作经历，就应写明被证明人的姓名、在本单位工作的时间及担任的职务、工作能力、业绩等。如证明某件事情的真实与否，须写清参加者的姓名、身份、在事件中发挥的作用、和事件的前因后果等。

4. 结尾

结尾一般用习惯用语，如“特此证明”、“情况属实，特此证明”等。

5. 落款

落款写明证明单位名称并加盖公章，在单位名称的下一行末注明开具证明信的日期。个人的证明材料应写明证明人姓名、身份，并签字盖章。

写作上应注意的事项：

（1）出具证明信应本着实事求是、认真负责的原则，如实证明，措词要明确，不能模棱两可。

（2）个人书写的证明信，内容上应做到真实、准确，与事实没有出入。

（二）申请书

申请书是个人、单位或集体因某种愿望、要求或需要，向有关部门、组织提出书面请求，要求批准或帮助解决问题的专用书信。

申请书的使用范围相当广，种类也很多。按作者分类，可分为个人申请书和单位、集体公务申请书。按解决事项的内容分类，可分为入团、入党、困难补助、调换工作、建房、领证、承包、贷款申请书等。

申请书的格式一般包括标题、称谓、正文、结尾、落款。

1. 标题

标题有两种写法，一种是直接写“申请书”，另一种是在“申请书”前加上申请的内容，如“入党申请书”、“调换工作申请书”等。

2. 称谓

顶格写明接受申请书的单位、组织名称或有关领导的姓名。

3．正文

正文一般要写明以下几个方面的内容：

（1）申请的事项。这是写申请书的目的，要求写得清楚、简洁。

（2）申请的理由。这部分是重点，是申请书的接受者研究答复和批准申请的主要依据，务必要充分、客观。

（3）申请人的态度。正文结束，一般根据申请的事项，申请人要对申请书的接受者提出自己的希望和要求，或是表达自己的决心。

4．结尾

结尾通常使用惯用语，如“特此申请”、“恳请领导帮助解决”、“希望领导研究批准”等，也可用“此致”、“敬礼”等礼貌用语。

5．落款

个人申请要写清申请者姓名，单位申请应写明单位名称并加盖公章，同时应注明提出申请的日期。

写作上应注意的事项：

（1）申请的事项要写得清楚、具体，涉及的数据要准确无误。

（2）理由要充分、合理，实事求是，不能虚夸和杜撰，否则难以得到批准。

（3）语言要准确、简洁，态度要诚恳、朴实。

（三）求职信

求职信是求职者为求得某一职业而向用人单位着重陈述自己的求职意愿及学识、才能、经历等的专用书信。

求职信一般可分为自荐信和应聘信两种。在不知道用人单位是否有用人需求的情况下，求职者可采用自荐信；在知道用人单位公开招聘某种人员的情况下，求职者应用应聘信。

求职信的格式通常由标题、称谓、开头语、正文、结尾、落款和附件等部分构成。

1．标题

标题是求职信的眉目，居中写明“自荐信”或“应聘信”。

2．称谓

求职信通常是写给用人单位的人事部门或直接写给单位负责人的，因此要注意称谓礼貌、得体。明确用人单位名称或负责人姓名的，可直接写明，如“尊敬的××公司人事部”、“尊敬的××公司王经理”。在用人单位不确定的情况下，称谓可写“尊敬的公司人事部领导”、“尊敬的总经理先生”等。

3．开头语

开头语一般是陈述写信的缘由，可以开门见山，直接提出自己的求职愿望和要求。先写问候语“您好”，表示礼貌、尊敬。再写求职人的自我简介或用人信息的获得渠道。如“我叫×××，是××大学工商管理系××专业的应届毕业生”，“近日从省人才市场获悉贵公司拟招聘××专业人才×名，这给我提供施展自己智慧和才能的机遇。”开头语表述应简洁明确、干脆利落，不宜过多过长。

4．正文

正文是求职信的核心部分。

首先，详细介绍自己的专业优势，即学习的主要专业课程，参加过的专业实践活动及在各类专业竞赛中的获奖情况等，要充分展示自己在专业方面的突出成绩，使自己从众多应聘者中脱颖而出。

其次，介绍自己的工作能力及爱好特长，包括自己在学校期间担任学生干部的情况以及在各类活动中的组织能力、人际交往能力、语言表达能力等。此外，个人的兴趣、爱好及特长也是竞争的优势。

再次，如果用人单位明确，可以谈谈对企业的认识、了解，表达迫切希望获得工作机会及录用后的打算。如“贵厂是闻名遐迩的中外合资企业，总经理知人善用，重视人才，我非常愿意并渴望到贵厂工作，并愿为贵厂的兴旺发达贡献自己的知识与才华。”撰写这部分时，要力求简明，注意扬长避短，突出自己的优势与长处。

5．结尾

结尾要再次表达求职的愿望，希望获得机会，起到吸引和打动对方的作用。如“希望给予面试的机会”、“热切盼望贵公司给予答复”等。也可写礼貌用语“此致”、“敬礼”。

6．落款

落款要署上求职者的姓名及求职日期。

7．附件

附件是求职信的重要组成部分，它是求职信以外的其他材料。如学历证书、成绩单、获奖证书、技能证书、论文等的复印件。如材料多，应依次标上序号。这些材料是对个人专业优势和能力特长的证明，对用人单位来说，是了解应聘者才能、知识的重要依据。

写求职信应注意的事项：

（1）要简洁明了。篇幅一般在一页纸（A4大小）以内，400字左右为宜。

（2）内容要实事求是。求职信不能夸大其词，更不能虚构材料。

（3）突出能力和特长。能力和特长是求职者吸引招聘方的“亮点”，也是用人单位选择人才的主要依据。职业院校学生求职时应重点介绍自己学习专业知识和掌握操作技能的情况以及参加相关专业的学习及考取技术等级证书、上岗证书的情况。若有文体方面的特长，也要作具体介绍。在同等条件下，多才多艺的求职者被录用的机会更大一些。

（4）措辞要得体。求职信的用语应恰当得体，言辞要诚恳，语气要委婉，做到自信而不妄自尊大，自谦而不妄自菲薄。

（5）态度要认真。写求职信要做到文句通顺，格式正确，书写工整，没有错别字，这是对用人单位的尊重和有求职诚意的体现。

范文学习

一 证 明 信

阅读提示

这封证明信简洁、准确，正文中证明某人的在校情况，主要交代其在校学习的时间、所学专业及表现，充分体现了专用书信内容简单、篇幅简短的特点。

××市商贸公司：

你公司××同志2006年9月至2009年6月曾在我校汽车营销与电子商务班学习。在校期间，该同志学习刻苦，工作积极，要求进步，连续三年被评为“三好学生”。

特此证明

××省职业学校（公章）
2011年2月10日

二　入团申请书

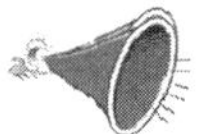

阅读提示

这封申请书开头直截了当地表明了自己的意愿，要求加入中国共产主义青年团，正文写明对共青团的认识与了解，重点突出了自己强烈的入团意愿，希望通过入团使自己得到锻炼，态度恳切，用语简洁，充满了对共青团的热爱与向往。

尊敬的团支部：

在“五四”青年节即将来临之际，我郑重地提出申请，要求加入中国共产主义青年团。

共青团是先进青年的群众性组织，是党的忠实助手，是一所马列主义的大学校。这座共产主义大熔炉锻造了大批先进青年，培养了一代又一代共产主义战士。我希望在这座大熔炉里锻炼成长。

我决心在加入团组织以前，以共青团员的标准严格要求自己，以优秀共青团员为榜样，刻苦学习，积极进取，以实际行动接受团组织对我的考验，争取早日成为一名合格的共青团员。

最后，我再次请求团组织接受我的入团申请，我决不会辜负团组织对我的教育和培养。

致

崇高敬礼

申请人：×××
2011年4月18日

三　开业申请书

阅读提示

这封申请书先写明自己申请开业的理由，从自己的专业技术、努力刻苦学习等方面，紧紧围绕申请的事项来陈述理由，充分且具体，条理清晰，再顺理成章地提出自己的申请事项，最后表明自己的决心，作出保证。语言简约得体，重点突出。

××市××区工商局：

2007年我毕业于××技工学校××专业。通过三年的刻苦学习，经考核已获得广东省职业技能鉴定指导中心颁发的“工程电气设备安装调试工”的职业资格证书及电工作业安装、维修的特种操作证。毕业后我曾在××家电维修部当技工一年，其间曾参加夜校家电维修培训班，并获得高级班结业证书。现在我已经熟练掌握了国产和进口电视机、电冰箱、空调机等家用电器的维修技术。为了解决生活困难，也为了给社会作出贡献，体验自主创业的艰辛和乐趣，我特申请在××路××号开办“为民家电维修部”，通过一段时间的筹备，所需资金及设备都已齐备。恳请审查、批准我的请求，并发给营业执照。

开业后，我保证严格遵守国家的相关政策、法令，按章纳税，合理收费，热情服务，接受领导和群众的监督，让顾客满意。

此致

敬礼！

申请人：×××

2011年5月9日

四　求　职　信

阅读提示

这封求职信有三点值得借鉴：①脉络清晰，求职意向明确。文章开头在自报家门之后就开门见山地提出求职意向：“打算到贵公司工作”。接着介绍求职者的求职条件、能力和特长，从专业理论、操作技能以及个人综合素质等方面展示求职“亮点”，最后再次向用人单位提出求职的愿望。②重点突出，详略得当。全篇围绕“求职”这条主线，与求职无关的话一句不说，可谓“惜墨如金”，对表现求职者“亮点”的内容，则“用墨如泼”，全方位地展示求职者的能力和特长，而且用事实说话，说服力强。③措辞得体，不卑不亢。求职者在表达愿望和面试请求时，用了“贵部”、“认为”、“贵公司”、“恳请”、“期盼”等词语，准确得体，体现出求职者既谦恭有礼，又充满自信。

××公司人力资源部：

近日从朋友处得知，贵公司急聘机修工若干名，十分欣喜。

我是××技工学校机电与数控技术专业的应届毕业生，在校三年，我勤奋好学，积极进取，连续三年被评为校“三好学生”。在专业方面，我熟练地掌握了通用机械、数控机电设备的基本原理和操作技能，能从事机械加工、数控车床和数控铣床的编程与操作，有较强的动手能力。我曾代表学校参加广州市中等职业学校学生专业技能竞赛，并获得机械类AutoCAD比赛个人一等奖。实习期间，我虚心向工人师傅学习，很快就能使用车间的数控设备加工复杂零件，受到工人们的好评。在工作方面，责任心强、能吃苦是我的优点。我连续三年担任班长一职，在实际工作中得到了锻炼，有较强的组织管理能力。我的兴趣爱好广泛，课余时间积极参加各项体育活动，擅长篮球、中长跑，喜欢音乐和书法。

我认为自己符合贵公司的招工条件，恳请给我面试的机会，静候佳音。

随信呈上个人简历及各类证书复印件。

此致

敬礼！

××班　李××

2011年6月20日

附件：个人简历（略）

思考

1. 什么叫证明信？简要说明证明信的书写格式。
2. 小张搬家后家离学校较远，想在学校住宿，请代写一份申请书。

3．假设你即将毕业，在网上浏览到某公司的招聘信息，觉得自己比较符合条件，想去应聘。请拟写一封求职信。

小链接

有误的证明信

县里的喀孜假公济私，贪赃枉法。阿凡提因有事要去外县，需喀孜开一张证明信。他多次去找喀孜都没有办成，只是因为没行贿，被拒绝了。无奈之下，阿凡提只好带上一罐蜂蜜去恳求喀孜，总算开到了一张证明信。

第二天，喀孜想尝一尝蜂蜜的味道，打开罐子一看，发现表层只有一指深的蜂蜜，底下装的全是泥巴。喀孜见自己受了骗，火冒三丈，急令差役快速追回证明信。

差役找到阿凡提，告诉他："喀孜说开的证明信有误，须收回修正，请快把证明信拿来。"

阿凡提听罢，笑了笑说道："请代我向喀孜大人致意，并转告他所开的证明信根本无误，我已使用，完全有效，只是我一时疏忽，送去的蜂蜜有误。请他多多原谅！"

4 岁就写入团申请书

小张 16 岁那年，曾和老师及同学一起探讨虚岁和周岁究竟怎样算的问题。

班主任老师说，周岁是实际年龄，从上一个生日到下一个生日，这算是一周岁。

那年，班里发展团员，小张也填了申请表。到了召开支部大会时，其他几个填表的同学都被列为发展对象，唯独没有小张。

同学们感到纳闷，就问团支书为什么没有小张。团支书说，他的年龄不够。

同学们更纳闷了，小张都 16 岁了，怎么说年龄不够？

团支书回答：问问他怎么填的申请书就知道了。

同学们转而问小张，小张避而不答。

后来，同学们打听到，原来，在年龄一栏里，小张填的是 4 岁，这可气坏了团委一班人。

同学们认为他是在开玩笑，便问小张："你开玩笑开过头了吧？"

没想到小张说："我是 2 月 29 日的生日，四年才过一次，难道我是开玩笑吗？"

任务七 拟写通知

任务阐述

重点掌握活动、会议通知的写法，做到格式规范、文字简洁。能够根据学习、生活、工作的需要运用恰当的应用文种。

对号入座

读一读，想一想，改一改

紧急通知：近日恐有台风天气，出门时务必随身携带两个 10 公斤重的哑铃，以免被狂风卷上西天。体重轻于 100 公斤者更须加倍小心。

知识云梯

一、通知的概念

通知适用于批转下级机关的公文，转发上级机关和不相隶属机关的公文，发布文件；是传达要求下级机关办理和需要有关单位周知或者执行的事项以及任免人员时所使用的一种公文。

二、通知的种类

1．批转性通知

上级机关转发下级的文件，用批转性通知。下级机关转发上级、同级或不相隶属的机关的文件，则用转发性通知。

2．发布性通知

发布性通知主要用于发布行政法规、规章、办法。根据不同情况，可分为颁发、发布、印发（公布）三种。比较重要的行政法规、规章、办法用颁发、发布，而对一般性的、暂行或试行的行政规章、管理规章用印发。

3．活动通知

活动通知是指上级机关就某些活动事项，提出具体的活动原则、要求和安排，以让受文单位贯彻执行的通知。

4．知照性通知

知照性通知是指用于告知有关单位或个人某些事项的通知。如设立或撤销机构、迁移办公地点、启用或更换印章、调整办公时间等。

5．会议通知

会议通知是指告知有关单位或人员参加会议的通知。

6．任免通知

任免通知是指告知有关单位或个人人事任免的通知。

三、通知的基本结构

1．标题

通知的标题有完全式和省略式两种。完全式标题是由发文机关、事由、文种组成的。省略式标题，一是省略发文机关，如《关于县级市经济管理权限的通知》。如果是两个单位以上联合发文，不能省略发文机关；二是省略“关于”字样。发布性和批转性通知的标题由“发文机关+发布（批转、转发）+原文件标题+通知”构成，如“××县人民政府关于转发《××市人民政府关于转发〈××省人民政府关于转发人事部关于×××同志恢复名誉后享受××级待遇的通知〉的通知》”，可简化为《××县人民政府转发人事部关于×××同志恢复名誉后享受××级待遇的通知》。

2．主送机关

主送机关即受文对象，根据实际情况，可以是一个或多个单位。

3．正文

（1）批转性通知。正文包括两个部分：第一是批语；第二是写批转、转发或印发的规章或文件。批语内容比较简单，只要说明批转、转发或印发的文件名称和有关要求即可。如：“现将《关于×××的规定》印发（或批转、转发）给你们，请遵照执行。”对比较复杂的文件，则应对如何实施作具体说明，或阐述该文件的意义所在等。

（2）活动通知。正文通常包括三部分：第一部分为引言，说明缘由。引言要简明扼要、抓住要害。第二部分为主体，即活动的具体内容。复杂的内容要分条列项陈述；重要的内容详细写，放在前面；次要的内容尽量简化，放在后面。第三部分为结尾，结尾多提出执行的要求，如“请遵照执行”、“请认真贯彻执行”等，也可不写结尾。

总的说来，活动通知的目的在于安排活动任务，要求下级遵照执行，因此，在撰写时，既要说明“办什么事”、“为什么办这些事”，又要说明“怎样办这些事”，以便受文单位更易理解、更方便执行。

（3）知照性通知。这种通知行文的目的是让受文对象了解有关事项，因此正文把事项叙述清楚即可。

（4）会议通知。会议通知的正文一般包括会议名称、召开会议的原因与目的、会议议题、会议时间与地点、报到时间与地点、与会人员、与会者须准备的材料、差旅费报销办法、联系单位、联系人与联系方式等，有的通知还附上会议日程安排和与会的有关证件。会议通知通常采用分条列项式写法。供机关、单位内部张贴或广播的会议通知，可不写受文对象，只须在正文中说明会议时间、地点、内容、准备材料及出席人员等。

（5）任免通知。写法比较简单，一般在写完任免依据之后，写上任免人员的姓名及职务即可。

4. 落款

如果发文机关在标题中已标明，落款便可以省略。

四、撰写通知的注意事项

（1）要有针对性。

（2）要具体明确。

（3）要考虑时效性。

范文学习

一　××市人民政府批转市科委《关于加快我市软件产业发展实施意见》的通知

阅读提示

这份批转下级机关文件的通知，由批转的文件和批示语组成，批转的文件即须执行的内容。批示语简洁明确，具有行政约束力。

各区、县人民政府，各委、局，各直属单位：

市人民政府同意市科委《关于加快我市软件产业发展实施意见》，现转发给你们，望遵照执行。

附件：略

××市人民政府（公章）

二〇〇九年十一月三十日

二 关于举办校园歌手大赛活动的通知

阅读提示

这则活动通知，第一段说明为何要举办本次活动，接着用惯用语“现将有关事宜通知如下”引出主体部分。第二部分是通知的具体内容，分条列项地将本次活动的参赛对象、报名时间、比赛时间、主要负责人以及注意事项，从主到次依次交代清楚，简明扼要。第三部分为结尾，使用“请遵照执行”的惯用语。文章格式规范，语言简洁。考虑得比较周到、细致，值得借鉴。

各校区、各教学班:

为丰富我校的校园文化生活，活跃校园教育氛围，锻炼和提升学生的专业能力，我校拟举办校园歌手大赛。现将有关事宜通知如下:

1. 参赛对象

各教学班中所有爱好唱歌的学生经过班级预选赛后，优秀者参加本次大赛，各班限报 2 人。

2. 报名时间

2010 年 10 月 30 日班会后，各班主任将参赛选手、参赛曲目、伴奏形式等内容报教务处××老师处。

3. 抽签时间

2010 年 11 月 1 日第三节课后，请各班参赛选手到综合楼前集合抽签。

4. 比赛时间

2010 年 11 月 3 日（周三）晚 7:00 在 C 区操场进行。

5. 奖项设置

本次大赛设一、二、三等奖，并设优秀辅导奖和组织奖，具体如下。

一等奖：1 名　　二等奖：3 名　　三等奖：6 名

优秀辅导奖：1 名　　组织奖：1 名

6. 其他注意事项

（1）专业老师对学生的辅导要全面。除歌唱的技巧外，还要注意学生参赛时的服装、入退场等细节；要从如何提高学生歌唱的感染力上去进行辅导。

（2）班主任要在学生的组织上下工夫。要广泛动员，积极开展班级预选赛；要教育学生注意维护比赛现场的秩序和卫生；从赛前学生入场到赛后学生退场，班主任要亲自到场并参与组织。

（3）2010 年 11 月 2 日上午，各参赛选手要将本人所用伴奏磁带贴好标签（在正确的一面写上参赛序号、参赛曲目）送教务处××老师处试放。

（4）2010年11月3日晚6:30各班主任组织学生集合入场，所有参赛选手到双面楼一楼东楼梯口集合。晚7:00比赛正式开始。

特此通知，请遵照执行。

××职校教务处（公章）
2010年10月10日

三　××移动通信有限公司关于成立客户服务中心的通知

阅读提示

这篇知照性通知，正文篇段合一，依次写了目的、依据和事项，文字简练，明白晓畅。

各科室：

为增进与客户的联络，进一步做好客户服务工作，适应公司日益发展的新形势，经公司研究决定，在原客户联络室的基础上成立客户服务中心，主任由×××同志兼任。

特此通知

××移动通信有限公司（公章）
二〇〇九年八月十五日

四　关于纪××等同志职务任免的通知

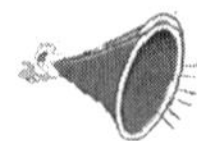

阅读提示

任免通知第一部分一般说明任免的依据，多用“经××××研究决定”、“根据××××、经××××研究决定”一类用语领起第二部分，即任免事项，每个事项单独为一个段落，以达到醒目的效果。本文简明扼要，直陈其事，符合一般任免通知的写法。

××建筑分公司：

你公司上报的选举过程和结果已收悉。经董事会会议研究决定：

任命纪××为经理，主持全面工作；

任命吴××为副经理，主持施工工作。

免去蒋××的经理职务和刘××的副经理职务，由公司安排其他工作。

特此通知

××集团公司董事会（公章）
二〇〇九年三月一日

五　关于召开诗歌朗诵筹备会议的通知

阅读提示

这篇会议通知，正文先写依据、开会时间、地点。文种承启语之后的事项部分，具体、详细地介绍了会议的议题、与会人员及相关问题。

各教育指导中心、区属技校、星海青少年宫：

为顺利举办“青年杯”广州市技校生诗歌朗诵比赛，经研究拟召开筹备会议。现将有关事项通知如下：

1. 会议时间

10月22日（星期五）14:00—16:00。

2. 会议地点

星海青少年宫星艺楼一楼会议室。

3. 参会人员

各单位安排主管该项活动的一名负责人参加。

4. 会议内容

略（包括“青年杯”诗歌朗诵大赛的活动要求、知识问答内容、范围等）。

会议重要，请各单位落实有关人员准时到会。

特此通知。

广州市语言文字工作委员会（公章）
广州市人力资源和社会保障局（公章）
二〇一〇年十月十日

思考

1. 请你代你所在学校教务处拟写一份召开学生座谈会的会议通知。
2. 请你代学校团支部拟写一份团员清明节扫墓的活动通知。

小链接

佑仰通知

洪江区第三次全国文物普查队工作人员于2009年2月在该区桂花园乡川岩（洪江古商城沅水河对面）进行野外文物普查时，发现了清代洞庭水师洪江水师营渡口、码头管理告示碑。告示碑又名“佑仰通知”，质地为青石，立于清光绪三年（1877年），高1.37米，宽0.92米，厚0.05米。据洪江区文管所所长梁斌介绍，发现时，石碑断裂为两段。其中一段被用来当做井盖使用。那么这“佑仰通知”的告示碑究竟告诉我们什么呢？

清咸丰三年（1853 年），曾国藩以吏部侍郎的身份在湖南办团练，置洞庭水师，洪江分驻水师营。同治十七年（1868 年）由水师提督（二品）周礼濂统领，将洪江水师更名为“长胜水师”，“佑仰通知”告示碑正是由他所立。通过对碑文的解读，我们知道清代洞庭水师洪江水师营的渡口商业发达。因码头拥挤乱停乱摆、争地盘等产生的纠纷也屡屡发生。周礼濂立“佑仰通知”告示碑，将船泊停渡、木排停摆等具体事项及管理措施作了明文规定。

洪江区文管所相关专家表示，此碑的发现充分证明了洪江当年水路运输的繁华景象，对研究洪江古商城的形成、发展与繁荣，及其政治、经济、文化现象提供了重要的实物资料。

任务八　拟写请示与批复

任务阐述

能根据工作需要，掌握公文请示和批复的写法，做到格式规范，文字表述正确，符合要求。

对号入座

读一读，想一想，改一改

1. 某市公安局出台了一条硬性规定：“工作日之外，区县公安局局长要喝酒须向市局请示，其他领导和民警饮酒，必须经本单位主要领导批准。”

2. 批复

××镇人民政府：

对你镇的数次请示，经研究作如下答复：

你镇提出试行“关于违反计划生育规定的处罚办法”最好不执行，因为这个办法违反上级有关文件精神。

××市人民政府

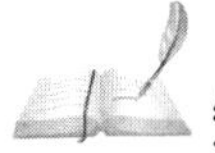

知识云梯

一、请示的写作

（一）概念

请示是下级机关向上级机关请求指示、批准事项的一种呈批性公文，属上行公文。

（二）特点

1. 针对性

只有本机关单位权限范围内无法决定的重大事项，如机构设置、人事安排、重大决策、项目安排等问题，以及在工作中遇到新问题、新情况或克服不了的困难，才可以用“请示”行文，请示上级机关给予指示、决断或答复、批准。所以请示的行文具有很强的针对性。

2. 呈批性

请示是有针对性的上行文，上级机关对呈报的请示事项，无论同意与否，都必须给予明确的“批复”回文。

3．单一性

请示应一文一事，一般只写一个主送机关，即使需要同时送其他机关，也只能用抄送形式。

4．时效性

请示是针对本单位当前工作中出现的情况和问题，求得上级机关指示、批准的公文，如能够及时发出，就会使问题得到及时解决。

（三）分类

根据内容、性质的不同，请示可分为请求指示性请示、请求批准性请示、请求批转性请示。

（四）基本格式

请示由首部、正文和尾部三部分组成，其各部分的格式、内容和写法要求如下。

1．首部

首部主要包括标题和主送机关两部分内容。

（1）标题。请示的标题一般有两种构成形式：一种是由发文机关名称、事由和文种构成，如《××市人民政府关于建设水电站的请示》；另一种是由事由和文种构成，如《关于开展春节拥军优属工作的请示》。

（2）主送机关。请示的主送机关（收文单位）是指负责受理和答复该文件的机关。每项请示只能写一个主送机关，不能多头请示。

2．正文

正文结构一般由开头、主体和结语等部分组成。

（1）开头主要交代请示的缘由。它是请示事项能否成立的前提条件，也是上级机关批复的根据。原因要客观、具体，理由要合理、充分，上级机关才能及时决断，予以有针对性的批复。

（2）主体主要说明请示事项。它是向上级机关提出的具体请求，也是陈述缘由的目的所在。这部分内容要单一，只宜请求一件事。另外，请示事项要写得具体、明确、条理清楚，以便上级机关给予明确批复。

（3）结语应另起段，习惯用语一般有“当否，请批示”、“妥否，请批复”、“以上请示，请予审批”等。

3．落款

落款一般包括署名和成文时间两部分内容。标题写明发文机关的，这里可不再署名，但须加盖单位公章，成文时间写明××××年×月×日即可。

（五）拟写请示的注意事项

（1）请示应当事先请示，一文一事。

（2）下级机关一般不得越级请示。

（3）不可多头请示。

（4）请示不得抄送下级机关。

（5）除领导直接交办的事项外，请示不得直接送领导个人。

（6）请示与报告要严格分开，不得混用。

二、批复的写作

（一）概念

批复是答复下级机关请示事项的答复性公文，是上级对下级来文所提出的请示而表明的态度或作出明确回答的公文，是一种下行文。

（二）特点

1. 行文的被动性

批复的写作以下级的请示为前提，它是专门用于答复下级机关请示事项的公文，先有上报的请示，后有下发的批复，一来一往，被动行文，这一点与其他公文有所不同。

2. 内容的针对性

批复要针对请示事项表明是否同意或是否可行的态度，批复事项必须针对请示内容来答复，而不能另找与请示内容不相关的话题。因此批复的内容必须明确、简洁，以利下级机关贯彻执行。

3. 效用的权威性

批复表示的是上级机关的结论性意见，下级机关对上级机关的答复必须认真贯彻执行，不得违背。批复的效用在这方面类似命令、决定，带有很强的权威性。

（三）分类

根据批复的内容和性质不同，可以分为审批事项批复、审批法规批复和阐述政策批复三种。此外，还有肯定性批复、否定性批复和解答性批复等。

（四）批复的基本写法

批复一般由标题、正文和结尾三部分构成。

1. 标题

标题的写法最常见的是完全式标题，即由发文机关、事由和文种构成。事由用表示关联范围的介词“关于”加上请示或批复的事项来表述，如《国务院关于1991—2000年全国治沙工程规划要点的批复》；还有一种完全式标题，由发文机关、表态词、请示事项、文种构成，如《国务院关于同意开放×××航空口岸的批复》，这种较为简明、全面和常用；也有的批复只写事由和文种。

批复的发文单位即行文主体，既不能不写，也不能随意略写或简化。

2. 正文

批复的正文一般由三个部分组成：

（1）批复引语。批复引语也就是正文的开头部分，通常要引述来文作为批复的依据，引述的方法有四种。第一种是结合请示的日期引述，如“××××年×月×日来文收悉”；第二种是结合来文的日期和文号引述，如“××××年×月×日××字〔×〕×号文收悉”；第三种是引述来文日期和来文名称，如“××××年×月×日《关于××问题的请示》收悉”；第四种是引述来文日期和请示事项，如“××××年×月×日关于××问题的请示收悉”。

（2）批复意见。这部分应针对下级机关请示的事项，表示同意与否，有时还要阐述理由。答复请示事项针对性要强，答复要明确具体，简明扼要，表达要准确无误。

（3）批复要求。批复要求是从上级机关的角度提出的一些补充性意见，或是表明希望、提出号召。

正文结尾部分多用“此复”、“特此批复”作结。

3．结尾

结尾要写上批复的机关和日期，标题中有发文机关的可以不写机关。

格式如下：

要　　领	范　　文
标题（事由+文种） 主送机关 原由、目的、事项 结语 发文机关 发文时间	关于人事股改为政工股的批复 ××县政府： 为适应目前经济建设的需要，加强职工政治思想教育工作，经研究，同意你县将人事股改为政工股。 特此批复。 ××市××局（公章） 二〇〇八年一月十五日

（五）撰写批复的注意事项

1．慎重及时

批复既是上级机关指示性、政策性较强的公文，又是对下级单位请求指示、批准的答复性公文，因此，撰写批复要慎重及时。批复机关收到请示后，要及时进行周密的调查了解，掌握有关情况，根据现行政策法令及办事准则，经认真研究后，及时给予答复。

2．针对请示

答复请示要求一文一事，批复也应有针对性地一文一批复，请示要求解决什么问题，批复就答复什么问题，上下行文应互相对应。

3．明确态度

上级机关对请示的问题无论同意与否，批复意见都必须十分清楚明白，态度明朗。不能含糊其辞，模棱两可，以免下级无所适从。

4．批复、复函不可混用

由于批复与复函都是回复来文的公文，有时会被混用。两者的区别在于：从行文关系看，批复是上级机关向下级机关答复用文，属下行文；复函一般是向不相隶属机关的答复用文，属平行文。从行文内容看，批复多属于对重大原则性和政策性问题作出决定、批答，复函多用于对一般性事项的回复。

范文学习

一 云南省政府关于将云南迪庆藏族自治州中甸县改名为香格里拉县的请示

阅读提示

这篇请示，标题由发文机关、事由、文种组成。正文内容中心突出，请示事项具体、明确，由迪庆的民族方言入手，与香格里拉独具特色的传统民族文化遥相呼应，理由充足，简洁明晰。最后提出请示，请求上级给予批准。

中华人民共和国国务院:

民族文化是一个民族的标志之一，是一个民族的象征之一，因此，属于中华民族的文化我们就应该发扬光大。云南省经过严密考证，迪庆藏族自治州的自然地理环境与香格里拉完全吻合。此外，《消失的地平线》中“香格里拉”喇嘛寺的原型在迪庆，东方学者对迪庆的描写也与希尔顿对香格里拉的描写如出一辙。故此，我省确定“唯有中甸县具有香格里拉那样的地理环境”。所以，我省特向国务院申请将云南迪庆藏族自治州中甸县改名为香格里拉县。

妥否，请批复。

云南省人民政府

××××年×月×日

二 关于××××公司党组织隶属关系问题的请示

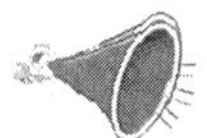

阅读提示

这则请示，标题由事由、文种组成，正文内容简洁明了，请示事项单一明确，结尾以请示的习惯用语提出请示。

中共××市委组织部:

我局所属××××公司，根据×政府〔2000〕×号文件规定，已由××区搬迁至××区。

该公司系中型国有企业，共有职工××××名，其中党员×××名，已设立党的基层委员会。为了加强党的领导，便于开展党组织活动，我们意见，将××××公司党的关系交由××区委领导。

当否，请批示。

中共××市××局委员会（公章）

二〇〇〇年五月十日

三　××学校关于解决冬季取暖用煤所需资金的请示

阅读提示

这是一则请求上级指示的请示。标题采用完全式；正文讲明学校的实际资金困难以及所需资金总额，请示事项具体、明确；结束语恳切简明，以惯用语结尾。

市教育局：

今年冬季供暖期将至，我校正在进行冬季供热的准备。除供暖煤由于学校资金困难没有到位外，其余各项准备工作均已就绪。根据往年学校冬季供热的规律，今年学校供热需标准煤50t，按目前市场价格每吨300元计算，共需资金15 000元，恳请局里解决为盼。

妥否，请批示。

××学校
二〇一〇年十月八日

四　关于同意云南迪庆藏族自治州中甸县改名为香格里拉县的批复

阅读提示

这则批复在同意下级单位请示事项的前提下，重在提出工作要求，体现了上级机关的领导意图和领导权威。文章思路清晰，主次分明，语言得体。

云南省人民政府：

你府《关于将云南迪庆藏族自治州中甸县改名为香格里拉县的请示》收悉，经研究答复如下：

经国务院所派调查队的严密考证，证实香格里拉的确是你省迪庆藏族自治州中甸县，现同意你们将其改名为“香格里拉”，希望你们能够把香格里拉文化发扬光大！

特此批复。

中华人民共和国民政部
××××年×月×日

五　关于改变××××公司党组织隶属关系的批复

中共××市××局委员会：

二〇〇〇年×月×日××局党字〔2000〕×号文件收悉。经研究，同意××××公司党的关系由××区委划归××区委领导。

特此批复。

中共××市委组织部（公章）
二〇〇〇年×月×日

➘ 思考

1. 请示与批复应坚持什么原则？批复是针对什么内容而写的？
2. 请示与批复的行文时机有什么不同？
3. 以上例文中的请示事项分别是什么？
4. 批复的结尾用语“特此批复”能否省略不写？

小链接

批复的由来及演变

批复是由古代的文书“批”演化而来的。“批”作为公文名称始于唐朝。起初唐朝皇帝对臣下奏疏表示可否用“批”，也叫“批答”。到了唐玄宗李隆基之时，设置翰林侍诏掌管四方“批答”。宋、明时代因袭之。清朝用于官署之间、地方行政长官对下属请示的回答称为“批”。北洋军阀时代亦如此。国民党政府时规定“批”的用法是：“各机关对于人民陈请事项，分别准驳时用之。”1942 年，陕甘宁边区政府颁布的《陕甘宁边区新公文程式》中，也有“批答”这一文种。1949 年，华北人民政府颁布的《公文处理暂行办法》，第一次正式提出“批复”这一公文名称，新中国成立后至今一直延续使用。它是相当重要的一个通用公文文种。

任务九　拟 写 报 告

任务阐述

能根据工作需要，掌握公文报告的写法，做到格式规范，文字表述正确，符合要求。

对号入座

读一读，想一想，改一改

灾 荒 报 告

荒年，农民向官府报告灾情。官老爷问麦子收成多少，回答说：“只有三分收成。”

又问棉花收成，回答说：“只有二分收成。”

再问稻子收成，回答说：“也只有二分收成。”

官老爷大为生气：“这就有七分收成了，还来捏造欠收吗？”

农民又好气又好笑，便说：“我活了一百多岁，实在没见过这么严重的灾荒。”

官老爷问：“你怎么会有一百多岁？”

农民答道：“我七十多岁，大儿子四十多岁，二儿子三十多岁，合起来不就是吗？”

这么一说，引得哄堂大笑。官老爷被笑得红了脸。

实 验 报 告

小瓜向来对研究生物很有兴趣。一次，他把一只跳蚤的脚切掉两只，然后对着跳蚤说：“跳呀！跳呀！”

结果跳蚤依然能跳。

他再切断两只，又对着跳蚤说：“跳呀！跳呀！”

跳蚤依旧照跳不误。

接着他又切断两只脚，然后对跳蚤说：“跳呀！跳呀！”

这时跳蚤再也跳不动了。

于是，他写下心得：“跳蚤在被切断六只脚后，就变成了聋子。”

知识云梯

一、报告的演变

“报告”最早可追溯到古代的“上书”，民国时期才出现“报告”。真正把“报告”和“请示”定为公文文种的，是共产党领导的人民政权机关。1931年，中央工农民主政府颁布的《苏维埃地方政府暂行组织条例》中出现“报告书”这一文种。“报告”与“请示”起初常被混用，后来才被明确区分开来。

二、概念

报告是下级机关向上级领导机关汇报工作、反映情况、提出意见建议、答复询问时所使用的陈述性上行文。

报告的使用范围相当广泛，频率也很高，它同“通知”一起成为党政机关一上一下两大基础文种。

三、报告的分类

1. 汇报性报告

汇报性报告主要是下级机关向上级机关、执行机关向权力机关汇报工作、反映情况的报告。这种报告一般可分为两种类型，即综合报告和专题报告。

（1）综合报告。这种报告是本单位、本部门或本地区、本系统工作到一定的阶段，就工作的全面情况向上级写的汇报性报告。其内容大体包括工作的进展情况、成绩或问题、经验或教训以及对今后工作的意见等。这种报告的特点是全面、概括、精练。所谓“全面”，是指报告的内容要体现一个地区、一个部门在某一段时间内的全面工作情况；所谓“概括”、“精练”，是指表述内容的时候，少写或不写烦琐的工作过程，用结论性、要求性的语言，表达出某项工作的结果、希望或要求。

（2）专题报告。这种报告是本单位、本部门或本地区、本系统就某项工作或某个问题，向上级领导部门所写的汇报性报告。其内容与综合报告类似，但也有其自身特点：

一是内容专一。即一份专题报告只反映某一方面的情况和问题。除了写出事件的结果以外，常常把重点放在对情况的阐述以及对事情原委、性质的分析和自己的看法上。如果是反映成绩的报告，则应把重点放在做法、成绩、经验和总结上。也可就某一问题专门提出建议。

二是针对性强。主要包括两个方面的意思：一种是日常工作中出现的新情况、新问题，向上级汇报以后可以及时得到解决或指示；一种是上级部门在安排部署某项工作任务时，就要求下级单位在一定期间把工作进展情况定期向领导汇报，领导要求什么就汇报什么，所以针对性较强。

汇报性报告主要便于领导掌握情况，为决策提供信息，除其中少数领导批转下发外，一般只予呈送，并不要求领导回答或批准什么问题。

2. 答复性报告

答复性报告是针对上级部门或业务管理部门所提出的问题或某些要求而写出的报告。这种报告要求问什么答什么，无须涉及其他问题或情况。

3. 呈报性报告

呈报性报告是下级向上级报送文件、物件时随文呈报的一种报告。一般用一两句话说明报送文件或物件的根据或目的及其相关事宜。

4. 例行工作报告

例行工作报告是下级机关或企事业单位因工作需要，定期向上级领导机关或业务主管部门所写的报告。如财务部门定期向业务主管部门和财政、税收、银行等业务指导机关所呈送的财务报表，包括日报、周报、旬报、月报、季报等。

四、报告的基本格式

1. 标题

报告的标题有两种写法：一是“发文机关＋事由＋文种”的写法，如《中共中央纪律检查委员会关于清理党政干部违纪违法建私房和用公款超标准装修住房的报告》、《××学校关于贯彻落实市教育局第六次党代表会精神的情况报告》；二是“事由＋文种”的写法，如《关于进一步加强我市公共场所防火工作的报告》。

2. 主送机关

主送机关即受文机关（收文单位），应用全称或规范化简称，例如“船营区教育局”或“区教育局”。关于工作方面的书面请示，一般情况要主送给有关部门或者组织，由有关部门或组织呈送给有关领导，不宜主送给领导个人，特殊情况除外。原则上主送机关只能有一个，也可抄报有关部门或机关。一般情况下不要越级行文。

3. 正文

正文由缘由、事项、结尾三部分组成。

报告的缘由是开头部分，又叫导语，常常使用非常简洁的语言说明报告的原因，然后用“现将有关情况报告如下”（呈报性）或“现将有关情况和意见报告如下”（呈转性）之类的惯用语过渡，领起下文。也有的直接进入主体。

报告的事项是正文的主体，也是报告的核心，是向上级机关报告的具体内容。在写作时，要抓住主要内容，突出重点，有层次有条理地展开，用最准确、最简洁的语言，把报告的事项写出来。重要的详写，次要的略写，有点有面，点面结合，这样才能增加报告的说服力。

汇报性报告，要侧重写出做了哪些工作、进展到什么程度、收到了什么效果、有什么基本经验、存在什么问题、今后怎样改进等。反映情况或问题的报告，要侧重写出问题的表现、产生问题的原因、问题的危害和解决问题的办法等。提出具体建议的报告，要侧重写出对有关工作的具体意见，如指导思想、方法步骤、工作措施等。

报告的结语，要根据报告的性质和内容而定，不能千篇一律。报告的结语一般用“特此报告”、“以上报告如无不妥，请批转有关部门贯彻执行”、“以上报告，请审阅”等字样。但也有的报告结尾不写这些惯用语。

4. 落款

落款要注明发文机关名称和发文时间。发文机关名称要使用全称或规范化简称。发文日期要写完整。

五、撰写报告的注意事项

一是要坚持实事求是的原则。

二是要突出中心。

三是在报告中不得夹带请示事项。

四是作为党政机关公文的报告，和一些专业部门从事业务工作时所使用的、标题中含有“报告”二字的行业文书，如“审计报告”、“评估报告”、“立案报告”、“调查报告”等，是不同的概念。这些文书不属于党政公文的范畴，注意不要混淆。

六、报告与请示的区别

（1）行文目的不同。报告是为了汇报情况、反映问题，目的是让上级了解有关情况；而请示是请求上级指示或批准，要求上级答复。

（2）行文时间不同。报告可在事后、事中呈送；而请示只能在事前呈送。

（3）行文的效果不同。收到报告后上级可答复也可不答复；而对于请示，上级必须答复。

（4）行文的内容不同。报告的内容可以是综合性的，也可以是专题性的，但都不能夹带指示；而请示只能一文一事。

范文学习

一　××学校关于今年上半年学校安全工作情况的报告

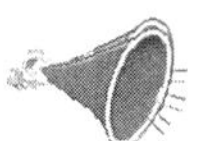

阅读提示

这是一份关于学校安全工作落实情况的汇报，正文由缘由和事项两大部分组成。缘由部分简要交代了工作的完成情况与落实依据。事项部分分安全工作的实行措施、存在的问题和下一步工作安排三大部分内容。文章层次分明，结构严谨，反映的情况具体且全面，同时，有针对性地提出了下一步工作的措施，是一份值得学习的情况报告。

市教育局：

今年上半年，我校安全工作呈现出前所未有的良好态势，未发生一起重大安全事故和责任事故，确保了全校师生的人身安全和教育教学工作的顺利进行。

上半年，学校安全形势良好，主要是贯彻了年初局里召开的学校安全工作会议精神，进一步提高了全校领导干部和师生员工的安全意识，将安全工作贯穿于学校一切工作的始终，做到警钟长鸣，常抓不懈。先后召开两次安全专题会议，分析学校的安全现状，认真总结经验教训。经过半年的努力，目前我校已形成了安全稳定的良好局面。通过采取有效措施，着重解决了以下几个问题：一是……；二是……

通过对上半年安全工作的认真总结，学校班子成员感到，虽然目前我校安全工作已取得了一定成绩，但仍存在着不容忽视的突出问题。一是安全设施老化……；二是资金短缺……

根据学校安全工作的实际状况，下半年，为进一步提高学校的安全防范能力，竭尽全力确保学校安全工作万无一失，我校将采取×条措施……

特此报告。

××学校（公章）

××××年×月×日

二　关于首届行政管理专业学生毕业论文指导工作的报告

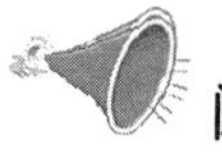

阅读提示

这是一份工作报告。正文围绕主旨，首先介绍了工作背景和对工作的总体肯定性评价。文种承启语后引出报告的事项，即“主要工作情况”、“主要成绩与效果评价”和“存在问题及改进意见”，最后以“特此报告，请审阅”的习惯用语作结。文章内容采用分条列项法，排列具有逻辑关系，由此可看出作者对毕业论文指导工作的认识和概括是经过认真仔细分析的，这是写好报告的前提。本文语言流畅明晰。

××院长办公室:

按照教学计划的规定和我校《学生毕业论文工作管理办法》的要求，2005年2月至6月，我系积极稳妥地开展了首届行政管理专业（以下简称行管专业）学生毕业论文指导工作。在院领导的关心支持下，在同志们的共同努力下，现在此项工作已经结束。总的来看，工作完成得比较顺利，取得了一定成绩，结果较为圆满。根据学院要求，现将毕业论文指导工作报告如下:

一、主要工作情况

由于首次组织行管专业毕业论文指导工作，缺乏经验，因此，我们本着早做准备、精心组织、边实践边摸索的原则开展此项工作。全部工作主要包括以下步骤:

1. 印发论文参考选题（略）
2. 安排论文讲座（略）
3. 落实指导教师（略）
4. 开展个别指导（略）
5. 组织成绩评定（略）

在指导学生撰写论文的过程中，老师们既要完成日常教学任务，又要付出大量时间和精力来指导学生阅读资料、推敲提纲或观点并反复修改论文，且毫无怨言。在4个月的时间里，老师们不仅指导学生研究问题，更以严谨负责、一丝不苟的科学态度感染和教育学生。有的老师住得很远，为了当面指导学生（系里规定可以通过电话答疑），多次专门赶到学校；有的老师为了等待学生下课谈论文，经常很晚才回家。老师们积极工作和认真负责的精神及对学生的满腔热情和细心指导，给同学们留下了深刻印象，是整个论文指导工作得以圆满完成的基本保障。

二、主要成绩与效果评价

1. 首次组织毕业论文指导工作，是在摸索过程中完成的。（略）
2. 撰写毕业论文，不仅进一步培养了学生们的科学精神，而且对强化写作训练，增强分析、研究和解决问题的能力，发挥了重要作用。（略）

3. 首届论文指导工作是在我系师资力量比较紧张的情况下完成的。部分教师首次承担这项工作，为了确保质量，大家共同研讨，向有经验的同志请教，从而使整个指导工作完成得比较顺利。（略）

4. 指导教师的工作得到了学生们的充分肯定。第一，在老师的指导下，学生们初步学到了收集资料和研究、论述问题的方法。第二，在老师的指导下，大家对选题进行了认真研究，并对所研究的问题有了一定了解。有的同学表示，毕业后还要继续研究毕业论文所涉及的问题，争取发表正式论文。第三，从指导老师身上学到了一丝不苟、严谨治学的精神。这种精神将使学生受益终身。同学们的切身感受是对指导老师工作效果的真实评价，也是对老师们辛勤工作的充分肯定。

三、存在问题及改进意见

1. 在印发论文参考选题之后近半年的时间里，忽略了对学生在选题和收集资料方面的指导和督促，使提前下发参考题目失去了意义。今后这个环节的工作需要抓紧。

2. 对毕业论文写作方法的总体指导还不够。在学生写作论文之前，系里组织过一次专题讲座，但由于时间紧，有些问题无法展开，致使部分同学在开始写作时无从下手。今后，要加强论文写作的集体指导。

3. 收尾阶段工作不够扎实，答辩工作比较仓促。主要原因是安排不太合理。今后应适当调整课程安排，抓紧前期工作，以便节省时间，切实搞好论文成绩评定，使论文交流、答辩工作更有成效，以便学生相互借鉴，取长补短，并且更加科学准确地评定毕业论文的成绩。

特此报告，请审阅。

行政管理系（公章）

二○○五年七月十二日

三　铁道部关于193次旅客快车发生重大颠覆事故的报告

阅读提示

这是一篇以反映重大事故为主要内容的情况报告。全文分七个段落：第一段，概括总述了事故发生的基本情况，包括事故发生的时间、地点及所造成的损失。第二段，报告了事故发生后各级组织开展抢救活动的情况。第三段至第七段属分述的部分，分别说明事故发生的原因和处理意见，其中第三段写事故发生的直接原因；第四段写事故发生的根本原因；第五和第六段写事故发生后所采取的保证安全生产的多种措施；第七段写对事故责任者的处分情况及撰文者恳请国务院给予处分。

这篇报告格式规范，布局合理，在表述方面有三点尤其值得借鉴：①内容集中、主旨突出。行文能紧紧围绕事故写，不枝不蔓，主旨鲜明、突出。②叙事简明清楚。如事故发生在鲜为人知的兴隆车站。为了使读者对其方位有个明确的认识，拟稿者先交代它在沈山线上，属“锦州铁路局管内”，接着又以文内夹注的方式说明它的具体位置“距沈阳 43 公里”。③实事求是地分析直接原因和根本原因。直接原因是工人“违反劳动纪律和操作规程”，根本原因是“我们铁路基础工作薄弱、管理不善、思想政治工作不落实……作风不扎实，对安全工作抓得不力，在安全生产中管理不严”。撰文者这种在事故面前敢于负责的态度，令人信服。正文最后部分没有专门写结语。报告也可以不写“特此报告”、“以上报告，请审批”一类专门结语，内容写完了即自然结束。

国务院:

5月28日16时05分，由济南开往佳木斯的193次旅客快车，行驶至沈山线锦州铁路局管内的兴隆车站（距沈阳43公里）时，发生重大颠覆事故，造成3名旅客死亡，143名旅客和4名列车乘务人员受伤，报废机车1台、客车4台、货车1辆，损坏机车1台、客车5辆、货车1辆和部分线路、道岔等设备，沈山下行正线中断运输近20小时，直接经济损失达1 700余万元。

事故发生后，东北铁路办事处和锦州、沈阳铁路局负责同志立即随救援列车赶赴事故现场，组织抢救、抢修工作。当地驻军、地方党政领导同志和部分社员、学生也投入抢救工作。辽宁、沈阳市领导同志及沈阳军区、辽宁省军区有关负责同志先后赶到现场，组织抢救伤员，疏运旅客。公安各局负责同志也于当日连夜赶赴现场，指挥抢修工作，调查分析事故原因，慰问伤员，并对省市党政领导和部队表示感谢。在省市领导和驻军的大力支持下，伤员的抢救和治疗工作安排得比较周密，受伤的旅客和列车乘务人员，除少数送入就近的新民县医院抢救外，其余的均由沈阳市和军队、铁路医疗部门派车接到沈阳，及时得到了抢救和治疗。

经调查分析，造成这次事故的直接原因，是锦州铁路局大虎山工务段兴隆店养路工区工人在该处做无缝线路补修作业时，违反劳动规律和操作规程，将起道机立放在钢轨内侧，擅离岗位，到附近的道口看守房去吃冰棍，193次快车通过时，撞上起道机，引起列车脱轨颠覆事故。

这次事故是发生在旅客列车上的一次严重事故，又恰是发生在全国开展的“安全月”活动期间，使国家和人民生命财产蒙受了巨大的损失，在政治上造成了极坏的影响，性质是非常严重的，我们心情十分沉痛。这次事故的发生和最近一个时期安全不稳定的状况，从根本原因来看，是我们铁路基础工作薄弱，管理不善，思想政治工作不落实，反映了我们作风不扎实，对安全工作抓得不力，在安全生产中管理不严，职工纪律松懈的问题长期没有得到解决。

为了使全路职工从这起严重事故中吸取教训，我们于5月31日召开了各铁路局、铁路分局、铁路各工务段负责同志参加的紧急电话会议，通报了这次事故，提出了搞好安全生产的紧急措施。要求铁路各部门、各单位必须把安全工作放在第一位，各级领导干部要树立安全第一的思想，并向全体职工进行安全教育，使每个职工都牢固地树立起对国家、对人民极端负责的概念，认真落实岗位责任制，严格遵守劳动纪律，一丝不苟地执行规章制度和操作规程。要求各单位要针对近年来新工人比例不断增加的情况，加强对新工人的教育和考核工作，各行车和涉及安全生产等主要工种的工人不经考试合格不得单独作业，对各种行车设备要进行一次认真检查，发现问题立即解决；同时，各单位要切实解决职工生活中应该而且可以解决的具体问题，解除职工的后顾之忧；动员广大职工干部迅速行动起来，以这次事故为教训，采取措施，堵塞漏洞，保证行车安全。

我们在6月份开展的“人民铁路为人民”活动中，要求把搞好安全生产作为重点，并在今后当做长期的根本任务来抓。要求党、政、工、团各部门要从不同角度抓好安全工作，迅速改变目前安全生产不好的被动局面。

锦州铁路局对这次事故的主要责任者，已按照法律程序提出起诉，追究刑事责任；对与事故有关的分局、工务段领导也作了严肃的、正确的处理。铁道部决定对锦州铁路局局长董庭恒同志和党委书记李克基同志给予行政记过处分。这次事故虽然发生在基层，但我们负有重要的领导责任，为接受教训，教育全铁路职工，恳请国务院给我们以处分。

铁道部（公章）

××××年六月十日

思考

1. 请简述报告与请求的联系与区别。
2. 你所在的班级顺利举办了一次联欢晚会，请你拟写一份报告。
3. 校团支部组织团员去烈士陵园扫墓，请你代写一份报告。

小链接

请求报告制度的成立

请求报告制度始建于解放战争时期的请示报告制度，是中国共产党和人民解放军的一项重要政治组织制度。

抗日战争时期，由于中国共产党及其领导下的人民军队长期处于游击战争环境，中共中央难以制定统一的政策，不得不高度发展“地方自治”，使各地的党组织和军队保持很大的“自治权”。1948年1月7日，中共中央发出由毛泽东起草的《关于建立报告制度》的党内指示，要求各中央局和分局书记（自己动手，不要秘书代劳）除向中央作临时的报告和请示外，还须每两个月向中央和中央主席作一次政策性综合报告；要求各野战军首长和军区首长，除作战方针必须随时请示报告外，每两个月向军委主席作一次政策性综合报告。2月，中共中央又发出指示，要求军队的各兵团首长也要向军委主席写综合报告。此后，除时任东北局书记、东北军区司令员兼政治委员的林彪外，其他单位的领导人都按规定写了综合报告。为了界定中央与下级的权限，中共中央于1948年9月8日至13日召开政治局会议，讨论通过《中共中央关于各中央局、分局、军区、军委分会及前委会向中央请示报告制度的决议》，对何种权力属于中央，何者必须事先请示并得到中央批准后才能实行，何者必须事后报告中央备审，都作了明确规定。据此，各中央局、分局、军区、军委分会和前委会，都详细制定了县委和团以上单位向上级请示报告的制度。自此，请示报告制度在全党全军普遍建立起来。

任务十　拟　写　函

任务阐述

掌握函的写法，做到格式规范，文字表述正确，符合要求。

对号入座

读一读，想一想，改一改

据报道，黄山市民张先生说，因工作需要，他经常浏览政府网站已公开的部门文件和公告信息。7日那天，他和往常一样打开黄山市政府网站，在黄山市公安局网站的“部门文件”信息栏里，打开了一份名为《黄山市公安局政府信息公开责任追究制度》的文件，浏览到第六条，居然看到了“本制度由市局政务公开工作领导小姐负责解释”这句话。怎么会有“领导小姐”这个机构呢？“肯定是领导小组，应该是打错字了。”张先生如是说。

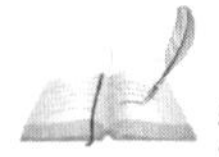

知识云梯

一、函的概念

函适用于不相隶属机关之间相互商洽工作、询问和答复问题，向有关主管部门请求批准等。函的使用范围广，涉及各方面的公务联系。

函作为公文中唯一的一种平行文种，其适用的范围相当广泛。在行文方向上，不仅可以在平行机关之间行文，而且可以在不相隶属的机关之间行文，其中包括上级机关或者下级机关行文。在适用的内容方面，它除了主要用于不相隶属机关相互洽谈工作、询问和答复问题外，也可以向有关主管部门请求批准事项，向上级机关询问具体事项，还可以用于上级机关答复下级机关的询问或请求批准事项，以及上级机关催办下级机关有关事宜，如要求下级机关函报报表、材料、统计数字等。此外，函有时还可用于上级机关对某件原发文件作较小的补充或更正。不过这种情况并不多见。

二、函的特点

（1）沟通性。函对于不相隶属机关之间相互洽谈工作、询问和答复问题，起着沟通作用，充分显示了平行文种的优势，这也是其他公文所不具备的特点。

（2）灵活性。表现在两个方面：一是行文关系灵活。函是平行公文，但是它除了平行行文外，还可以向上行文或向下行文，没有其他文种那样严格的对行文关系的限制。二是格式灵活。除了国家高级行政机关的主要函必须按照公文的格式、行文要求行文外，其他一般函比较灵活自由，也可以按照公文的格式及行文要求写。可以有文头，也可以没有文头，不编发文字号，甚至可以不拟标题。

（3）单一性。函的主体内容应该具备单一性的特点，即一份函只宜写一件事项。

三、函的分类

函可以从不同角度分类：

（1）按性质分，可以分为公函和便函两种。公函用于机关单位正式的公务活动往来；便函则用于日常事务性工作的处理。便函不属于正式公文，没有公文格式要求，甚至可以不要标题，不用发文字号，只须在文末署上机关单位名称、成文时间并加盖公章即可。

（2）按发文目的分，可以分为发函和复函两种。发函即主动提出公事事项所发出的函。复函则是为回复来函所发出的函。

（3）按内容和用途分，函还可以分为商洽事宜函、通知事宜函、催办事宜函、邀请函、请示答复事宜函、转办函、催办函、报送材料函等。

四、函的结构、内容和写法

公函由首部、正文和尾部三部分组成。其各部分的格式、内容和写法要求如下。

（一）首部

首部主要包括标题、主送机关两部分内容。

1. 标题

公函的标题一般有两种形式，一种是由发文机关名称、事由和文种构成，另一种是由事由和文种构成。

2. 主送机关

即受文并办理来函事项的机关单位，于文首顶格写明全称或者规范化简称，其后用冒号。

（二）正文

正文一般由开头、主体、结尾、结语等部分组成。

1. 开头

开头主要说明发函的缘由。一般要求概括交代发函的目的、根据、原因等内容，然后用“现将有关问题说明如下”或“现将有关事项函复如下”等过渡语转入下文。复函的缘由部分，一般首先引述来文的标题、发文字号，然后再交代根据，以说明发文的缘由。

2. 主体

主体是函的核心内容，主要说明致函事项。函的事项部分内容单一，一函一事，行文要直陈其事。无论是商洽工作、询问或答复问题，还是向有关主管部门请求批准事项等，都要用简洁得体的语言把需要告诉对方的问题、意见叙写清楚。如果属于复函，还要注意答复事项的针对性和明确性。

3．结尾

结尾一般用礼貌性语言向对方提出希望，或请对方协助解决某一问题，或请对方及时复函，或请对方提出意见，或请主管部门批准等。

4．结语

通常应根据函询、函告或函复的事项，选择运用不同的结束语，如“特此函询”、“请即复函”、“特此函告”、“特此函复”等。有的函也可以不用结束语，如便函，可以像普通信件一样，使用“此致”、“敬礼”。

（三）尾部

尾部即写明落款，一般包括署名和成文时间两项内容：署名写发函单位名称，并加盖公章；同时应注明成文的年月日。

五、撰写函应注意以下问题

函的写作，首先要注意行文简洁明确，用语把握分寸。无论是平行机关或者是不相隶属的单位之间，都要注意语气平和有礼，不要倚势压人或强人所难，也不必逢迎恭维、曲意客套。至于复函，则要注意行文的针对性和答复的明确性。

其次，函也有时效性的问题，特别是复函更应该迅速、及时。像对待其他公文一样，函件也应及时处理，以保证公务活动等的正常进行。

六、请批函与请示、复函与批复的区别

（1）“请示”与“函”是各级单位、组织行政管理中经常使用的两种公文。“请批函”是“函”的一种，它是以函的形式请求批准和审批事项。“请批函”又分请求批准的函和批准回复的函。“请示”与“请批函”的联系在于二者有相同的适用范围。《国家行政机关公文处理办法》（2000版）规定：“请示适用于向上级机关请求指示、批准事项”；“函适用于不相隶属机关之间商洽工作、询问和答复问题、请求审批和答复审批事项”。“请示”与“请批函”在适用范围上的相同点就是请求批准事项。但不同的是，“请示”是向有隶属关系的上级行文，在行文关系上属上行文；“请批函”是向没有隶属关系的有关主管部门或职能单位行文，从行文关系上看多数为平行文。

（2）“批复”是上级机关用来答复下级机关请示的下行公文。下级有请示，上级才会有批复，因此，批复是被动行文；批复的针对性极强，下级机关请示什么，上级机关就批复什么，不能答非所问。批复由标题、主送机关、正文、成文日期组成。而“复函”适用于不相隶属机关之间答复问题、请求批准和答复审批事项。回复对方来函的函称复函，复函是平行文，也可用于向不相隶属的高级别机关或低级别机关行文。复函由标题、主送机关、正文、成文日期组成。

范文学习

阅读提示

下列函的例文，格式规范，语言得体，表述清晰。

一　商洽事宜函

中国科学院××研究所关于与××大学建立全面协作关系的函

××大学：

近年来，我所与你校在一些科学研究项目上互相支持，取得了一定的成绩，建立了良好的协作基础。为了巩固成果，建议我们双方今后能进一步在学术交流、科学研究、人员培训、仪器设备共享等方面建立全面的交流协作关系，特提出如下意见：

一、定期举行所、校之间的学术讨论与学术交流。（略）

二、根据所、校各自的科研发展方向和特点，对双方共同感兴趣的课题进行协作。（略）

三、根据所、校各自人员配备情况，校方在可能的条件下对所方研究生、科研人员的培训予以帮助。（略）

四、双方科研教学所需的高、精、尖仪器设备，在可能的条件下，可供对方使用。（略）

五、加强图书资料和情报的交流。

以上各项，如蒙同意，建议互派科研主管人员就有关内容进一步磋商，达成协议，以利工作。特此函达，务希研究见复。

中国科学院××研究所（盖章）

××××年×月×日

二　通知事宜函

关于产品涨价通知的函

尊敬的客户：

您好！自从跨入2011年，随着人力、运输、市场研发等成本的全面快速上涨，各创业方案的不断完善，服务指导环节的不断增加，我公司各项业务的成本都有了大幅增长，这已经对我们的研发及正常业务运作造成了严重影响。

经过多方面慎重考虑，我公司决定从2011年4月6日（清明节后）开始，对部分创业方案采取价格调整，具体如下：

球迷精品店：价格调整至2 580元；

动漫精品店：价格调整至2 580元；

军品店：价格调整至2 580元；

车饰精品店：价格调整至2 580元；

植物宠物店：价格调整至2 580元。

关于此次调价，如有任何疑问，请随时致电 40065×××××。希望得到大家的理解和支持，我们也将不断完善和提高，以更高品质的专业服务全力回报广大客户的厚爱。

再次感谢您的理解与支持，并祝您事业有成。

××××巴士创业网
2011年3月28日

三　征求意见函

国务院办公厅关于征求《国家行政机关公文处理办法（草案)》意见的函

国办函〔××〕××号

各省、自治区、直辖市人民政府、国务院各部门办公厅（室）：

现将我们草拟的《国家行政机关公文处理办法（草案）》发送给你们，请组织有关同志讨论修改，并将修改意见于十一月底前反馈给我们。

国务院办公厅（盖章）
××××年×月×日

四　请求批准函

广州××局销售公司请求批准函

××局销办函〔1996〕5号

广州××局：

我销售公司从去年十月成立以来，国内商务活动日益增多，经常有许多文件、合同、契约、技术资料需要复印。为便于工作，我们拟购买一台复印机，请给予批准。

可否，请函复。

广州××局销售公司（盖章）
一九九六年一月十日

五　催办函

交通部广州救捞局催办函

××造船厂：

贵厂××××年为我局建造的2 640马力拖轮“穗救202”轮，出厂至今已三年，可是当时欠装的拖缆机至今仍未安装。为此我局曾多次去函催贵厂尽快给予解决，但贵厂一直未明确答复。该轮由于缺少拖缆机，长期无法正常执行生产任务，经济上已造成了很大损失。为此特再次函请贵厂尽快为我局“穗救202”轮安装拖缆机，以免再延误该轮的正常生产。

交通部广州救劳局（盖章）

××××年×月×日

六　答复事宜函

××市人民政府办公厅关于临时工、合同工能否执罚问题请示的复函

市政办函〔1996〕40号

市市容环境卫生管理局：

你局《关于明确临时工、合同工能否执罚问题的请示》收悉。现复函如下：

《中华人民共和国行政处罚法》于1996年10月1日起执行。该法对行政执法主体及执法人员作出了明确而严格的规定。按照《行政处罚法》和国务院《关于贯彻实施〈中华人民共和国行政处罚法〉的通知》，从今年10月1日起，合同工、临时工不能再从事行政处罚工作。

你局应按照上述精神，对全市市容卫生执罚人员进行清理，理顺执罚体制，保证《行政处罚法》的贯彻实施，促进市容卫生管理工作顺利进行。

此复

××市人民政府（盖章）

一九九六年十月七日

中华人民共和国
国务院办公厅对国家工商行政管理局关于
贯彻食盐加碘消除碘缺乏危害管理条例有关问题请示的复函

国办函〔1994〕103号

国家工商行政管理局：

你局《关于贯彻〈食盐加碘消除碘缺乏危害管理条例〉有关问题的请示》收悉，经与国务院法制局研究，并报经国务院领导同意，现答复如下：

《食盐加碘消除碘缺乏危害管理条例》（以下简称《条例》）主要是保证食盐加碘和消除碘缺乏危害的问题，所以对碘盐市场中的无照经营、牟取暴利、投机倒把等违反工商行政管理法律、法规的行为及对这类行为的监督处罚未作具体规定。依照该《条例》第五条第二款关于“县级以上人民政府有关部门应当按照职责分工，密切配合，共同做好食盐加碘消除碘缺乏危害工作”的规定，工商行政管理部门应当依照有关工商行政管理的法律、法规，包括1990年国务院发布的《盐业管理条例》，对碘盐市场进行监督管理，对碘盐市场中的违法行为依法进行查处。

国务院办公厅（盖章）

一九九四年十一月十日

➘ 思考

1．你所在学校拟组织一批汽修专业的学生到某厂实习，请分别代双方拟写商洽函和复函。

2．你所在学校拟借用×××电影院的场地举办一场文艺演出活动，请分别代双方拟写商洽函和复函。

3．某市拟新设一个机构，经报市人民政府批复，再向市编制委员会写出请批函，要求落实有关具体事项。请代拟一份请批函。

小链接

新中国第一份外交公函，是骑车送的

1949年10月1日，盛大的开国典礼刚刚结束。大街上，人头攒动，参加过典礼的人们还沉浸在自豪与激动之中。人群中，几辆自行车穿梭其中。这些人看似普通，却是新中国派出的第一批外交使者。他们正在赶往各国旧驻华机构，递交毛泽东主席当天发表的《中华人民共和国中央人民政府公告》以及政务院总理兼外交部长周恩来签署的新中国第一份外交公函。

对收件人以“先生”而非官衔相称，意味深长

1949年10月1日，北京天安门广场举行了隆重的开国大典，中央人民政府主席毛泽东宣布了中华人民共和国成立的消息，向全世界宣读了《中华人民共和国中央人民政府公告》。

公告发表后，新华社立即向全世界播发了公告全文。接下来的工作，是要迅速将毛泽东宣读的公告作为正式公函发往各国旧驻华机构，以转至各国政府。

据外交部档案记载，中央人民政府决定，按照外交惯例，由周恩来向各国原驻华外交代表发出公函，要求他们将毛泽东主席的公告送达本国政府。这两个文件既向国际社会表达出新中国政府与外国政府建立外交关系的愿望，又明确了“平等、互利及互相尊重领土主权”等建交原则。

时间紧迫，周恩来立即以中华人民共和国中央人民政府外交部长的身份签发了第一份公函。与一般外交公函不同的是，这份文件对收件人一律不称官衔而只称“先生”，这既能够表明新中国政府的成立，公函具有法律的权威性，又能避免造成承认旧中国外交关系的误解，是一个意味深长的特殊外交文件。

骑自行车送出公函，争分夺秒

新中国成立之初，外交部对外联络时使用的交通工具，除了一辆1937年出厂的黑色“雪佛兰”轿车外，就是自行车了。而看似普通的自行车却在向各国旧驻华机构送交公函的过程中立下了大功。

10月1日庆典结束后，原中央外事组副主任王炳南按照周恩来预先的指示，立即着手处理将《中华人民共和国中央人民政府公告》和外长公函送达各国的工作。公告和公函准备好

后，时间已经很晚了，数十封公函还要等着周恩来亲自签署，并且一定要在当天发出。周恩来让王炳南把公函送到北京饭店，在那里签字盖章，取回后立即送出。

王炳南带着周恩来签署好的文件匆匆赶回东交民巷，时间已经是晚上 9 点多了。他把一部分文件让人连夜出发带往南京，交南京外事处送当地的各国原外交人员。又把柯柏年、韩叙等外事组懂外文的同志召集在一起，让大家马上分头发送公告和公函给在北京的原外交人员。

大家立即骑上自行车，分头出发。参加开国大典的群众队伍还没有散尽，街上交通不畅，但是自行车此时却发挥了不受路况限制的独特优势。不到一个小时，留在北京的苏联、美国、英国等七个国家的旧领事便收到了周恩来的公函和毛泽东的公告。

《韩叙传》里写道，当韩叙骑着自行车递交完那些文件之后，北京的街头已经灯火阑珊。他久久地徜徉在凉爽的秋风里，难抑心头的兴奋与激动。那一天，他度过了一个长长的不眠之夜。

任务十一　拟 写 计 划

任务阐述

掌握计划的写法，做到格式规范、文字简洁。能够根据学习、生活、工作的需要运用恰当的应用文种。

对号入座

读一读，想一想，改一改

寒 假 计 划

在寒假期间，我要努力减肥，尽量少吃多运动，尽量晚睡早起，多看课外书，减少看电视时间，这样开学就能达到目标啦。

我要提高打字速度，左右开弓地多加练习，夜以继日地上机操作，以刘翔速度赶超世界先进水平。

知识云梯

一、计划的含义

计划是国家机关、企事业单位、社会团体以及个人对未来一定时期的任务提出具体要求、规定明确目标、制订相应措施、作出切实安排的应用文。

计划有三要素：目标、措施和步骤。目标是计划生产的导因和奋斗方向；措施指达到既定目标所要采取的手段、动员的力量、创造的条件或排除的困难等；步骤是执行计划的工作程序和时间安排。

计划是一个统称。常见的安排、打算、规划、设想、意见、要点、方案等，都属计划一类。由于时间、内容上的差别，往往选用不同的名称。

二、计划的特点

（1）预测性。计划是为未来工作目标或实践活动做出的一种预想性部署和安排，具有一定的预测性。

（2）可行性。一份完善的计划必须有为实现具体目标而制订的可行措施、办法和要求，而且必须具体明确，切实可行，符合实际。目标定得过高，无法实现和完成；定得过低，又无法起到指导、激励作用。如果某一环节出现特殊情况，则采取相应措施处理，或作出相应调整，以保证计划的按时完成。

三、计划的种类

根据不同的标准，计划可以分为不同的类型。

（1）按计划的内容分，有学习计划、工作计划、教学计划、营销计划等。

（2）按计划的性质分，有指导性计划、指令性计划等。

（3）按计划的范围分，有国家计划、地区计划、公司计划、部门计划等。

（4）按计划的时间分，有远景规划，五年计划以及年度、季度、月份计划等。

（5）按计划的写法分，有条文式计划、图表式计划和条文图表结合式计划等。

四、计划的结构和写法

（一）标题

计划的标题一般有三种写法：一是由制订计划的单位名称、计划时限、计划内容和文种四部分组成，如《广州市化工厂三车间2000年第三季度生产计划》。二是省略式，有的省略时限，如《××公司营销方案》；有的省略单位，如《2005年工会工作要点》；有的省略单位和时限，如《毕业生就业工作计划》；凡标题中省略单位的计划必须在正文后署名。

若计划尚不成熟或未经批准，则在标题后或正下方注明“草案”、“讨论稿”字样，并加上圆括号。

（二）正文

计划的正文一般由前言、主体和结语构成。

1．前言

一般应包括以下四方面的内容：

（1）说明制订计划的依据。

（2）概述本单位的基本情况，分析完成计划的主、客观条件。

（3）提出总的任务和要求，或完成计划指标的意义。

（4）指出制订计划的目的。

前言的文字表达要简明扼要。通常以“为此，特制订计划如下”或“为此，须抓好以下几方面的工作”为过渡语，引出主体部分。

2．主体

一般必须写清以下三方面的内容：

（1）目标，即在某一时段内要完成的工作任务，通俗地说就是写清楚“做什么”。目标不要定得太高，“踮一踮，够得着”即可，要具有可行性。

（2）措施，即是写明“怎么做”。写清楚采取何种办法，利用什么条件，由何单位、何人具体负责，如何协调配合以完成任务。措施要围绕目标的实现来考虑。

（3）步骤，即写明实现计划分几个步骤或几个阶段，可以按时间段来安排，即何时完成。步骤要与计划的内容与措施一一对应。

目标、措施、步骤可以分开写，也可以将措施和步骤放在一起写。根据计划的内容和表述的需要，可以把计划写成条文式、图表式或条文图表结合式。

3．结语

计划的结语，可以说明计划的执行要求，也可以提出希望或号召。也可不写结语。

五、注意事项

（1）要把预测性和可行性很好地结合起来。必须符合党的方针政策、国家的法令法规，并能适合本地区、本部门、本单位或本人的实际情况。计划的目标不能定得太高或太低，要坚持实事求是，切实可行。

（2）计划的目标、任务、措施、步骤等都要写得明确具体，切忌含糊不清、模棱两可。

（3）要走群众路线，集思广益，把计划变成群体的共同意志，以保证计划的认同度。

（4）语言要准确、明晰。

范文学习

一　机电工程技工学校大红谷文学社

2008年度第一学期活动计划

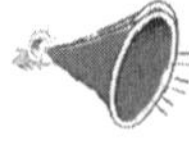

阅读提示

这是一篇条文式计划。标题由计划单位名称、计划时限、计划内容和文种组成，属于要素齐全的完整式计划标题。正文导言交代了制订计划的依据。正文主体从任务目标和措施两方面来写，分条述说，条理清楚。尤其是对于活动次数的规定十分明确，相应的组织措施、经济措施也很到位。这一计划体现了作者思路清晰，制订的目标明确，措施具体，要求清楚，便于执行、检查，值得借鉴。

为了贯彻学校关于大力开展课外社团活动的精神，我社制定2008年度第一学期活动计划如下：

（一）任务和要求

1. 通过开展各项活动，进一步激发同学们学习语文的兴趣，提高阅读、写作能力，培养文学新苗。

2. 本学期将举办文学作品欣赏活动两次，写作知识讲座两次，“读好书”心得交流一次，秋游一次，社会调查采访一次，所有成员每周写练笔文稿不少于两篇。

3. 继续办好《大红谷》文学月刊，分组轮流负责出版，共4期。

4. 积极参加市、省、全国的征文、读书、演讲等竞赛活动，力争取得好成绩，为校争光。

5. 争取向省、市报刊推荐、发表好作品两篇以上。

（二）措施

1. 开学第一个月，做好改选文学社社委的工作，社委由3人增至5人。

2. 聘请辅导老师，校内两名，校外两名。

3. 加强与兄弟学校特别是周边技校文学社的联系。10月份组织部分社员外出取经。

4. 争取学校团委、学生会的支持，多方筹集活动经费，不足部分向学校申请，以保证各项活动的顺利开展。

5. 学期末评选优秀社员，对不能履行文学社章程者，劝其退社，以补充新成员。

附：活动日程表（略）

2008年9月1日

二　个人学期开支计划

阅读提示

这是一份切实可行的计划。计划里既提出明确具体的要求，体现了对消费的智谋控制，又能从当地生活水平和个人实际出发，对各项开支作出较为合理的安排——首先保证基本生活费用，再依次考虑文化娱乐等其他费用，并留有一定余地。

为加强本人开支的计划性，杜绝盲目消费和超支现象，特制订如下计划：

（一）要求

1. 本学期总开销不超过1 800元。

2. 每月基本生活费用不超过350元。

3. 合理安排各项开支，并记账。

（二）具体安排

1. 基本费用：

（1）伙食费，每天标准8元，每月240元。

（2）日用品（含牙膏、香皂、洗衣粉等），每月不超过20元。

（3）公共汽车费每月不超过20元，决不乘坐出租车。

（4）娱乐费，每月去乒乓球馆练球5次，每次2元，合计10元。

2. 书刊费，本学期100元。

3. 营养品费，本学期控制在100元以内。

4. 除以上开销外，剩余部分可根据实际需要再作分配。

陈海英

××××年×月×日

三 长沙市法律学校2007级中职学生毕业实习计划

阅读提示

这是一份实习计划，运用完整式的标题，正文的前言部分概括了法律专业的专业性质、学生的实习路线以及制订计划的依据。主体部分用条款式表述了实习目标以及实习的时间安排、步骤、措施、要求，将实习应遵循的所有制度都非常明确、具体、简洁的标示出来，可操作性强。

我校2007级中职学生已较系统地学完中职法律专业所规定的课程，为突出中职教学“应用型”的特点，注重理论联系实际，加强对实践能力的培养，进一步提高学生分析问题、解决问题的能力，遵照教学大纲规定和学校教学计划的安排，零七级中职毕业班学生将分赴各地有关单位实习。

（一）实习目的

通过实习，要求学生进一步学习、巩固专业知识，增强依法办案的能力，培养严谨的工作作风，树立当一名司法工作者的光荣感和责任感。

（二）实习时间和步骤

1. 实习时间

2010年1月3日～6月22日。

2. 具体步骤

（1）由学生本人持学校实习联系单联系、落实实习单位，并将实习联系单回执寄回教务处。

（2）2009年12月27日学校展开实习组织、动员工作。

（3）2010年1月3日学生到实习单位报到。

（4）学生参加所在单位的法律业务活动。

（5）学生实习结束前两周写好个人实习总结，填写好实习鉴定表，并由实习单位及指导老师写好实习鉴定意见，评定实习成绩（优、良、及格、较差），然后将鉴定表于6月20日前寄给班主任。实习总成绩由班主任综合评定，经教务处审核后记入学生毕业成绩册，实习鉴定表存入学籍档案。

（三）实习要求

积极参加实习单位各项政治活动、业务学习和允许参加的集体活动，必须服从单位安排，虚心接受指导老师的指导，原则上要求每个学生参加承办民事、刑事、经济案件，掌握办案的基本要求，学会制作常用的法律文书，努力提高业务水平和实际工作能力。要写工作日记，每人至少向校《实习简报》投稿两份。在学校老师和实习单位指导老师的双重指导下，完成实习论文。

1. 在法院实习的学生

尽力创造条件争取参与办理若干案件，能够独立制作裁定书、调解书、判决书，学会做书记员的工作，能比较快速、准确地作开庭笔录，协助审判员做好开庭前的准备工作。

2. 在检察院实习的学生

学会调查取证、审查证据材料，争取参与出庭支持公诉，学会做笔录，能独立完成起诉书等法律文书的制作工作。

3. 在律师事务所实习的学生

解答法律咨询，学会代书，担任民事、经济、行政诉讼代理和刑事辩护，独立制作辩护词、起诉书、上诉状等有关法律文书。

4. 在其他部门实习的学生

按所在单位或部门的工作性质、特点和有关要求而定。

5. 考勤

在实习期间应严格执行考勤制度，认真填写出勤、缺勤记录，凡有严重缺勤、旷工现象（包括学校在实习点检查、看望同学时组织的各种会议活动等），或不参加实习、实习提前结束、没有实习成绩、实习总成绩不及格，均按学籍管理有关规定处理，直至不予毕业。

（四）实习管理和组织领导

为确保实习活动顺利进行，圆满完成任务，学校组成实习领导小组具体组织、领导实习工作。

实习领导小组成员如下。

组　长：何金林　副组长：卢伟日、何二元

成　员：汪迪波、朱莉亚、汪涌海、贺新龙

（五）学生实习纪律

1. 坚持四项基本原则，自觉和党中央保持一致，虚心学习，努力提高自己的政治、业务水平。

2. 团结同志，尊重领导，服从命令，听从指挥，努力完成实习单位交给的任务。

3. 遵纪守法，遵守实习单位的各项规章制度，遵守司法人员的保密守则。

4. 注重调查研究、秉公执法，不收受贿赂，不参加委托单位或个人的宴请。

（六）司法人员保密守则

1. 不该说的机密，绝对不说。

2. 不该知道的机密，绝对不问。

3. 不该看的机密，绝对不看。

4. 不在私人通信中涉及机密事项。

5. 不在非保密本里记录保密事项。

6. 不在不利于保密的场合谈机密。

7. 不带机密材料游览公共场所和探亲访友。

8. 不用公用电话、明码电报，不在普通邮局办理机密事项。

（七）实习生分布名单（附后）

长沙市法律学校

2009年10月16日

附：零七级中职学生实习分布名单（略）

思考

1. 请你拟写一份个人寒假活动计划。
2. 请你代学校团支部拟写一份团员植树计划。
3. 请你代学校工会拟写一份教师活动计划，内容自定。

小链接

有关计划的成语：未雨绸缪

【发音】wèi yǔ chóu móu

【释义】绸缪：紧密缠缚，引申为修补。天还没有下雨，先把门窗绑牢。比喻事先做好准备工作。原指鸱鸮在未下雨前，已修补好窝巢。后比喻事先预备，防患未然，常用此语。

【出处】《诗经·豳风·鸱鸮》："迨天之未阴雨，彻彼桑土，绸缪牖户。今女下民，或敢侮予？"

【典故一】《诗经》中有一篇标题为《鸱鸮》的诗，描写一只失去了自己幼鸟的母鸟，仍然在辛勤地筑巢，其中有几句诗："迨天之未阴雨，彻彼桑土，绸缪牖户。今女下民，或敢侮予？"意思是说：趁着天还没有下雨的时候，赶快用桑根的皮把鸟巢的空隙缠紧，只有巢坚固了，才不怕人的侵害。后来，大家把这几句诗引申为"未雨绸缪"，意思是说做任何事情都应该事先准备，以免临时手忙脚乱。

【典故二】武王灭纣后，封管叔、蔡叔及霍叔于商都近郊，以监视殷遗民，号三监。武王薨，成王年幼继位，由叔父周公辅政，致使三监不满。管叔等散布流言，谓周公将不利于成王。周公为避嫌疑，远离京城，迁居洛邑。不久，管叔等人与殷纣王之子武庚勾结行叛。周公乃奉成王命，兴师东伐，诛管叔、杀武庚、放蔡叔，收殷余民。周公平乱后，遂写一首《鸱鸮》诗与成王。其诗曰："趁天未下雨，急剥桑皮，拌以泥灰，以缚门窗。汝居下者，敢欺我哉？"周公诗有讽谏之意，望成王及时制订措施，以止叛乱阴谋。成王虽心中不满，然未敢责之。

有关计划的俗语

- 钱要算了花，粮要算了吃
- 闲时无计划，忙时多费力
- 大计划要慎重考虑
- 吃不穷，穿不穷，不会打算一世穷
- 宁可算了吃，不可吃了算
- 生产不会计算，诸事都会白干
- 平时做事无计划，急时做事无头绪
- 长计划，短安排
- 算算用用，一世不穷；不算光用，海干山空
- 前不算，后要乱

任务十二　拟 写 总 结

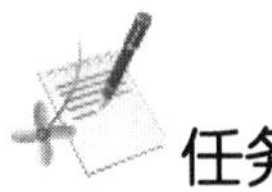

任务阐述

能根据职业需要，掌握总结的写法，做到格式规范，文字表述正确，符合要求。

对号入座

读一读，想一想，改一改

工 作 总 结

尊敬的领导：

回望过去的一年，我心潮澎湃、激动难平。由于国际国内好戏连台、喜事多多，导致我白天太兴奋、夜间不入睡。一年来，我欣喜地看到本单位、本车间、本小组在以你为首的英明正确领导下，正抬头挺胸、阔步前进！

我又兴奋地看到“神七”升天，奥运成功举办、金牌总数世界第一，而且中国足球差点获冠军，这么骄人的成绩，足以显示大国风采。

我们还欣喜地看到，在住房、教育、医疗等三个突出方面取得了丰硕成果……

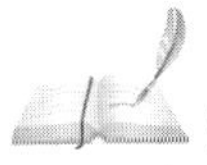

知识云梯

一、概念

总结是单位、部门或个人对前一段实践活动进行的回顾、检查、分析和研究，从中得出经验教训和规律性的认识，以指导今后实践而写成的应用文书。

总结是制订计划的重要依据，是开展工作的有效手段。通过总结，在分析研究事实材料的基础上，得出经验教训，以便更好地指导下一阶段的工作。同时也有利于养成理论联系实际的作风，更好地学会观察事物和分析问题，从而提高思想认识水平和工作能力。

二、特点

（1）实践性。总结以回顾实践或工作的全过程为前提。工作中的典型事例和确凿数据是一篇总结得出正确结论的基础。

（2）经验性。把实践中的成功经验归纳出来，把教训分析出来，从而对工作作出正确估计，得出科学结论，以增强工作的自觉性和主动性。

（3）说理性。找出带有规律性的认识，用以指导今后的工作，这就是总结的实质。

（4）简明性。总结往往是作概括叙述，而不必具体描写；作简要说明，而不必旁征博引；作直接议论，而不必多方论证。

能否找出带有规律性的认识，用以指导今后的工作，是衡量一篇总结质量高低的标准。

三、总结的类型

（1）按内容分，有工作总结、生产总结、学习总结、科研总结、经营总结、会议总结等。

（2）按范围分，有个人总结、单位总结、部门总结、各级政府总结等。

（3）按时间分，有年度总结、季度总结、月份总结、阶段总结、周小结、日小结等。

（4）按性质分，有综合性总结及专题总结。

1）综合性总结。又叫全面总结，是单位、部门对一定时限内所做的各方面工作进行的综合性分析、总结。内容包括基本情况、过程、成绩、经验、缺点、教训等诸多方面，是全方位、多角度、深层次的总结。

2）专题性总结。即对某方面的单项工作，如生产、思想、宣传等任务完成之后进行的总结。内容集中单一，重点突出，针对性强，偏重于总结经验，一般理论性较强。

四、总结的结构和写法

（一）标题

1. 公文式标题

公文式标题由单位名称、时限、事由、文种构成，如《×××公司关于××××年度的工作总结》。这种标题多用于综合性总结。

2. 文章式标题

文章式标题即概括文章的内容或基本观点的标题。标题中不出现文种“总结”两字。这种标题一般用于专题总结，如《股份制使企业走上成功之路》。

3. 双标题

双标题的正题揭示主题或概括经验体会，副题标明单位、时限、事由和文种等，如《一本书一页纸一句话——职业技能考证学习方法浅谈》。

（二）正文

1. 开头

正文的开头也叫前言。要求概述基本情况，通常简述遵循什么思想或方针。

2. 主体

（1）主体应包括以下几方面：

1）基本做法、成绩和经验。这部分内容是总结的重点。要写明做了哪些工作，采取了

哪些措施，取得了哪些成绩，有哪些体会等。成绩、做法是基础材料，经验体会是重点。

2）问题与教训。要求以一分为二的观点看问题，写出工作中存在的问题与不足，并分析造成这些问题的主客观原因，及由此得出的教训等。

3）今后的工作和努力的方向。这部分内容要写得简单明了。

（2）写作主体部分，常见的结构方式有以下三种：

1）分部式结构。按“情况——成绩——经验体会——问题——今后设想”或者“做法——效果——体会”的顺序，分成几个大部分来写。每部分可用序号列出，也可恰当地运用小标题。每部分内容用一个小标题表示，即把观点置于每一段的开头，这是总结中最常见的写法。这种形式适应于单位总结、个人小结或体会。

2）阶段式结构。把工作的整个过程，按时间顺序划分成几个阶段来写。每个阶段写一个部分，在每个部分中再以块式结构来安排内容。这种形式适合写时限较长而又有明显阶段性的工作总结。

3）观点式结构。根据内容归纳出几个观点，每个观点就是一个大层次，使用“一、二、三……”序号排列，逐条叙述，条文之间具有比较严密的逻辑关系。这种结构形式能较有效地提升总结的理论性，较适合于写专题经验总结。

3．落款

在正文右下方署上单位名称或个人姓名，其下标明时间。如果单位名称已署在标题下面，则可不再落款。

五、注意事项

（1）实事求是，找出规律。

（2）注意点面结合，观点和材料要统一。

范文学习

一　考证总结

阅读提示

这篇总结的前言开门见山说明总结自考的经验教训对于自考顺利通过的重要意义，简明扼要。主体部分主要运用观点式结构，突出作者自考中的一些基本做法与经验，用观点的形式进行理论分析与归纳，叙述得当，实效性强，最后提出努力的方向，层次清晰。本篇例文给我们的启示是，总结涉及的材料非常庞杂，这时候就需要作一番材料的收集、整理、去粗存精、去伪存真的功夫。

回顾这几年来的考证实践，我感触颇深，总结这些经验和教训，对今后继续进修学习有着重要意义。

第一，课堂上认真听讲、做好笔记非常关键。我们模具班是中级班，因为同学们年龄普遍偏小，对一些抽象的专业概念难以理解，所以课堂上听老师讲解非常重要，老师会把这些难以理解的理论用通俗易懂的方式传授给我们。如果在课堂上不仔细听，课后就是熬夜通宵学习也是无济于事的。

第二，平时努力复习理论课是考试通过的重要保障。在绍兴第二年时，我们报考了《电工学》，我每天都认真复习当天课堂上讲过的内容，该记的记，该背的背，到了自考前的几个星期，别人都忙得焦头烂额，我却非常轻松，因为知识已在平时日积月累中巩固了，这次自考我考了 86 分的好成绩。相反，在第三年，我们来到杭州，学习《焊工理论》课时，我自以为自己水平高，只要临考前突击一下就行了，于是平时不再坚持复习，结果只考了 63 分，差一点就不及格。通过这次教训，我深深地体会到，平时不脚踏实地，没有抓住一分一秒，只想“临时抱佛脚”，一定会失败。

第三，加强实训很重要，而且考前冲刺也是决定胜负的关键一步。学校在每次考试前，都给我们留有一两周的停课复习时间，我就抓紧这段时间，调整作息时间，休养好身体，提高学习效率。我给自己制订了作息时间表，严格执行，一两周后，我不但知识巩固了，精神也更好了，考试状态自然也就好了。

三年的学习生涯即将结束，考证也胜利在望。在最后几门课的考试中，我会吸取以上经验和教训，确保完成考证任务。

09 模具×班×××
××××年××月××日

二　实　习　总　结

编辑部

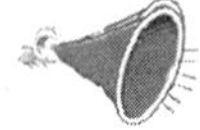

阅读提示

这篇总结属于综合性总结，从同学们实习中所做的具体工作实务到实习体会都作了全面具体的介绍。前言概述基本情况，简述实习任务是在什么形势下、遵循什么思想或方针完成的。主体部分采取分部式结构，按照“实习情况——经验体会 ——今后设想”分三部分来写，重点突出实习的具体工作实务与经验体会，数据具体，具有较强的说服力。这份总结给我们的启示是，总结所需的材料往往有较长的时间跨度，这就要靠平时及时收集、记录、积累，很多同学常常觉得写一个学期、一个学年的总结没有什么可写的内容，这就是平时缺乏积累所致。

本年度 96 级中职和 98 级高职毕业生实习已经结束，实习期间编辑部共收到稿件 157 份，其中 96 级中职 56 份，98 级高职 101 份。通过对这些稿件的处理，可以对同学们的实习情况作如下总结:

（一）实习做了哪些事

1．做笔录

笔录是实习中最重要的一项工作，笔录的内容主要有庭审笔录、阅卷笔录、调查笔录、提审笔录等。

2．制作文书

包括制作判决书、诉状、审理报告、传票、应诉通知书、受理通知书、民事调解书、代理词、辩护词、委托合同、保全申请书、司法简报等。

3．装订案卷

有 17 份稿件谈到装订、整理案卷的经历，而且所装订案卷的量很大，常常多达 100 多本，考验了同学的耐心。

4．参与办案

实习中很多同学都有参与办案的经历，比如调查取证、送达文书、参加执行、接待上访者、提供法律咨询等。由于办案这一概念比较宽泛，难以用数字统计。

5．主动找事做

实习生们每天按时上下班，主动承担庭里各种杂活，如提开水、擦桌子、收发报纸、开关窗户等。工作之余，还能主动向指导老师借有关法律审判的工具书和《人民司法》杂志，不断丰富自己的法律知识、提升理论水平。

（二）实习中的体会和收获

1．实习很重要

通过了解同学们的实习经历，我们最深的体会是：实习很有必要。这也是大多数实习生的心声。一位在法院实习的同学说：“据可靠消息，××法院的编制已满，想毕业后在这里工作几乎是不可能的。但我并不打算放弃在这里实习的机会，因为我明白，在实习中能学到很多东西，我要向学校、家长和自己交一份满意的答卷。”

2．文凭不是绝对的

中职文凭给同学们带来了一些压力，但他们大多数人都能够正确对待。在某法院民事法庭有一位宁波的中职实习生，有一次指导老师让他和一名比他学历高的实习生同时写一份判决书，完成后，发现自己写的判决书不比他的差，从而感到中职生并没有低人一等。他以自己的实力向周围的人证明了文凭并不代表能力的高低，中职生照样能成为单位的骨干。

3．很多方面需要学习提高

自信是需要的，但不等于盲目乐观。同学们对自己在实习中暴露出来的不足也都能够正视。比如掌握的知识还不够多，动手能力也有欠缺，法院老师装订一本案卷只需几分钟，而自己却用了二十几分钟还达不到质量要求。

（三）几点建议

（1）把论文辅导写作列入专业教学项目。建议以后在最后一个学期安排专业老师开设论文讲座，介绍专业论文写作知识，介绍法学界的研究动态，使学生明白如何选择有研究价值的自己力所能及的题目。

（2）引导同学把论文写作与实习工作结合起来。不少同学的实习体会稿件都具有一定的研究价值，比如：初中生为玩网络游戏抢劫伤人、辍学或在读学生犯罪、国有资产流失案、法院执行难的问题、如何写判决书、如何做好庭审笔录、律师的素质、如何提高调解质量、村党支书违法的性质（是一般人犯罪还是公务员犯罪）、刑事案的“三多”现象（盗窃多、青少年犯罪多，刑满释放人员重犯多）、人大监督对健全法制的作用等。这些题目因为是实习生自己在实习中实际遇到的问题，写起来可以更有针对性，理论联系实际，还可以得到指导老师更多的帮助。

二〇一一年十二月一日

三　校运动会工作总结

体育部

阅读提示

这篇总结条理清晰，详略得当，从全局角度对运动会的方方面面进行了总结，既看到了成绩，又认识到不足，有利于今后工作的开展。

本届运动会在行政部门、竞赛委员会的大力支持与全校师生的共同努力下，圆满地落下了帷幕。整个运动会气氛热烈、秩序井然，体现了我校师生良好的精神风貌，对我校体育工作进行了一次成功检阅。此次运动会的举行归纳起来主要有以下几个特点：

（一）部门重视，组织健全

在运动会筹备阶段，学校行政部门就给予了高度重视，投入了大量的人力和物力，并且成立了运动会组委会，形成了一个强而有力的领导核心。运动会之前，全校师生做了大量的前期筹备工作，召开多次会议，落实、布置、检查筹备情况。大会还根据工作内容，进行了明确且合理的分工，成立了仲裁委员会、竞赛组、后勤服务组、场地器材组、管理组等小组，正因为有了这些机构，才使各项工作有人负责、有人落实，这也是本届运动会成功举行的首要条件。

（二）准备充分，分工落实

运动会前期准备工作事项繁多、内容繁杂，运动会组织委员会坚持“早安排、早布置、早落实”的原则，对筹备工作进行了充分的估计，制订了详细的活动方案，特别是细化了每个工作组的工作任务、职责，并一一规定完成期限。同时，随时对新出现的问题进行协调解决，从而使各项筹备工作有一个较系统与严密的组织体系。各项细致的准备工作成为本届运动会成功的前提。

（三）组织严密，协调配合

比赛中的组织工作是对赛前工作的一个检验，更是运动会最重要的一个环节，所有工作相互联系、互相协调、缺一不可。组委会各工作组互相协调、沟通联系，既分工又协作，每位组长与成员及时沟通。裁判员工作时认真负责，场地工作人员能做到确保器材准确到位，学生纠察员维护现场秩序，广播宣传员及时播送信息，后勤服务人员提供后勤保障，从而保证了各项比赛的顺利进行。

（四）全员参与，屡创佳绩

此次运动会得到了班主任和同学们的重视和积极参与。在为期四天的比赛中，有 1 400 多名运动员参加比赛，300 多名教师及同学提供服务，运动员奋勇拼搏，为集体而战，屡创佳绩，打破了多项校运会纪录。

（五）不足之处

回顾本届运动会，在取得上述成绩的同时，我们也发现了一些不足之处，在此提几点建议。

1. 对裁判员的组织与培训工作有待加强，裁判员业务水平有待提高。

2. 对讲机经常占线，希望考虑另设频道。

3. 决赛及短距离跑比赛终点组的裁判工作难度较大，建议增加 1 个大屏幕辅助设备帮助裁判确认名次。

4. 本届运动会共损坏体育发展局 3 张凳子、1 个指示牌、1 把尺子、1 把扫把，希望我校教师对学生多加教育，确保公物完好无损。

二〇一二年五月六日

思考

1. 请你写一份个人学期学习总结。

2. 请你代本班劳动委员拟写一份本学期工作总结。

3. 假设你参加了某项比赛，请写一份总结，内容自定。

任务十三　拟写请柬、欢迎词、开幕词

任务阐述

能根据工作需要，掌握请柬、欢迎词和开幕词的写法，做到格式规范，文字表述正确，符合要求。

对号入座

读一读，想一想，改一改

出　洋　相

甲：“在昨晚的迎新晚会上，我出了个大洋相。”乙：“怎么了?”甲：“请柬上明明写着只能系黑领带，可是到了那里我才发现，大家还穿着衬衫。”

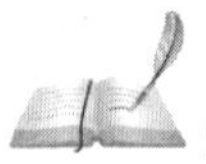

知识云梯

一、请柬

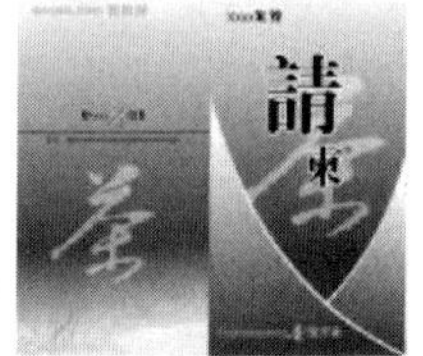

（一）请柬的概念

请柬，又称为请帖，是为了邀请客人参加某项活动而发的礼仪性书信。

（二）请柬的作用

使用请柬，既可以表示对被邀请者的尊重，又可以表示邀请者对此事的郑重态度。凡召开各种会议，举行各种典礼、仪式和活动，均可以使用请柬。

鉴于此，请柬在款式和装帧设计上应美观、大方、精致，使被邀请者体味到主人的热情与诚意，感到喜悦和亲切。

（三）请柬的样式和行文

1. 请柬的两种样式

请柬的样式一种是单面的，直接由标题、称谓、正文、敬语、落款构成。一种是双面的，即折叠式，在封面上写“请柬”二字，内页写上称谓、正文、敬语、落款等。

2. 请柬的行文

书写时应根据具体场合、内容、对象，认真措辞，行文应达雅兼备。达，即准确；雅就是讲究文字美。在遣词造句方面，有的使用文言语句，显得古朴典雅；有的选用较平易通俗的语句，显得亲切热情。不管使用哪种风格的语言，都要庄重、明白，使人一看就懂，切忌语言乏味和浮华。

（四）请柬的结构

不论哪种样式的请柬，都有标题、称谓、正文、敬语、落款等。

1. 标题

双面请柬封面印上或写明“请柬”二字，一般应做些艺术加工，即采用名家书法、字面烫金或加以图案装饰等。有些单面请柬，“请柬”二字写在第一行，字体较正文稍大。

2. 称谓

单面请柬在标题下一行顶格写清被邀请单位名称或个人姓名，双面请柬则在内页首行顶格写上称谓，其后加冒号。个人姓名后一般要加“先生”或“女士”。

3. 正文

称谓之下另起一行，前空两格，写明活动的内容、时间、地点及其他应知事项。

4. 敬语

一般以“敬请（恭请）光临”、“致以敬礼”等作结。

5. 落款

落款写明邀请单位名称或个人姓名，下边写日期。

（五）请柬写作的注意事项

第一，文字要美观，用词要谦恭，要充分表现出邀请者的热情与诚意。

第二，语言要精练、准确，凡涉及时间、地点、人名等一些关键性词语，一定要核准、查实。

第三，语言要得体、庄重。

第四，在纸质、款式和装帧设计上，要注意艺术性，做到美观、大方。

二、开幕词

（一）开幕词的概念

开幕词是在一些大型会议或活动开始时由会议主持人或主要领导人所作的开宗明义的讲话。它具有宣告性、提示性和指导性。

（二）开幕词的特点

一是简明性。开幕词要简洁明了、短小精悍，最忌长篇累牍、言不及义，要多使用祈使句，表示祝贺和希望。二是口语化。开幕词的语言要通俗明快、朗朗上口。

（三）开幕词的种类

开幕词按内容可以分为侧重性开幕词和一般性开幕词两种。侧重性开幕词往往对会议召开的历史背景、重大意义或中心议题等作重点阐述，其他问题一带而过。一般性开幕词则只对会议的目的、议程、基本精神、来宾等作简要概述。

（四）开幕词的写作方法

开幕词通常由标题、称谓及正文三部分组成。

1. 标题

标题通常有三种构成方式：一是用会议名称加文种作标题；二是致词人姓名加会议名称加文种作标题；三是用概括中心内容或主旨作标题，在后面通常有副标题。

2. 称谓

称谓一般在标题下行顶格写，称呼通常用“同志们”、“朋友们”、“各位代表”、“各位来宾”等。

3. 正文

正文一般包括开头、主体和结尾。

开头写宣布活动、会议开幕之类的话。主体部分一般包括以下内容：会议的筹备和出席会议人员情况；会议召开的背景和意义；会议的性质、目的及主要任务；会议的主要议程及要求；会议的目标及深远影响等。但写作中一定要把握会议的性质，郑重阐述会议的特点、意义、要求和希望，对于会议本身的情况如议程等，要概括说明，点到为止；行文则要明快、流畅，评议要坚定有力，充满热情，富于鼓舞性。最后是结尾，一般都是“祝大会圆满成功”之类。

三、欢迎词

（一）欢迎词的概念

欢迎词，是指客人光临时，主人为表示热烈欢迎，在座谈会、宴会、酒会等场合发表的热情友好的讲话。

（二）欢迎词的格式

欢迎词由标题、称呼、开头、正文、结语、署名六部分构成。

1. 标题

标题通常有两种形式：一是由欢迎场合或对象加文种构成，如《在校庆 75 周年纪念会上的欢迎词》。二是直接用文种“欢迎词”作标题。

2. 称呼

另起一行顶格加冒号写欢迎对象。面对宾客，宜用亲切的尊称，如“亲爱的朋友”、“尊敬的领导”等。

3．开头

开头用一句话表示欢迎的意思。

4．正文

正文说明欢迎的情由，可叙述彼此的交往、情谊，说明交往的意义。对初次来访者，可多介绍主人一方的情况。

5．结语

结语用敬语表示祝愿。

6．署名

用于讲话的欢迎词无须署名。若须刊载，则应在题目下面或文末署名。

（三）欢迎词的注意事项

1．看对象说话

欢迎词多用于对外交往。在各社会组织的对外交往中，所迎接的宾客可能是多方面的，如上级领导、检查团、考察团等。来访目的不同，欢迎的情由也应不同。欢迎词要有针对性，根据不同的欢迎对象，表达不同的情谊。

2．看场合说话

欢迎的场合、仪式也是多种多样的，有隆重的欢迎大会、酒会、宴会、记者招待会，有一般的座谈会、展销会、订货会等。欢迎词要看场合说话。该严肃则严肃，该轻松则轻松。

3．热情且不失分寸

欢迎应出于真心实意，热情、谦逊、有礼。语言亲切，饱含真情。注意分寸，不亢不卑。

4．关于称呼

由于是用于对外（本组织以外的宾客）交往，欢迎词的称呼比开幕词、闭幕词更具有感情色彩，更须热情有礼。为表示尊重，对对方要称呼全名。可在姓名后面加上职务或“先生”、“女士”，在姓名前加上“亲爱的”、“尊敬的”、“敬爱的”等敬语表示亲切。

范文学习

一 请 柬

阅读提示

以下三篇范文，第一篇时间、地点和具体内容在短短的一句话中全部表达出来，显得简洁明确。范文二也是用语不多，却将所要告知的信息全部说出，简洁明快，不拖泥带水。

所用格式也可采用竖排形式，典雅不俗。范文三也可采用竖排形式。竖排是最为常用的形式，符合中国人的文化传统。在购买已印制好的请柬时，可根据对方的具体情况选择合适的请柬版式。另外，在书写请柬时，还应注意字体的大小、疏密、排列等问题，务必做到美观大方。

×××班级：

兹定于9月12日14:00～16:00在学校操场举行“技能艺术节”开幕式，届时敬请光临。

此致

敬礼！

××学校学生处

二〇〇八年九月十日

各分校宣传部：

兹定于五月四日晚八时整，在军区礼堂举行“五四”青年诗歌朗诵会，届时恭请莅临。

××技校校团委

二〇〇八年五月二日

×××先生：

兹定于十一月四日上午九时，在本公司召开公司成立四十周年座谈会。敬请光临指导。

致以敬礼。

××汽车公司

二〇〇八年十一月一日

思考

1. 你认为写好请柬应注意哪些方面？
2. 写作请柬时，怎样做到在言语间传递出对他人的敬意？

二 开 幕 词

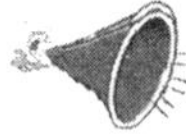

阅读提示

这两篇开幕词在写作结构和语言上有其特点：第一篇语言较为严谨，第二篇主要用轻松的对话式。学习时注意比较。

UFO报告大会开幕词

各位来宾：

UFO是当代科学面临的一个重大课题，对它的研究、开发和应用，关系到人类的命运，关系到人类开发宇宙和探索外星文明的总进程，国际社会高度重视对这一问题的研究。回顾世界UFO研究的50年、联合国通过“世界各国联合起来探索UFO”议案20年和中国UFO研究将近20年的历程，我们应该为我们在这一科学领域中取得的进展和不平凡的成果感到自豪。中国已跻身于世界UFO研究的大国之列，实践使我们认识到UFO研究对现代科学、现代社会，特别是对我国的四化建设有着巨大的现实意义。UFO研究学会在各有关方面的大力支持下，在广大UFO研究者和爱好者的共同努力下，在服务社会、促进科技事业和人才成长等方面取得了较好的成绩，在学会自身的组织建设、学术交流、科普宣传、对外联络、目击案例的搜集整理以及经济技术开发诸方面都有了较大的发展。从世界到中国的UFO研究，都充分说明UFO研究组织存在的社会价值。

本次大会的主要内容有：学会工作报告及2005年工作计划；讨论、修改学会章程；选举新一届理事会；表彰优秀会员及发布UFO研究最新动态报告等。这将对进一步明确我市今后UFO研究的方向和工作任务，促进UFO科学技术的研究、开发和应用起到积极的推动作用。

21世纪即将来临，我们肩负的UFO研究事业任重而道远，让我们高举团结的旗帜，努力拼搏，开拓进取，为UFO研究这一全人类的系统工程作出新的努力和贡献。

预祝大会圆满成功！

学校体育节开幕式主持人串词

（男）尊敬的领导、老师，（女）亲爱的同学们：

（合）大家好！

（女）踏着晨露，迎着朝阳，我们满怀期待地迎来了第八届体育节的田径运动会。

（男）下面让我们用热烈的掌声欢迎谢校长为我们宣布体育节开幕。（鸣炮奏乐）

（男）运动员马上就要进场了，接下来让我们先用热烈的掌声欢迎入场式裁判就位。运动员朋友们，准备好了，让我们满怀豪情地迈进运动场吧！

（女）今天的技校，风含情，水含笑，花儿更妖娆。

（男）今天的技校，在上级领导的支持下，群情激昂，英姿勃发。正迈着坚实的步伐，向着更高、更快、更强的目标奋进。

（女）今天的技校，藏龙卧虎，人才辈出，傲视群雄。

（男）发展体育运动，增强人民体质，是党的要求，也是人民的希望。健康的体魄，充沛的精力，更是一个人工作和学习最重要的条件之一。在全面实施素质教育的今天，体育教学工作已经摆在学校教育工作不可忽视的重要位置。

（女）这次运动会的召开，我们期待已久，本次运动会将以“文明、友谊、拼搏、向上”为宗旨，共有10个代表队参加各项目的角逐。他们将以拼搏奋进、勇攀高峰的精神和参与第一、健康第一、团结第一的比赛风尚，充分展示我校学子拼搏进取的精神风貌。

（男）此时此刻，我校的学生是最美丽的，自信的光芒在脸上闪耀，驱逐着这初冬的寒意，他们正兴奋地迈着整齐的步伐走进运动场。让豪情燃烧，让生命放光。

（女）龙腾虎跃，看几多健儿摘金夺银。风和日丽，喜八百吴钩射雕揽月。

（男）我们需要更多的刘翔、邢慧敏，我们需要顽强拼搏、更高、更快、更强的奥运精神。

（合）让我们共同祝愿运动会取得圆满成功。

➘ 思考

1．请你说说这两篇例文的写作结构是怎样的。

2．请你用适当的语气和态势，朗读例文的重点段落。

三 欢 迎 词

阅读提示

以下三篇欢迎词针对不同的场合和对象，语言恭谦有礼，又显得不卑不亢。学习时请同学们注意掌握。

导游欢迎词

各位团友，大家好啊！

很高兴见到各位，首先我代表广之旅对大家参加这次旅游活动表示热烈的欢迎。

托各位的鸿福，我很幸运能够成为大家的导游。在这里要跟大家说声“谢谢”。先自我介绍吧，我是广之旅旅行社的经理（停顿一下）派来的导游，我姓赵，单名一个广字，大家可以直接喊我的名字：赵广。这个名字挺简单，对吗？又好记，呵呵，希望大家喜欢。

我身边这一位，是我们这次旅途中最为劳苦功高的一位——司机刘师傅，开两天车，非常辛苦。在此，我们把最热烈的掌声送给我们的刘师傅。

谢谢大家！那么，在这两天里，就将由我和刘师傅以及我们的地陪为大家服务，力求使得大家在旅途中的食住行游购娱都能够满意。大家有什么需要帮忙的地方尽管说，我们会尽己所能地去满足大家的要求。所以，我们也希望在座的每一位团友都能够配合我们的工作，保持车厢里的清洁卫生。

最后，请大家再次以热烈的掌声来预祝我们度过一个轻松愉快的旅程！

欢迎新职员的讲话

各位女士、先生，大家好！

我是润界公司董事长××，很高兴在各位新职员加入本公司的第一天，就和大家相识。

首先，让我代表公司，代表公司领导和同事们，向各位新同事表示热烈的欢迎。

正如大家所知，我们公司在社会上有着良好的声誉与一定的影响，但是我们依旧不断进取，毫不懈怠。今天，见到各位朝气蓬勃的新同事加入本公司，使我颇感欣慰。因为以大家的真才实学，定然有助于本公司更上一层楼。

相信各位都是有志之士，都是真正来这里干事业的。那么让我们一道友好合作，同舟共济，发奋图强吧。本公司鼓励各位出人头地，并愿意为大家提供各种方便。

再一次对各位的加入表示欢迎！

来宾欢迎词

女士们、先生们：

值此恒富厂 30 周年厂庆之际，请允许我代表本厂，并以我个人的名义，向远道而来的贵宾们表示热烈的欢迎。

朋友们不顾路途遥远，专程前来贺喜并洽谈贸易合作事宜，为我厂 30 周年厂庆增添了一份热烈和祥和，我由衷地感到高兴，并对朋友们为增进双方友好关系作出努力，表示诚挚的谢意！

今天在座的各位来宾中，有许多是我们的老朋友，我们之间有着良好的合作关系。我厂建厂 30 年能取得今天的成绩，离不开老朋友们的真诚合作和大力支持。对此，我们表示由衷的钦佩和感谢。同时，我们也为能有幸结识来自全国各地的新朋友感到十分高兴。在此，我再次向新朋友们表示热烈欢迎，并希望能与新朋友们密切协作，发展相互间的友好合作关系。

“有朋自远方来，不亦乐乎。”在此新朋老友相会之际，我提议：为今后我们之间的进一步合作，为我们之间日益增进的友谊，为朋友们的健康幸福，干杯！

谢谢大家！

思考

1. 试选择一篇欢迎词分析其写作结构。
2. 你比较喜欢哪篇欢迎词，为什么？

小链接

制 作 请 柬

设计请柬，许多人都认为很麻烦。其实不然，只要你会用 Word 就可以了。

必备工具：计算机、彩色喷墨打印机、Office 软件、素材库、高质量照片纸或彩色喷墨卡片。

成本核算：每张成本 1 元，其中含打印机彩色墨水成本 0.5 元。

制作步骤：

第一步，定义纸张。

请柬用纸一般略小于普通 A4 纸，我们首先自定义请柬所使用的纸张。以 Word 2003 为例，在“页面设置”对话框中将“方向”设置为“横向”，切换到“纸张”选项卡，在“纸张大小”下拉列表中选择“自定义大小”。可以根据实际需要设置纸张大小，如设置宽度为 30 厘米，高度为 20 厘米。

第二步，修饰。

请柬需要一番修饰，单击“格式→边框和底纹”，在随后打开的“边框和底纹”对话框中，单击“页面边框”标签，在“设置”栏中选择“三维”项。单击“艺术型”下拉列表，选择一个漂亮的边框图案，可选择娇艳的鲜花或浪漫的红心，在“宽度”中可定义边框的粗细，一般选择为 12 磅，最后单击“确定”按钮，便可看到文档页面中添加了一圈漂亮的边框。

第三步，分栏加线。

请柬一般都是从中折叠的，所以要把页面从中分为左右两栏，并添加中间线，方便从中折叠。单击“格式→分栏”，打开“分栏”对话框，选择“预设”中的“两栏”项，并勾选“分隔线”选项，在下面的“间距”中设置为“5 字符”，单击“确定”按钮完成分栏加线设置。现在页面就分成了左右两栏。

第四步，添加文字。

请柬的框架结构已经完成，现在就要加入内容了，即在中间空白区域输入相关信息。传统的请柬都是竖排的，所以首先执行“插入→文本框→竖排”命令，单击适合添入文字的地方会出现一个文本框，然后输入文本内容，如“谨订于××××年×月×日于×饭店×厅举行婚宴，敬请《电脑报》全体编辑光临。××敬上”字样，将“填充”项中的“颜色”更改为“无填充颜色”。

第五步，添加新页。

市场上出售的请柬用纸背面已经预先添加了漂亮的图案背景，如果选购的纸张背面是一片空白，那么就需要设置一下背景了。需要注意的是，纸张背景并非是请柬主题内容的背景，实际上是另一面，所以需要重新建立一个页面。按“Ctrl+End”组合键到请柬主题页末尾，单击“插入→分隔符→分页符”就可添加一个新页面。

第六步，设置背景。

单击“插入→图片→来自文件”，在“插入图片”对话框中选择计算机中存放的图片作为背景。至此，一款漂亮精致的请柬便诞生了。按“Ctrl+P”组合键进行打印即可。

拓展模块

☆ *任务一　掌握商务洽谈的基本方法*

☆ *任务二　掌握协商的基本方法*

☆ *任务三　掌握辩论的基本方法*

☆ *任务四　拟写调查报告*

☆ *任务五　拟写说明书*

☆ *任务六　拟写广告词*

☆ *任务七　拟写海报*

☆ *任务八　拟写民事起诉状*

任务一　掌握商务洽谈的基本方法

任务阐述

掌握洽谈的方法和技能，做到表达准确，态度真诚，仪态大方，语言文明，符合岗位的要求。

对号入座

读一读，想一想，改一改

有一个妈妈把一个橙子给了邻居的两个孩子。这两个孩子便讨论如何分这个橙子。两个人讨论一番，最终达成了一致意见，由一个孩子负责切橙子，而另一个孩子选橙子。结果，这两个孩子按照商定的办法各自取得了一半橙子，高高兴兴地拿回家去了。

第一个孩子把半个橙子拿到家，把皮剥掉扔进了垃圾桶，把果肉放到果汁机上打果汁喝。另一个孩子回到家把果肉挖掉扔进了垃圾桶，把橙子皮留下来磨碎了，混在面粉里烤蛋糕吃。

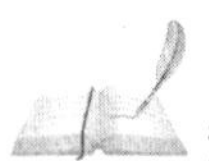

知识云梯

洽谈是指在社会交往中，存在某种关系的有关各方，为了保持接触、建立联系、进行合作、达成交易、拟定协议、签署合同、要求索赔，或是为了处理争端、消除分歧，而坐在一起进行面对面的讨论与协商，以求达到某种程度的妥协。商务洽谈包括会见和会谈两部分内容。

一、会见和会谈的概念

会见是接见和拜会的统称。接见一般是指主人会见客人；拜会一般是指客人会见主人；接见和拜会后的回访称回拜；身份高的人士会见身份低的，或是主人会见客人，一般称为接见或召见；身份低的人士会见身份高的，或是客人会见主人，一般称为拜会或拜见。

会谈是指双方或多方就某些重大的政治、经济、文化、军事问题，以及其他共同关心的问题交换意见。一般来说，会谈的内容较为正式，政治性或专业性较强。会谈也可以指洽谈公务或就具体业务进行谈判。

二、会见和会谈的区别

（1）内容不同：会见主要是为了加强双方的联系，处理事务的目的较强。会谈的内容经济性、利益性较强。

（2）功能不同：会见主要是为了加强双方的联系，处理事务；会谈是指双方或多方为了消除分歧、改变关系而交换意见，为了谋求共同利益而互相磋商的行为和过程。

三、会见和会谈的准备

会见与会谈的准备工作一般都是秘书分内的工作，但少不了其他工作人员和部门的配合。做好会前准备工作，可以为会谈和会见的顺利进行提供必要的保证和依据。

（1）商定会见或会谈的时间、地点和出席人员。工作人员应将会见或会谈的出席人员、时间、地点、具体安排、注意事项及时通知双方。

（2）会场布置。准备足够的座位以及必要设备，例如话筒、鲜花盆景、标语、座位卡、茶水、饮料、点心等；签字仪式要准备台式国旗、文房四宝和签字笔具等。

（3）材料准备。准备会见和会谈的提纲和背景材料，供领导参考，要注意做好核心会谈问题的保密工作。

（4）有必要的话应通知新闻媒体。

（5）迎候和引座。主方招待人员应该提前到场，做好迎候工作，并由礼仪人员为客人引座。

（6）合影留念。在必要的时候应该安排双方合影。

四、会见和会谈的地点和时间

1. 会见和会谈的地点

会见的地点一般安排在主人的办公室、会客室或小型会议室，也可安排在客人所住的宾馆会议室。

2. 会见和会谈的时间

会谈的时间安排应先征求对方的意见，双方共同商定会谈时间。

需要注意的是：会见与会谈的人员名单、地点、时间一旦确定，一般情况下不要再改变。如果是重要的会见和会谈，事先应由秘书或其他工作人员进行预备性磋商，确定会见、会谈的具体日程。

五、会见和会谈的座次安排

1. 会见通常安排在会客室

会客室设沙发座椅，来宾坐在主人右边，翻译员、记录员安排坐在主人和主宾的后面，其他来宾按礼宾顺序在主宾一侧就座，主方陪同人员在主人一侧就座，座位不够可在后排加座。

2．会谈的座次安排

如果是双边会谈，会谈通常用长方形、椭圆形或圆形桌子，宾主相对而坐，以正门为准，主人占背门一侧，来宾面向正门，主谈人居中。

如果是多边会谈，座位可以相应地调整成多边形、圆形或者方形。

3．会见和会谈的程序安排

（1）迎接。主人在大楼正门或会客厅门口迎接客人。

（2）介绍。会见介绍，宾主握手。

（3）致辞、赠礼、合影留念。

（4）入座、会见、会谈。

（5）记者采访。

（6）会见、会谈结束，主人送客人至车前或门口握手告别，目送客人远去后再返回。

六、谈判

1．谈判的概述

商务谈判也称商务洽谈，是指人们为了协调彼此之间的商务关系，满足各自的商务需求，通过协商对话以争取达成某项商务交易的行为和过程。

2．谈判的准备

“知己知彼，百战不殆。”在谈判的准备阶段，要全面了解对手的情况，这既有利于实现谈判的目标，也有利于对对方表示出充分的尊重，为谈判创造有利的条件。通常应了解谈判对手的情况、文化背景和礼仪习惯，洽谈场所的准备，如场所的选择，会场的布置，座次的安排等。

3．谈判程序以及洽谈过程中的礼仪

商务谈判是在人与人之间进行的，因此谈判过程就是一个人际交往的过程。在谈判过程中，人际关系往往能发挥十分微妙的作用，如果能够以诚相待，尊重对方，礼仪有加，谈判就能取得理想的效果。因此在谈判的各个阶段都要遵守一定的礼仪规范。

（1）开局阶段的礼仪。要求穿着得体；进行相互介绍；不能急于切入主题。

（2）洽谈明示阶段的礼仪。进入明示阶段，双方要互相提问题，发表不同意见。这时往往容易产生分歧，所以应特别注意，说话应语气平和、亲切、讲究说话技巧，不能把提问、询问变成审问或责问，引起对方的反感。

（3）较量与协议阶段的礼仪。如果双方在交锋的过程中想法和要求差距很大，或是各执己见，出现僵局，要有礼貌地用灵活的方式打破僵局。

在谈判过程中出现僵局或分歧，不要轻易放弃谈判，要寻找一切途径，达到预期的目的。

坚持自己的谈判条件，不等于无礼。

范文学习

一　一次谈判前的准备

为迎接即将到来的谈判，经过多方面的考虑和权衡，中国开发总公司谈判人员的构成如下：

谈判人员身份	首席谈判	技术专家	营销专家	财务专家	翻译
姓名	陈岩	王海	张静	马宏	林鹏
性别	男	男	女	男	女
年龄	42	38	36	56	26
职务	总经理	总工程师	营销副总	财务总监	翻译
学历/专业	本科/法律	研究生/食品机械	本科/国际贸易	本科/财务、法律	本科/英语
交流语言	中文	中文	中文/英文	中文	中文/英文

分析：

第一，本公司已经和多家同类设备供货商接触，从目前掌握的情况看，美国机械设备的性能完全可以满足要求，条件也比较优惠。我公司比较倾向于和该公司签订供货合同。因此，本次谈判代表团由公司总经理亲自担任首席谈判，其他人员也都是公司相关方面的负责人。

第二，从谈判人员的学历、专业结构来看，包括了食品机械、国际贸易、法律、财务、语言等方面的人才。除了翻译外，营销副总也可以独立交谈并兼做翻译。

第三，从谈判人员的性别、年龄层次来看，总经理、总工程师、财务总监均为男性且年龄较大，实际经验也十分丰富，适宜对重大问题作出决定。而营销副总、翻译均为女性，较为年轻，而且都具有丰富的海外工作经验，因此，她们除了在谈判中承担相关责任外，还担当着公关、接待、沟通等方面的任务。

第四，从人数来看，五人的谈判小组规模比较适中。出差安排住宿也比较节省（总经理安排单间，其他两位男性和两位女性安排两间标准间即可）。

思考

1．你认为以上谈判小组的人员配备合理吗？

2．根据本文的安排，你能推测该公司的谈判对手是一家怎样的公司吗，为什么？

3．假设某单位有意借用你所在学校的礼仪队员为其服务三天，请以学生处负责人的身份模拟洽谈。

二　广交会上智取外商

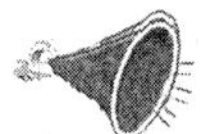

阅读提示

这是一个中国商人在广交会上智胜外商的故事。请认真体会双方所运用的商务谈判技巧以及心理变化。

只听见“砰”的一声，一只毛茸茸、黑红如钵的拳头砸向谈判桌，几只茶杯蹦起又落下，桌上溅满水花，一屋子惊诧的目光刷地射过来。

这是发生在广交会琶洲展馆9号馆1105号皖艺玩具洽谈室中的一幕。

秋交会期间的羊城，到处张灯结彩，一派节日景象。五湖四海的客商云集广州，参加中国出口商品交易会洽谈贸易。置身于皖艺进出口公司精心设计、巧妙布置的展馆，人们就会被那里展出的1 000多套、3 000多种规格不一、品种齐全的毛绒玩具样品所吸引，谈判间活像一座动物乐园。交易会一开幕，这里就吸引了五大洲的新老客商前来观赏、拍照、咨询和洽购，不大的皖艺玩具馆里不时传出“Hello”“OK”的说笑声。

一个长相英俊、身材修长、浑身透着灵气的小伙子，在千姿百态的动物玩具乐园中往来穿梭，接待一个又一个外国客商，他就是皖艺进出口公司玩具部经理柯明阳。

这时，走进来一位外商，他身材高大，头裹白色布巾，用一个黑色头箍扣住，面庞黑红，满脸络腮胡，身着“布什特”短袖衫，胸毛坦露，很有巨贾贵商的气派。凭着多年与老外打交道的经验，柯明阳一看就知道他是中东商人。

皖艺玩具出口从无到有，这几年发展很快，年出口额已达1 000多万美元，产品把友谊传递到一些欧美国家和中国港澳地区。对皖艺玩具来说，中东还是个未开垦的处女地。“梦里寻他千百度，蓦然回首，那人却在灯火阑珊处”。这次，客户主动找上门来了，机不可失，一定要抓住。如果能与这位商人建立贸易关系，对皖艺玩具走向中东市场，将起到巨大的推动作用。想到这里，柯明阳主动迎上去，用颇为地道的英语同他攀谈起来。从谈话中得知，这是位科威特商人，名叫亚叔美，是一位专做玩具生意的大老板，中东不少玩具中间商和零售商都从他那里批发货物。他的公司以他名字命名，叫“亚叔美有限公司”。职业的敏感使柯明阳兴奋起来，当即决定全力接待这位客户，将皖艺玩具打入中东市场，从而填补中东市场这一空白。

亚叔美在柯明阳如数家珍地介绍下，一边观赏记下货号、包装尺寸，一边取下样品放到谈判桌上，不一会儿，他就选出50多个样品，把谈判桌堆得满满的。柯明阳不慌不忙，熟练地一一报价。双方几乎没有经过讨价还价，亚叔美先生很快就选定了七八个货号，又老练地计了价，开出了货单，要求立即签约。

柯明阳接过订单一看，心中暗笑，果然是商界老手。每个货样只订几百打，多的只有500打，少的才100打。显然是试销性订货，同时亚叔美也想摸摸底，了解皖艺的生产能力、质量和交货情况，这是在探听虚实。

可是看着看着，柯明阳眉心却结成了“川”字。订单中，有个不大的品种竟订了10万打，不仅奇怪而且反常。这位南京大学经济系外贸专业毕业的高材生，脑子像计算机一样高速运转着。他觉得这件事有点蹊跷，这套狗、熊、熊猫的动物玩具属于小品种，往常外商订货量都不大，就是同皖艺做了许多年生意的老客户——誉满英国的泰莱公司也从未下过这么大的订单，何况他是初次见面、头一次订货的新客户。这其中缘由何在？

他一边请客商继续看货取样，一边迅速查看外销价方案。结果发现与同类品种相比，这个品种价格很悬殊。再看工厂供货价也低得很。两个用料相接近的品种，价格为何相差这么大？在数百外商面前谈笑自若的柯明阳，浑身一下子冒出冷汗，他心急如焚，但表面还是表现得异常冷静。他急忙给亚叔美先生冲了一杯咖啡，然后把参加广交会的某厂设计员拉到一边，请设计员迅速核算。结果确实是工厂供货计价失误，导致外销价核低。亚叔美正是钻了这个空子，一下子就订了10万打。小柯眼一看，见亚叔美正得意地坐在谈判桌旁“吞云吐雾”。他心里暗暗思忖：此刻要重新报价，他是不会同意的。当前最重要的是，既要保住这个来之不易的客户，又要想方设法打消他签这个品种合同的念头！

想到这里，柯明阳心里有了底，很自信地走到亚叔美对面坐下，开始同他交谈。

柯明阳把这个品种重新介绍了一遍，又把亚叔美请到货架旁，介绍了几个同类产品，并指出生产这个商品的面料、辅料全是进口的，成本较高，工厂只能保本微利。见亚叔美点头表示理解，柯明阳话锋一转，说明了工厂在核算成本计价时，漏加了原料成本价，因此，刚才的价格也相应报低了，为此特表示道歉，并重新报了价。

对方一听，立即收敛了笑容，用夹杂着阿拉伯语的英语说道：“工厂错了我不管，我是同您做生意，您报了价，我下了订单，就不能更改!”

柯明阳耐心地解释说：“工厂在生产过程中，在分项计价汇总中，个别品种在累计成本和各项费用的基础上核定价格有失误，也是常有的，发现后及时提出更正也是正常合理的，如果坚持按此价格成交，工厂承受不了要破产的，那时交不了货，对双方都没有好处。”

亚叔美听到这样的解释很是不满，于是，就出现了文章开头的那一幕……

柯明阳见客商发火，已有不少人围观，心里不免忧急相煎。广交会开幕才5天，绝不能因此造成不良影响。他分析了对方钻价格的空子，求货心切，但又心虚的心理，决定迅速采取对策，平息“风暴”。既然你咬死了报价，我也不能老吊在价格这棵树上，数量我还没说接受，要不要在你，给不给，给多少在我。对！就在数量上做文章。小柯露出了笑容，他不卑不亢而又十分友好地说：“我们公司已做了多年玩具生意，同大不列颠国泰莱等大公司都是老朋友，为了结交您这位新朋友，我们可以在价格上作出让步，价格不再更改。但您要货的量太大，请您考虑我们工厂的实际承受能力，在数量上予以变动。”

亚叔美黑红的脸膛开始露出胜利的微笑，可当听到要减少订单，笑容又一下子不见了，急忙说：“我所到的公司，都以数量越大越好，您为何相反？”

柯明阳笑着说：“先生有所不知，交易会开幕以来，许多新老客户来馆洽谈，要求订货，所带货品供不应求，现已基本上卖空。再说，我们工厂生产能力较小，又讲究质量，再接受大订单，不但难以保证供货，也可能影响质量。”

对方一再追问皖艺有多少厂家，多大生产能力，有几个国家来买货等，想寻找破绽再钻空子。柯明阳守住阵脚，紧布防线，不容他再找缝隙。最终迫使对方转攻为守，亚叔美无可奈何地问道：“您能接受多少？”

“10打!”柯明阳略一停顿，神秘地笑了笑，又接着说：“假如您试销觉得满意，以后欢迎再继续订货。当然，那时价格再议!”

亚叔美“啊”了一声，半天没有说出话来。他知道，中方完全有理由在数量上打哑谜。

亚叔美重新打量面前这个口齿伶俐、反应敏捷的小伙子，脸上露出一点尊重的神色。

柯明阳见亚叔美半天没吭声，心中有了底。为了稳住这个新客户，他又展开了攻势。他请亚叔美再选其他样品，说明价格可以优惠。亚叔美见柯明阳说得诚恳，便又选了一套4个狗熊的样品下了订单，按中方报价签了合同，其他6个品种按原报价成交。

亚叔美先生临走时，用夹生的英语对一同行说："He will not let the other people get the drop on him!" 翻译过来便是："他不会让别人占上风的！"

10万打订货单终于被取消，挽回了70万元的损失。柯明阳在广交会上智胜外商的故事，一时在皖江外贸界传为佳话。这真是：玩具经理柯明阳，智斗外商巧换样，避免损失七十万，广交会上美名扬。

➘ 思考

1．文中柯明阳所运用的谈判技巧有哪些？
2．文中柯明阳所运用的谈判礼仪有哪些？
3．假设你想承包学校小卖部，请模拟与校方的谈判事宜。

小链接

常用的谈判技巧

美国夏威夷大学教授亨登总结出了一些行之有效的谈判技巧，其中最常用的14条是：

（1）要有感染力。通过你的举止来表现你的信心和决心。这能够提升你的可信度，让对手有理由接受你的建议。

（2）起点高。起初提出的要求要高一些，给自己留出回旋的余地。在经过让步之后，你所处的地位一定比低起点要好得多。

（3）不要动摇。确定一个立场之后就要明确表示不会再让步。

（4）权力有限。要诚心诚意地参与谈判，当必须确定某项规则时，可以说你还需要得到上司的批准。

（5）各个击破。如果你正和一群对手进行谈判，设法说服其中一个对手接受你的建议，此人会帮助你说服其他人。

（6）中断谈判可赢得时间。在一定的时间内中止谈判，当情况好转之后再回来重新谈判。

（7）面无表情，沉着应对。不要用有感情色彩的词汇回答你的对手。不要对对方给你的压力作出回应，坐在那里听着，脸上不要有任何表情。

（8）耐心。如果时间掌握在你手里，你就可以延长谈判时间，提高胜算。你的对手时间越少，接受你条件的压力就越大。

（9）缩小分歧。建议在两种立场中找到一个折中点。一般来说，最先提出建议的人，在让步过程中的损失也最小。

（10）当一回老练的大律师。在反驳对方提议的时候，不妨这样说："在我们接受或者否决这项建议之前，让我们看看如果采纳了另外一方的建议会有哪些负面效果。"这样做可以在不直接否定对手建议的情况下，让对方意识到自己的提议是经不起推敲的。

（11）先行试探。在作出决定之前，可以通过某个人或者某个可靠的渠道将你的意图间接传达给对手，试探一下对手的反应。

（12）出其不意。要通过出人意料的改变谈判方式来破坏对手的心理平衡。永远不要让对手猜出你下一步的策略。

（13）找一个威信较高的合作伙伴。设法得到一个有威望的人的支持，这个人既要受到谈判对手的尊重，也要支持你的立场。

（14）讨价还价。如果你在同时和几个竞争者谈判，就要让他们都了解这一情况。将同这些竞争者谈判的时间安排得近一些，并让他们在会晤前等候片刻，这样他们就能够意识到有人在和自己竞争。

任务二　掌握协商的基本方法

任务阐述

掌握协商的方法和技能，做到表达准确，态度真诚，仪态大方，语言文明，符合岗位的要求。

对号入座

读一读，想一想，改一改

1. 作家泰戈尔接到一封来信："您是我敬慕的作家，为了表示对您的敬仰，我打算用您的名字来命名我心爱的哈巴狗。"泰戈尔写了回信："我同意您的打算，不过在命名之前，您最好和哈巴狗商量一下，看它是否同意。"

2. 一对夫妇周末想去海滨度假，于是，丈夫打电话去海滨旅馆订一套房间。当他听到服务员报房价时，惊讶地说："太贵了！""这可是一套可以观看海景的房子啊！"服务员补充道。"这样吧，"丈夫说，"我们不看窗户外面，多少钱？"

知识云梯

一、什么是协商

协商是发生争议的双方为达到各自的特定目标而进行的一系列口头交涉活动，即通过共同商量所争议的问题，最终达成一致意见。

二、协商的技巧

1. 充分了解内情，做好协商的前期准备

弄清争议的内容和具体情况，以及牵涉其中的人物关系是进行协商的必要工作。

2. 消除敌对情绪，营造令人愉快的和谐氛围

当协商双方在约定时间见面时，彼此都有一种"临战"心理，因此免不了会有一点防范心理甚至敌对情绪。消除防范心理最有效的方法是反复给予暗示，比如嘘寒问暖、给予关心、表示愿给予帮助等。

协商是人与人之间的活动，融洽的协商气氛能让人消除敌对情绪，建立基本的信任。协

商态度是影响协商气氛的重要因素。作为协商的参与者，要尊重对方的情感和尊严，避免伤害性的语言和急躁冲动的行为。

3．认清阻碍，寻找双方可接受的共同立场

设身处地地聆听对方的意见，以平和的心态表达己方的情绪和需要。以解决内在问题为目标，建立合作性的协商关系。在协商过程中，注重行为的互惠，满足对方的部分非核心要求，进而提出自己的意愿，但这种互惠应建立在不损害自己的核心利益的基础上。遇到阻碍时，应给对方合理的理由，尽量避免不一致的提法，尽可能地让协商方形成协商在于共同立场的观念。

范文学习

一　对等原则解争议

阅读提示

进行服务类协商时，利益受损方要抓住对等原则。下文中的那位经理管理不善，对属下的失职一味姑息，竟安排旅客去集体浴室。而领队先表示同意，然后运用对等原则提出享受统铺待遇则付统铺钱。这时经理才认识到自己在损害旅客利益的同时也必然损害自己的利益，于是才下决心去纠正属下的失职。

在一次集体活动中，大伙风尘仆仆地赶到预订的旅馆时，却被告知因锅炉工工作失误，原来订好的套房竟没有热水。为了此事，领队约见了旅店经理进行协商。

领队：对不起，这么晚还把您从家里请来。但大家满身是汗，不洗澡怎么行呢？何况我们预订时说好供应热水的呀！这事只有请您来解决。

经理：这事我也没有办法，锅炉工回家去了，他忘了放水。我已经叫他们开了集体浴室，你们可以去洗。

领队：是的，我可以让大家到集体浴室去洗澡。不过有些话要讲清楚。套房一人350元一晚，是有单独浴室的。现在到集体浴室洗澡，就等于降低到统铺水平，我们只能照统铺标准，每人付您50元了。

经理：那不行，那不行的！

领队：那只有供应套房浴室热水。

经理：我没有办法！

领队：您有办法！

经理：你说有什么办法？

领队：您有两个办法：一是把失职的锅炉工召回来，二是您可以给每个房间拎两桶热水。当然我会配合您去劝大家耐心等待。

这次协商的结果是经理派人找回了锅炉工，40分钟之后，每间套房的浴室都有了热水。

思考

1．你认为在服务类协商事件中，服务方顺利协商的关键因素是什么？消费方最大限度保护自己利益的根本方法又是什么？

2．如果你在场，你会怎样进行协商？

二　及时反应赢谅解

阅读提示

为何女孩前后反应差别那么大？可见，不忽视、及时反应和实际行动才是顺利解决问题的关键。

火车上，几个小伙子在高兴地喝酒，兴奋时还忍不住互相打闹。突然啤酒罐掉在地板上，啤酒溅了出来。他们中的一个小伙马上跟前排的客人道歉："对不起，溅到您身上了吗？"前排的客人摇头说："没关系，问题不大。"于是，他们把弄脏的地方打扫干净后，接着交谈起来。

几分钟后，坐在通道对面靠窗的一个女孩站起来说："喂，啤酒溅到我的脚上了。"三个人很吃惊，盯着那女孩的脸问："溅到你身上了吗？""嗯，这里。"女孩指着脚，几个小伙子一看，她鞋尖稍稍有点湿。虽然他们已经道过歉了，但女孩仍一动不动地盯着他们。他们中的一个说："我付给你洗衣费好吗？"但女孩仍是一语不发地盯着他们。"100元够吗？"这时，三个人中年长的那位掏出自己的手绢给女孩擦了擦鞋，女孩赶紧说："算了，一会就干了。"

思考

1．分析女孩"小题大做"到"小事化了"的心理变化过程。

2．自行组织表演上述情景，并探讨遇到类似问题时的不同反应。

三　一黑一红促协商

阅读提示

一唱一和一台戏，一黑一红有对比。代理人之所以能在价格协商中获胜，在于他掌握了对方的心理，即不想与太厉害的黑脸再进行协商。

有位富翁计划购买三十四架飞机。他十分喜欢其中的十一架，势在必得。起先，他亲自出马与飞机制造厂商洽谈，但却怎么都谈不拢，这位大富翁勃然大怒，拂袖而去。事后，他找了一位代理人出面继续谈判。富翁告诉代理人，只要能买到他最中意的那十一架，他就满意了。而结果是这位代理人居然把三十四架飞机全部买了回来。

富翁十分佩服代理人，便问他是怎么做到的。代理人回答："很简单，每次谈判陷入僵局，我便问他们：‘你们到底是希望和我谈，还是希望再请富翁本人出面来谈？’经我这么一问，对方便说：‘算了，一切就照你的意思办吧！’”

➘ 思考

1. 想一想，什么情况下适合用“一红一黑”法，什么情况忌讳用此法？
2. 请搜集类似案例，分析这种方法的作用。

小链接

你学会尊重了吗？

小吴路过单位旁的报摊，想买一份报纸却找不到零钱。这时他在报摊上拿起一份报纸，扔下一张百元钞票，漫不经心地说：“找钱吧！”卖报老人很生气地说：“我可没工夫给你找钱。”直接从他手中拿回了报纸。小吴气急败坏地回到单位，将自己的遭遇讲给同事小郭听。

小郭哈哈一笑，说自己能用一张百元钞票把报纸按一元的价格买回来。只见他和颜悦色地走到报摊前，笑着对老人说：“大爷您好，您看，我碰到难题了，您能不能帮帮我？我这儿只有一张百元钞票，可我真想买您的报纸，怎么办呢？”老人笑了，拿过刚才那份报纸塞到他手里说：“拿去吧，什么时候有了零钱再给我。”

你放下架子了吗？

小李的工作室在十八层。她常需要休息日回单位加班，但大多数休息日电梯工不上班，电梯因此停开。望楼兴叹之余，她很恼火，不免发起牢骚来：“这纯粹不让人好好干活儿嘛！为什么不开电梯？谁规定的？”见没人回答，她又冲传达室的老伯伯开火：“我要抗议！”传达室老伯伯淡淡一笑：“好啊！经理规定的，你跟经理抗议去！”

碰了几次钉子后，小李学聪明了。一个休息日早上，她拎着食物、水和一包书又去了大楼，在传达室坐着一言不发。老伯伯有些奇怪，问道：“大休息天你不在家歇着，来大楼干吗？”小李告诉他自己的工作任务如何重，时间如何紧，自己为责任感所驱使不得不来。老头儿唇边掠过一丝笑意：“今天没电梯你也上去？”小李望了望他：“您要是不帮我，我也只能去爬十八层天堂啦！”没有牢骚，没有争执，老伯伯拿出钥匙开了电梯，把小李送到了十八楼。

任务三　掌握辩论的基本方法

任务要求

学会辩论的方法和技能，做到用语简洁、重点突出、条理清晰、能根据工作需要，恰当有效地进行口头表达与交流。

对号入座

读一读，想一想，改一改

1. 女儿问妈妈："您头上怎么有那么多白发呢？"妈妈想趁机教育一下女儿，于是说："是你老不听话，把我气成这样的呀！"女儿眨了眨眼睛若有所悟地说："这下我明白了，姥姥的头发为什么全白了。"

2. 午饭后，李明洗完了碗筷，没有关上水龙头就径直回了教室。同学王菲提醒他要节约用水，他竟然无所谓地回答："我不关水龙头，是为了保持水的新鲜，你懂不懂啊！"王菲无言以对……

知识云梯

一、辩论的定义

辩论是指持不同见解的双方就某一个观点进行针锋相对的辩解和论争，彼此用一定的理由来说明自己对事物或问题的见解，揭露对方的矛盾，以便最后得到正确的认识或共同的意见。

二、辩论的三要素

（1）辩论中存在着持不同意见的双方或多方。有不同意见的双方或多方存在才能实现思想交锋。一个人不可能和自己辩论，一个人对处理某件事的几种方案或做法的权衡和比较，是思考或思辨而不是辩论。

（2）辩论必须针对同一事物或同一问题，即存在同一论题。如果各方谈论的论题不同，就不能实现有意义的辩论。例如，一个人说"法律是有阶级性的"，另一个人说"市场经济就是法制经济"，由于两人所认识的对象不同，因此两个观点不能构成辩论。只有当一个人说"法律是有阶级性的"，另一个人说"法律是没有阶级性的"，这样的两个判断才构成辩论。因为两个判断所认识的对象相同，又是相互对立的思想，而这两个判断至多只能有一个为真，不可能都为真。这就有了谁是谁非的问题，就必然要引起辩论。

（3）辩论的诸方有或多或少的共同认识或共同承认的前提，如思维的同一律、不矛盾律、排中律和充足理由律，正确推理的方法，以及如社会公理、科学规律等是非真伪标准和价值取向。没有这些共同承认的东西，辩论只会是一场混战，不可能得出结论。总之，辩论诸方既要有共同的话题，又要有不同意见。从哲学观点看，辩论的诸方是一种对立统一的关系。

三、辩论技巧

在双方对垒、短兵相接的辩论中，能否使我论无懈可击，敌论分崩离析，正确运用辩论技巧是至关重要的。这里列举几种基本的辩论方法。

（1）先发制人，全面逼近。此方法在辩题抽签于己方明显有利的情况下使用。即在第一轮的陈述中就以充分的理由、确凿的事实，全力发起进攻，先声夺人，给对方压力，使之穷于应战，打乱其计划，暴露其薄弱环节，然后一鼓作气，步步紧逼，不给对方喘息之机，一举攻城拔寨。

（2）伺机出击，后发制人。此方法在辩题抽签于己方不利时使用。既然辩题于己已不利，立论的理由不充分，那么在阐述观点时，就不能说得太多，言多必失；也不能涉及面太宽，面宽漏显。只能展示自己最可靠、最有利的方面和理由。这样暴露的目标小，防守面也窄，容易避免出现破绽。当发现对方论证过程出现了偏差或错误时，就及时出击，反守为攻。比如，俄国作家赫尔岑反感宴会上演奏的轻佻音乐，就此与女主人进行了一场小小辩论——

女主人：“演奏的是流行乐曲，你怎么不感兴趣呢？”

赫尔岑：“流行的乐曲就一定高尚吗？”

女主人：“不高尚的东西怎么能流行呢？”

赫尔岑：“那么流行感冒也是高尚的了？”

（3）少立多驳，以“破”带“立”。辩论论证无非是“立”与“驳”，比较两者，立论较驳论难得多。这是因为要证明一个观点，只须抓住该观点覆盖范围中的某一点与之不符的现象即可。因此，要想掌握辩论的主动权，立论时必须特别谨慎，注意防范，不留漏洞。而抓住对方破绽时则要全力出击，穷追不舍。对于对方立论坚定之处，不必花费精力去攻，而对其薄弱环节，则集中兵力突破。总之，少立多驳，把主要力量放在驳斥对方论点而不是论证己方论点上，驳倒了对方论点，己方论点虽未得到充分证明，情势上也已占了上风，这就是以“破”带“立”。

（4）连珠提问，促其败北。一旦发现对方破绽或准备不周、欲加掩饰的弱点，就连连发问，迫使对方作答。对方对所提的多方面问题必然不能一一从容应对，在某些方面会更明显地暴露出其短处，这时必须及时抓住战机，提问紧逼，对于对方避而不答或答非所问之处，更应重点出击，穷追猛打，使对方陷入被动。

辩论是一个非常灵活的过程，在这一过程中，可以施展一些比较重要的技巧。经验告诉我们，只有使知识积累和辩论技巧珠联璧合，才可能在辩论赛中取得较好的成绩。

四、典型范例

【例一】传说汉武帝晚年很希望自己长生不老。一天，他对大臣说：“相书上说，一个人鼻子下面‘人中’越长，寿命就越长；‘人中’长一寸，能活一百岁，不知是真是假。”

东方朔听了这话，知道皇上又在做长生不老之梦。皇上见东方朔似有讥讽之意，面有不悦之色，喝道："你怎么敢笑话我？"

东方朔脱下帽子，恭恭敬敬地回答："我怎么敢笑话皇上呢，我是在笑彭祖的脸太难看了。"

汉武帝问："你为什么笑彭祖呢？"

东方朔说："据说彭祖活了八百岁，如果真像您说的，'人中'就有八寸长，那么，他的脸不是有丈把长吗？"

汉武帝听了，也哈哈大笑起来。

在这个故事中，东方朔以幽默的语言，用嘲笑彭祖的办法讽刺汉武帝的荒唐。东方朔的批驳机智含蓄、风趣诙谐，令正在发怒的皇帝也不禁哈哈大笑，并且愉快地认输。

【例二】在第二届亚洲大专辩论会关于"儒家思想可以抵御西方歪风"的辩论中，反方复旦大学代表队有这么一段辩词：

"在孔子时代也有歪风，正所谓歪风代代都有，只是变化不同。孔子做鲁国司寇的时候，齐国送来了一队舞女，鲁国的季桓子马上'三日不朝'。而对这股纵欲主义的歪风，孔子抵御了没有呢？没有，他带着他的学生'人才外流'去了。这能叫抵御'西方'歪风吗？"

这段辩词巧妙地古今连用，以纯粹当代的"抵御纵欲主义歪风"之语来统领孔子离开鲁国这个本来大家都很熟悉的故事，切题而有新意；"人才外流"一语更是神来之笔，勾画了儒家面对"东方歪风"手足无措的窘态，且由于对手在前一场比赛中辩论的主题是关于第三世界国家人才外流能否抑制，因而取得了极好的辩论效果。

范文学习

一　钱是不是万恶之源（节选）

阅读提示

本文是从 2001 年国际大专辩论会决赛中节选的部分内容。这场决赛是华语辩论史上争议最大的一场比赛，也是一场非常精彩的比赛。双方在阐述观点的第一阶段，针锋相对地表述了各方观点——正方武汉大学的立论是：人之为恶并非本性使然，而是外在的诱惑使人迷失了自己的良知。那么，外在诱惑如此之多，钱则成了万恶之源。反方马来亚大学则认为：钱不是万恶之源。因为钱无法全面涵盖世间所有的恶，恶在先，钱在后，钱又怎么可能是万恶之源呢？在这场精彩纷呈的辩论赛中，双方辩手妙语如珠，雄辩滔滔，为阐明己论，驳倒敌论，各自使出浑身解数，辩论技巧的运用更是娴熟自如、炉火纯青，值得细心体味。

正方：武汉大学——钱是万恶之源

反方：马来亚大学——钱不是万恶之源

主席：蔡紫

交锋——

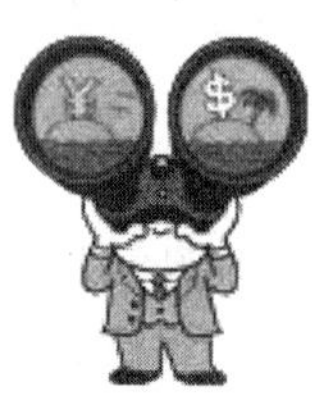

正方周玄毅：对方三辩刚才谈到贪，请问“贪”字怎么写？上面一个“今”，下面一个“贝”。“贝”是什么意思？还是钱。我请问对方辩友一个你也很熟悉的问题，所以请不要回避。请问印尼前总统苏哈托，是什么力量使他个人利益和集体利益不可以两全的呢？

反方胡渐彪：是他个人的贪念。我想苏哈托不会说由于是钱的诱惑而他个人无罪吧？我倒是对对方一辩提出的整个立论架构很有兴趣，她说今天人为恶不是本性使然，是钱诱惑他的。那我想请问对方辩友，钱还没有发明之前，世界上有没有万恶呢？

正方余磊：原始社会到底有没有恶，伦理学上有争议。但是没有争议的是什么呢？是钱产生之后，恶的种类，恶的形式是一日千里，突飞猛进，犹如“黄河之水天上来，奔流到海不复回”。

反方陈政鞡：对方认为在原始社会，钱还没有出现的时候，那种伦理还有争议，真的是有争议吗？难道肚子饿了，就杀掉同类？这种恶还叫做有争议吗？

正方袁丁：这叫做动物性，根本就不是人的善恶。对方同学刚才对苏哈托的问题，告诉我们是贪念，贪什么呢？贪钱。我再请问您，又是什么力量使得色情网站如洪水猛兽一样打进东方各国原本纯朴的本土文化呢？请正面告诉大家。

反方陈勋亮：我也想请对方辩友先告诉我，猿人在钱还没有出现以前，是兽性，也就是钱还没有出现以前，人根本就不是人，人是动物，这样的逻辑大家可以信服吗？

正方蒋舸：对方没有回答我方二辩的问题，那我还要请问您一个熟悉的问题了。是什么力量使得马来亚的球员在联赛中愿意把球往自己的球门里面踢呢？

反方胡渐彪：一场辩论赛，我们说要摆事实，讲道理。对方辩友空摆事实，不讲道理。您的立论明明告诉我们说，人的本性根本没有恶这一回事，那是你的立论基础。为什么你又告诉我人有动物性这种恶的本因呢？

正方余磊：动物性等于恶吗？请大家想一下。对方辩友看到一只老虎吃兔子，会告诉大家这个老虎多么恶，这个恶是我们社会评判的标准吗？对方辩友的观点根本就是界定错误。

反方陈锦添：我想请问对方辩友，对方说人没有恶的本性，那请问，贪婪是不是恶的本性？是不是人的本性呢？

正方袁丁：我方已经说了，连“贪”字下面都有一个“贝”字，那不是表示对钱的贪欲吗？对方同学请你告诉我们，马来亚的球员为什么要把球往自己的球门里踢？对方同学恐怕不是不知道，那是因为赌球，赌球是为了什么？为了钱。

反方胡渐彪：有一个“贝”字，就是为了钱。那我们今天辩论员的名字里也有一个“贝”字，你是说我们大家都是贪钱的人了？

正方余磊：对方同学说，今天的奖杯有一万块钱，我们会不会去贪呢？我们不会，因为我们受过教育，而且还要请对方同学在这种情况下注意，根本就没有恶的存在，没有恶的存在，对方同学还要讨论恶之源，是不是叫做没有牙齿的老太太嚼牛筋——白费口舌呢？（下文略）

总　　结

正方：总有一种力量能让我们迷失本性，那是金钱无所不能的魔力。然而同时也有一种力量，让我们返回本心，那是我们心中永恒不灭的人性之光。

反方：有人为了钱去做恶事，有人为了钱也去做善事。如果这个万恶之源一时为善，一时为恶，那它怎么还会是万恶之源呢？

反方胡渐彪：其实刚才一连串的争论都起源于对方一辩在开展论题的时候所犯下的几个关键性错误。第一，他告诉我们，今天所有的“万”不指“全部”。但是对方辩友对《辞海》的解释断章取义，只看一个“万”字，不看“万恶之源”这四个字，是不是有离题之嫌呢？对方辩友第二个假定是告诉我们，今天人本身是没有恶性的，这个恶是从哪儿来的呢？是外在诱惑出来，然后他们就告诉我们说，钱怎么重要，怎么诱惑人做恶事。我想请问各位，人类本身的那种兽性是从哪里来的呢？

根据这两个前提，他们抛出三个论点。第一个，他告诉我们钱能够进行等价交换，所以钱是万恶之源。那我想请问各位，为什么钱能够有等价交换这种高尚的能力呢？是因为经济的发展。按对方辩友的逻辑，是不是要告诉我们经济发展其实真正是万恶之源呢？第二个论点，他告诉我们，今天钱能够成为一个人的精神价值，但是这真的是一个必然判断吗？第三，他告诉我们，今天钱本身是一个目的，是一个工具，因此是源。对方辩友其实这一点已经阐述错误了，目的和工具不等于一个推导的导因。

对方辩友又告诉我们，今天钱本身是一个很重要的手段，是手段就说明它是中性的，如果是中性的话，我想请问各位，怎么还会突然间变成了万恶之源呢？对方提出了大量的例子，告诉我们说有很多人贪钱，姑且不论贪钱不贪钱的问题，我们只要看一看，贪钱本身只是众恶之中的一小部分，如何构成万恶？再者，如果我们说他里面的例子是贪钱的话，那么我请问各位，是钱是恶之源，还是贪是恶之源呢？对方辩友这种只看一半、不看另一半的做法能够让我们大家信服吗？

而今天我们认为钱不是万恶之源，不是我们想为钱说好话，而是想给钱一个确切的定位。我们看到，有人为了钱去做恶事，有人为了钱也去做善事。今天我为了钱，奉公守法赚钱，但是与此同时帮助国家成长，是善是恶呢？如果这个万恶之源一时为善，一时为恶，那它怎么还会是万恶之源呢？

正方周玄毅：总结对方同学今天的观点，其实无非是说恶源于人的本心，源于人的本性。可是请大家想一想，什么才是人的本性呢？我们人都有是非、恻隐、恭敬、羞辱这四端，这才是本心，这才是本性。当心中有了恶念，就像是清澈的湖水里泛起了污秽。这污秽之源到底是湖水本身，还是外部的杂质呢？外在诱惑就是我们人心中的杂质，而金钱作为一般等价物，则是这种种外部诱惑的抽象化身，所以我们才说钱是万恶之源。

今天我们一起在历史中回顾，金钱如何腐蚀了强大的罗马帝国和中世纪的天主教会。这个时候，对方同学告诉大家，钱不是万恶之源；我们一起在现实中看到了走私、贩毒、战争、有组织的犯罪都是因钱而生，对方同学仍然告诉大家，钱不是万恶之源；我们一起看到了，人类几千年的文明史，都在对金钱的追求之中充满着血腥、暴力、仇恨与背叛，对方同学仍然告诉大家，钱不是万恶之源。钱是万恶之源，然而万恶之源本身并不是恶，只要我们发扬自身的理性和良知，这个恶之源，同样可以开放出美丽的善之花。的确，总有一种力量能让我们迷失本性，那是金钱无所不能的魔力。然而同时也有一种力量让我们返回本心，那是我们心中永恒不灭的人性之光。（辩词有删节）

评 委 亮 分

王健（评委代表）:

正方提出“万”这个字的意义，就是说它不等于一切，由二辩点出，在策略掌握上失了先机。反方一开始就把金钱和贪念划分开来，金钱和念头不同，不是一回事。在贪钱不存在的时候，念头照样存在，也许在钱这个工具还没有创造之前。正方把念头定为兽性，但仍然默认念头是存在的。反方一直强调金钱不是问题，而是人性贪念的问题，更何况贪不能代表一切的恶行。反方也强调，为了信念、爱情或者是名利带来的恶行，也是恶行，但它并不是钱带来的。但是正方强调每一个例子后面都有钱的因素。正方为了应付这个局面就提出了“万”不代表一切，所以只能证明有很多并不代表所有。评委判定：反方马来亚大学胜出。

思考

1．本文中所运用到的论辩方法有哪些？请一一指出。

2．请用所学到的辩论方法，分组抽签确定正反方，对以下论题进行辩论：技校学生需要偶像；酒香不怕巷子深。

二　法庭辩护词

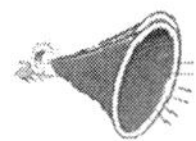

阅读提示

这篇文章主要写美国历史上一位比较有影响的总统林肯，在他早年当律师期间，为被诬告的阿姆斯特朗出庭辩护，并获得成功的事例。请认真品读，体会林肯在辩护中所体现出的律师品格、人格与情操，尤其是其较强的应变和表达能力。

林肯是美国历史上颇有声誉的一位总统。他在担任总统之前，曾经当过一段时间的律师。

有一次，他得悉自己亡友的儿子小阿姆斯特朗被控谋财害命，并已初步判定有罪，于是就以被告辩护律师的身份，去法院查阅了全部案卷。阅后，他要求法庭复审。

这个案子的关键在于：原告方面的一位证人福尔逊发誓说：10月18日晚上11点钟，他在月光下清楚地目击小阿姆斯特朗用枪击毙了被害人。按照美国法庭的惯例，作为被告辩护律师的林肯和作为原告证人的福尔逊，进行了一场面对面的对质。

林肯：你发誓说认清了小阿姆斯特朗？

福尔逊：是的。

林肯：你在草堆后，小阿姆斯特朗在大树下，两处相距20～30米，能认清吗？

福尔逊：看得很清楚，因为月光很亮。

林肯：你肯定不是从衣着方面判断的吗？

福尔逊：不是的，我肯定认清了他的脸，因为月光正照在他脸上。

林肯：你能肯定时间在11点吗？

福尔逊：充分肯定。因为我回屋看了时钟，那时是11点1刻。

林肯问到这里，就转过身，发表了辩护演说："尊敬的法官先生和陪审团的先生们，我不能不告诉大家，这个证人是一个彻头彻尾的骗子。他刚才一口咬定10月18日晚上11点钟在明亮的月光下认清了被告人的脸。请大家想一想，10月18日那天正是上弦月，晚上11点钟月亮已经落下了，哪里还有月光？退一步说，也许证人对时间记得不那么精确，或许时间稍有提前，当时月亮还没有下山，但即使是这样，月光也应是从西往东照。草堆在东，大树在西，如果被告脸朝大树，月光可以照到被告脸上，可是证人根本就看不到被告的脸而只能看到被告的后脑勺；如果被告脸朝草堆，那么月光只能照在被告的后脑勺上，证人怎么能看到月光照在被告的脸上呢？又怎么可能从20～30米外的草堆后面看清被告的脸呢？可见，证人刚才的证词完全是在撒谎！"

听了林肯的辩护词，大家先是一阵沉默，紧接着大家都明白了。掌声和欢呼声一起迸发出来。福尔逊顿时傻了眼，只得承认被人收买提供假证的事实。小阿姆斯特朗被宣告无罪。林肯的这一成功辩护使他名声大振。

思考

1．从林肯与福尔逊的对质中，你能发现福尔逊的言论存在什么逻辑错误吗？

2．林肯是怎样驳倒福尔逊的？

3．文中林肯表现出了怎样的个人品质？请用三个形容词来概括。

小链接

躬着背与挺着胸

据说美国前国务卿基辛格有一次对周恩来总理说："我发现你们中国人走路都喜欢躬着背，而我们美国人走路都是挺着胸的，这是为什么？"这话虽无很浓的敌意，但也不友善。于是周总理笑笑，同样用调侃的口气说："这个好理解，我们中国人在走上坡路，当然是躬着背的，你们美国人在走下坡路，当然是挺着胸的。"说完哈哈大笑。

基辛格博士表面问的是走路姿势，实际上涉及人的精神风貌，这就关系到人格、国格的问题。引经据典、长篇大论的驳斥似无必要，因此，周恩来总理调侃为"中国人在走上坡路，而美国人在走下坡路"，表面上也是就走路姿势形成的原因作出解释，实质上涉及国家民族的发展状态问题。庄谐相对，妙趣横生，口才何其高妙！

辩论赛流程

一、立论阶段

（一）正方一辩开篇立论，3分钟 。

（二）反方一辩开篇立论，3分钟 驳立论阶段 。

（三）反方二辩驳对方立论，2分钟。

（四）正方二辩驳对方立论，2分钟 质辩环节。

（五）正方三辩提问反方一、二、四辩各一个问题，反方辩手分别应答。每次提问时间不得超过15秒，三个问题累计回答时间为1分30秒。

（六）反方三辩提问正方一、二、四辩各一个问题，正方辩手分别应答。每次提问时间不得超过 15 秒，三个问题累计回答时间为 1 分 30 秒。

（七）正方三辩质辩小结，1 分 30 秒。

（八）反方三辩质辩小结，1 分 30 秒。自由辩论。

（九）自由辩论 总结陈词。

（十）反方四辩总结陈词，3 分钟。

（十一）正方四辩总结陈词，3 分钟。

二、赛制具体说明：

（一）立论阶段：由正反双方的一辩选手来完成，要求立论的框架明确，语言通畅，逻辑清晰，能够正确地阐述己方的立场。

（二）驳立论阶段：这个阶段的发言由双方的二辩来进行，旨在针对对方的立论环节的发言进行回驳和补充己方的立论的观点，也可以扩展本方的立论方向和巩固己方的立场。

（三）质辩环节：这个阶段是，由双方的三辩来完成这个环节，双方的三辩针对对方的观点和本方的立场设计三个问题，由一方的三辩起来提问对方的一辩、二辩、四辩各一个问题，要求被问方必须回答，不能闪躲，提问方的时间每个问题不可超过十五秒，回答方三个问题的回答累计时间是一分三十秒，双方的三辩交替提问，由正方开始，在质辩的环节中，要求双方的语言规范和仪态庄重，表述清晰。在质辩结束后，由双方的三辩针对对方的回答进行质辩小节，时间一分半，由正方开始。

（四）自由辩论阶段：正反双方的八位辩手都要参加，辩论双方交替发言。双方都拥有四分钟的累计发言时间，在一方时间用完后，另外一方可以继续发言，直至本方的时间用完。在这个环节中，要求辩论双方的队员团结合作和整体配合，自由辩论阶段由正方开始。

（五）结辩阶段：针对对方的观点和己方的立场出发，总结本方的观点，阐述最后的立场。

任务四　拟写调查报告

任务阐述

掌握一般调查报告的写法，做到格式规范，语言简明、得体，符合专业写作的要求。

对号入座

读一读，想一想，改一改

关于交通警察的调查报告

超群公安局（交警支队）第120120120号

调查员：交警在编警员编号××××001、××××002

被调查人情况

姓名：酒仙

性别：男

年龄：28岁

职业：卖猪肉

学历：小学毕业

嗜好：喝酒、吟诗

政治面貌：群众

社会关系：与杜甫等成立非法诗社（待查）

调查报告：

经调查，酒仙于2005年某天酒后驾车，在超群广场绕圈无数。据知情人士透露，酒仙一边驾车一边问路：何处是归程？长亭更短亭，如此反复10小时以上。此必为酒醉之故。交警（我们两个都在场，可以证明）查问此君时，此君口中念念有词：对影成三人。就是说把我们两人看成三人，此系眼花，为酒醉之常见症状。并时时说“疑是银河落九天”“疑是地上霜”和“疑是……”等，醉得不轻。综上所述，酒仙酒后驾车之罪名成立。

酒仙另一违章事实为：超速行驶。有此君自作诗为证：“朝辞白帝彩云间，千里江陵一日还。你看他那辆破车，千里路能一日还？”根本不用怀疑就可以定他的罪。我们交警一向讲道理，依法办事，1 000里就是500千米，我们拦到酒仙的车时在上午10点。按“朝辞白帝”的时间来算，共走了4个小时，500千米除以4小时，时速为125千米/小时，按他走的路况分析，时速在40千米都算超速，何况125千米，此属百年以来最严重的超速行为。综上所述，超速行驶罪名成立。

知识云梯

一、调查报告的含义

调查报告是对某一事件或某一问题进行充分调查研究之后所写的真实反映情况的报告。

二、调查报告的特点

调查报告具有真实性、针对性和典型性的特点。

三、调查报告的种类

调查报告分为反映情况的调查报告、总结经验的调查报告和揭露问题的调查报告。

四、调查报告的写法

调查报告没有固定的格式，其常见的写法是由标题和正文两个部分组成。

（一）标题

标题一般包括调查对象、内容范围和文种名称等几项内容，如《关于校园普及普通话的调查报告》；也有的直接揭示主题，如《工程遥遥无期》；还有的是多行标题，如《支持家政社会化服务，促进服务行业发展—— 广东省财政支持农业社会化服务试点情况的调查》。

（二）正文

正文包括开头、主体和结尾三个部分。

1．开头

开头又称“导语”“前言”等，主要是概述情况。

2．主体

主体是集中表述调查结果的部分，也是“调查报告”的核心部分。这一部分常用的结构形式有三种：一是纵式结构，二是横式结构，三是混合式结构。为使主体部分的层次更加清楚，在按部分写作时，常常在每一部分之前加序号和小标题。

3．结尾

结尾写法有许多种，如总结式、指导式、启发式、号召式等。

五、写调查报告的步骤

（1）明确调查的目的。
（2）学习有关的政策和知识。
（3）拟定调查提纲。
（4）收集资料并分析、研究。
（5）写出调查报告。

六、调查报告的写作要求

（1）掌握大量材料。
（2）有明确的目的。
（3）拟定调查提纲或调查细目。
（4）能够正确地分析和辨别材料。
（5）认真合理组织材料。
（6）讲究结构形式和语言特色。

范文学习

中小学校食堂的调查报告

阅读提示

本文对某个问题经过深入细致的调查后，将调查中收集到的材料加以系统整理，分析研究，体现了写实性、针对性和逻辑性。要学习本文既不离开确凿事实又不堆砌材料，对核实无误的数据和事实进行严密的逻辑论证的写法。

学校后勤工作是学校管理工作的重要组成部分，它的好坏直接关系到学校的兴衰成败。而学生食堂又是学校后勤工作的重中之重，它关系师生的身体健康。为了办好让“师生放心”“家长满意”的食堂，2014年5月9日至24日，××县学校后勤管理办公室组织专人在全县107所寄宿制学校中抽取51所学校食堂进行调查研究，现将调研情况报告如下：

一、调查对象：全县中小学学生食堂

二、调查方法：抽样调查、实地调查、问卷调查

三、调查内容

（一）学生食堂基础设施情况

1. 标准化的项目食堂34个，占67%；在建、待建项目食堂7个，占14%；不符合标准的老食堂10个，占19%。

2. 配套餐桌椅的食堂 19 个，占 37%。

3. “三防”设施齐全的食堂 15 个，占 29%。

4. 设荤、素洗涤池的食堂 23 个，占 45%。

5. 荤、素操作分开的食堂 12 个，占 24%。

6. 使用内扒灶的食堂 18 个，占 35%。

7. 具备“五间”(更衣间、粗加工间、操作间、销售间、储存间)的食堂 34 个，占 67%。

8. 具备冷藏设施的食堂 42 个，占 82%。

9. 具备消毒柜的食堂 20 个，占 39%。

10. 使用不锈钢合金或搪瓷餐用具的食堂 41 个，占 81%。

11. 使用垃圾容器加盖的食堂 4 个，占 8%。

（二）学生食堂基本管理情况

1. 餐厅具有文化氛围的食堂 45 个，占 88%。

2. 生、熟食储存分开的食堂 3 个，占 6%。

3. 食品留样并记录的食堂 19 个，占 37%。

4. 餐用具消毒并记录的食堂 19 个，占 37%。

5. 管理制度上墙的食堂 49 个，占 96%。

6. 饭菜价格上墙的食堂 25 个，占 49%。

7. 每周菜谱上墙的食堂 20 个，占 39%。

8. “五员制”上墙的食堂 31 个，占 61%。

9. 形象监督栏上墙的食堂 26 个，占 51%。

10. 卫生许可证上墙的食堂 51 个，占 100%。

11. 从业人员着装上岗的食堂 41 个，占 80%。

12. 进出货台账登记规范的食堂 11 个，占 22%。

13. 索取“五大类”产品质量检验报告单的食堂 9 个，占 18%。

14. 财务规范管理的食堂 9 个，占 18%。

（三）学生食堂基本服务情况

1. 51 所学校学生就餐总人数 24 820 人，食堂从业人员 483 人，从业人员占学生就餐人数比约为 1:50。

2. 学生持卡自由消费的食堂 26 个，占 51%。

3. 设立意见簿（箱）的食堂 20 个，占 39%。

4. 实行教师陪餐制的食堂 36 个，占 71%。

5. 学生“食堂满意度”问卷调查平均满意度为 63%。

四、调查结论

从调查的数据分析，我们不难看出，我县中小学校食堂存在如下问题：

1. 虽然全县中小学校项目食堂占到 81%，但在食堂的设计上不尽合理，不符合卫生学标准。33%的食堂最基本的“五间”都不完全具备。

2. 食堂基础设施配套率低，给学生服务和后勤管理带来物质上的障碍。

3. 食堂基本管理不到位，特别在台账登记、票证索取、消毒留样等食品安全管理上存在很大漏洞，各学校食堂不同程度上存在食品安全卫生隐患。

4. 后勤从业人员主要是教师家属，文化水平普遍不高，后勤服务观念不强。绝大多数后勤管理人员由于负担一定的教学任务，后勤工作疏于管理，或不懂得管理。

五、调查总结

基于以上问题，为了全面提升我县学校后勤保障与管理水平，切实办好让“师生放心”“家长满意”的食堂，建议采取如下措施：

1. 实行食堂“三基（基本设施、基本管理、基本服务）达标”，从基础抓起，落到实处。只有把食堂这个重点抓住了，这个难点解决了，才能真正把“放心食堂”创建工作落到实处，才能真正根除学校食品安全卫生隐患。

2. 创建全县后勤示范学校。对全县具备一定条件和管理水平的学校加以培植，通过典型引路，以点带面的形式促进全县中小学后勤保障与管理水平均衡发展。

3. 培训提高，通过送教下乡，分区域现场参观培训学习，全面提高后勤管理与从业人员的素质。

4. 实现回访督办制。对在检查、调研、考评、信访中发现的问题，以书面的形式下达整改通知书，通过反复的回访督办，敦促整改落实到位。

5. 完善管理机制，对全县中小学后勤管理实行目标考核，变终极管理为过程管理。把原来的后勤年度目标考核改为开学初、期中、期末等多个时段的综合考核，以促使全县各学校把后勤工作认真地管起来。

思考

1. 你认为例文在写作上有哪些特点，试阐述一二。
2. 找一找你感兴趣的社会现象或问题，试做调查，并写成调查报告。

二　贵州紫云县贫困生现状的调查

黄　婷

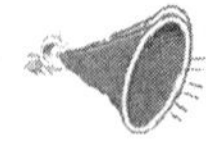

阅读提示

本文是针对贵州紫云县贫困生的现状做的调查。学习该文结合事例增强说服力的方法，并了解写调查报告必须掌握的材料。

贵州紫云县由于位置偏僻、经济基础差，多年来未能摘掉贫困的帽子。因此，贫困生人数高达全县学生总数的10%。

现调查如下：

一、贫困生的构成

第一，大多数贫困生都来自农村。家庭成员多，经济压力沉重，难以担负学费。农村计划生育工作是一个长期的社会问题，是造成贫困生人数众多的根本原因。

第二，贫困生的另一大来源是下岗职工家庭。由于他们的父母失去了工作，基本生活无法保障，因此导致他们的学业难以继续。这是下岗问题所造成的另一隐患。

二、贫困生的经济来源

第一，贫困生的学习生活。大多数贫困同学是靠所在学校、县团委、县妇联等有关部门采取发送补济金、设置奖学金以及减免学费等手段来继续学业，其他的则由亲属或“一帮一”帮扶者提供帮助。在校被列为补助对象的同学大多是学习勤奋刻苦、名列前茅者。如某同学家庭突然发生变故，父亲丧失劳动力，读大学的哥哥又因病休学在家，全家人仅靠爷爷微薄的退休金来维持生活。该同学背负着沉重的家庭压力依然刻苦学习，因此获得了学校的帮助。

第二，社会各界对贫困生的援助。县团委的“希望工程”，妇联的“春蕾”计划以及社会各界成功人士的慷慨解囊，都为贫困生解决了物质方面的巨大困难，并在精神方面给予他们莫大的支持与鼓励。如县妇联就发动女干部采取“一帮一”结对子，不仅给予女同学经济方面的支援，更让她们体会到亲人的关爱与温暖。

思考

1. 这篇文章中的调查来源于哪种方式？
2. 文中所列举的材料有哪些？

三　技校学生心理健康状况调查报告

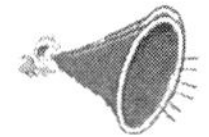

阅读提示

这是一份技校学生心理健康状况的调查报告。要求学习其获取准确数据并将调查结果归纳成表格的方法。

某调查小组做了一项关于技校学生心理健康状况的调查，他们采用自己编制的“学生心理健康调查表”对270名学生进行了问卷调查，其中男生145名，女生135名，收回有效问卷268份。下面是他们在调查中统计的调查数据，见表1和表2:

表1　学习动机选择

选 择 项	人数/人	百分比/%	备 注
为了能找份工作	103	38.4	学生可以有多个选择
为了掌握更多的知识	148	55.2	
为了社会的发展和人类的进步	95	35.4	
为了今后个人有很好的发展	234	87.3	
为了让父母高兴	208	77.6	
其他	58	21.6	

表2　学生情绪调查表

题目内容	经常有		有时有		没有	
	人数/人	百分比/%	人数/人	百分比/%	人数/人	百分比/%
经常感到苦闷	36	13.4	111	41.4	121	45.2
遇到挫折总想哭	27	10.1	118	44	123	45.9
经常责备自己	52	19.4	103	38.4	113	42.2
经常感到没精神	27	10.1	97	36.2	144	53.7
遇事容易紧张	61	22.8	89	33.2	118	44
总觉得心理不踏实	25	9.3	110	41	133	49.6
自己单独出门时总感到害怕	16	6	45	16.8	207	77.2
心情时好时坏	82	30.6	103	38.4	83	31
学习劲头时高时低	84	31.3	103	38.4	81	30.2
对同学的态度忽冷忽热	23	8.6	77	28.7	168	62.7
对任何事都没有兴趣	12	4.5	48	17.9	208	77.6
独处时感到不安	18	6.7	53	19.8	197	73.5

思考

1．你能根据这些数据作出相应的分析和归纳吗？

2．试选择一调查主题列举一组数据。

3．写一篇调查报告，内容自定。

小链接

关于欧洲人是否幽默的调查报告

一项欧洲人幽默状况调查报告于2007年2月15日公布，结果有点出人意料。一向被世人认为不苟言笑的英国人被人们认为是“最有幽默感”的，德国人则被认为是最严肃的。

在这项对比利时、法国、德国、意大利、荷兰、西班牙及英国1 450名公司主管进行的调查中显示，大多数被调查者最欣赏本国人的幽默，但德国、法国与荷兰的公司主管则不这么认为。约66%西班牙公司主管认为本国人最机智，英国人以59%居第二，意大利人58%紧随其后。

这项欧洲幽默调查中，英国人居首，获得34%的选票，居整体第二名的是意大利人，获得18%的选票，第三名为获得15%选票的西班牙人。在参加调查的法国人中，只有四分之一认为本国人最爱搞笑。

在其他国家人眼中，德国人简直是不苟言笑。除了英国的3%投票，以及荷兰与意大利各捧场1%外，其他国家公司主管居然无人认为德国人有趣。

任务五　拟写说明书

任务阐述

掌握说明书的写法，做到格式规范，语言简明、得体，符合专业写作的要求。

对号入座

读一读，想一想，改一改

说明书摘句

1. 儿童穿的玩具超人服：警告——此服装无法让你飞起来。
2. 面包布丁：本产品加热后会变热。
3. 盒装沙丁鱼罐头：本品原料为奥克尼湾湖潮汐渔场出产的上等沙丁鱼，肉质细嫩……注意事项：内装鱼肉。
4. 点心：（印在盒子底部）“请勿倒置”。
5. 冷冻食品的食用方法：建议先解冻。
6. 儿童咳嗽药（2～4 岁儿童专用）：服用后请勿开车或操作机械。
7. 罐装花生：警告——内含花生。
8. 香皂的使用说明：如一般香皂使用。
9. 圣诞彩灯：只能在户内或户外使用。
10. 安眠药：服用后的特征——可能会引起嗜睡。

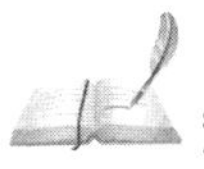

知识云梯

一、概念

说明书是对某事或物进行较为详细的描述的一种应用文体，其写作目的在于使人们对所描述的事物有一个比较概括且准确的了解。

二、分类和写法

说明书按表述形式分类，可分为条款式说明书、文字图表说明书等；按说明的事物分类，可分为出版说明、商品说明书、戏剧演出说明书、单位简介、人物简介等。

不同种类的说明书有不同的结构形式和写作方法。下面主要介绍商品说明书、戏剧演出说明书、单位简介这三种说明书的结构形式及写法。

（一）商品说明书

商品说明书一般由标题、正文、落款三大部分构成。

标题有三种形式：一是以商品名称为标题，如“清凉润喉糖”；二是由商品名称与文种构成，如“H型电视机说明书”；三是由商品名称和功效构成，如“补脑冲剂——神经系统滋补品”。

正文一般先介绍生产单位的历史、规模、技术力量、产品声誉等，随后介绍商品的性能、技术规格、构成、用途、使用方法和保养等知识。有些关系到人们健康、安全问题的商品，在说明书上还印有技术鉴定单位和鉴定委员会成员名单，或提供有关测试实验材料和例证，以示慎重。正文的结构形式主要有两种：一是条款式，即对有关内容按一定的次序分条加以说明，层次清楚，条理分明；二是概述式，对商品的有关知识作概括性陈述和说明，有利于突出商品的个性特点，从而给消费者留下比较深刻的整体印象。

落款即是在正文后面标明企业名称、地址、邮政编码、电话号码等，便于消费者联系。

（二）戏剧演出说明书

这类说明书往往采用概述式结构，把剧情发展、人物活动、矛盾冲突等过程，浓缩于几百字的说明书中，使观众对剧情获得初步印象。影剧说明书一般分三个部分：开头部分对影剧作概括性的评价；中间部分对内容、情节进行介绍；结尾部分交代主要演员的姓名、开演日期等。为了激发观众的兴趣，这类说明书还要求写得富有感情，文句优美，有时还配以剧照，以增强感染力。

（三）单位简介

这类说明书的写作目的各异，有的是为了扩大社会影响，提高知名度，有的是为了寻求投资者、合作者而作的自我介绍。这种说明书一般采用概述式，内容要真实，篇幅要短小精悍，语言要简明，表述要准确。

三、特点

说明书主要有以下四个特点：

（1）科学性。说明书的内容应实事求是，形容要恰当，概念的界定要明确，程序和方法要介绍清楚，用语要准确。对所说明的事物不仅要介绍其优点，而且要说明注意事项或可能产生的问题，以防贻误他人。

（2）说明性。说明书以说明为主要表达方式，一般较少运用议论和抒情。说明书中运用的说明方法常见的有列数据、作比较、下定义等。

（3）简明性。说明书大多是作为某一事物的附属品出现的，如产品说明书常常放在产品的包装盒内或直接印在包装盒上。由于以上特点，这就要求说明书的篇幅要短小，表述要简明、准确，抓住所说明事物的特征，突出重点，使人一目了然。

（4）条理性。主要指产品说明书应注意结构层次的条理性，要根据产品的特性，按照一定的程序逐条说明，使用户看后能够准确地掌握使用方法，明确注意事项。

范文学习

一 蓄电池安全使用说明

阅读提示

这是一则商品说明书，主要介绍了蓄电池的性能、技术规格、用途、使用方法和保养等知识，层次清楚，条理分明。消费者看后可以“按图索骥”，购买后根据说明来正确使用、保管、储藏商品，这样才能保证商品的使用寿命。

蓄电池，也叫电瓶，是电池的一种，它的工作原理就是把化学能转化为电能。铅蓄电池是能反复充电、放电的电池，叫做二次电池。它的电压是2V，通常把三个铅蓄电池串联起来使用，电压是6V。汽车上用的是六个铅蓄电池串联成的12V的电池组。铅蓄电池在使用一段时间后要补充硫酸，使电解质保持含有一定比例的稀硫酸。

（一）日常检查

（1）液面：低于额定液面将缩短蓄电池的使用寿命，而且电解液太少会导致蓄电池发热损坏，因此，必须经常查看电解液是否足够。

（2）接线柱、导线、盖子：必须经常检查蓄电池接线柱接合处、与导线连接处是否因氧化出现腐蚀情况，同时检查盖子是否变形、是否有发热现象。

（3）外观：蓄电池表面不洁净可能会引起漏电，应使蓄电池表面保持清洁、干燥。

（二）保养

（1）加水：若液面低于额定液面，应添加蒸馏水，但不能为了延长加水间隔时间而添加过多的蒸馏水，加水过多，电解液会溢出，从而导致漏电。

（2）充电：充电过程中蓄电池会产生气体，应保持充电场所通风良好，周围没有明火，同时充电过程中产生的氧气、酸性气体将对周围产生影响。充电期间拔下充电插头会产生电弧，将充电机关闭后，方可拔下插头。充电后在蓄电池周围滞留着许多氢气，不允许有任何明火，应开启蓄电池上的盖板进行充电。

（3）接线柱、导线、盖子的维修：必须由生产厂家指定的专业技术人员方可进行。

（4）清洁：若不太脏，可以用湿布擦干净；若非常脏，就要将蓄电池卸下，用水清洗后使之自然干燥。

（三）保管

（1）保管场所：不能使之短路；因雨淋导致短路可能会产生火灾，并可能产生少量氢气，因此必须将蓄电池存放在通风、阴凉的场所。

（2）废旧蓄电池的保管：废旧的蓄电池仍然存有电能，应按照正常使用的蓄电池的存放方法进行保管。

（四）电解液的操作

（1）检查比重：使用吸入式比重计检查比重。作业时不要让电解液溅洒出来，并要佩戴保护用具。

（2）除检查以外的操作：应向专业人员咨询，特别是补充电解液（稀硫酸）时。

（3）电解液泄露：由于蓄电池倾翻、破损导致电解液泄露，应立即进行紧急处理（参照紧急处理事项）。

（五）寿命终期蓄电池的操作

（1）寿命终期蓄电池的操作：蓄电池接近寿命终期时，单格电池内的电解液消减得非常快，应每天补充蒸馏水。

（2）废旧蓄电池的处理：对于废旧蓄电池，应抽出电解液，将蓄电池分解。也可与生产厂家商谈将蓄电池回收的相关事宜。

（六）紧急处理事项

（1）电解液溅到皮肤上：用大量水冲洗。

（2）电解液溅洒到眼睛里：用大量清水冲洗，然后接受专业医生的治疗。

（3）电解液溅洒到衣服上：立即脱下衣服，用水冲洗后再用弱碱性皂液冲洗。

（4）电解液泄露：电解液泄露到外部时，应立即用石灰、强碳酸苏打或碳酸苏打等进行中和，并用大量水冲洗。

➘ 思考

1．找一份家电说明书，参照范文格式，谈谈说明书一般由哪几个基本结构组成？

2．请查阅有关资料，画一个蓄电池组示意图，并根据课文内容讲解安全使用的注意事项。

二　××米粉说明书

阅读提示

食品说明书是商品说明书的一种，主要介绍某一食品的相关情况，诸如其用材、属性、存储方式、注意事项、食用方法等知识。因为关系到人们的健康、安全等问题，食品说明书必须标明食品的出厂日期或保质期。在书写“食用方法”和“注意事项”时，也应该特别慎重。

本产品选用绿色优质大米为原料，采用国内最先进的现代化米粉生产线，综合传统工艺精制而成，不含任何添加剂等化学物质，质量上乘，爽滑可口，烹饪方便，荤素随意，四季皆宜，蒸、煮、炒、火锅、凉拌皆可，加少许辣椒更有一番风味。

主要原料：优质大米、蔬菜、水

产品标准代码：Q/HYS361-××××

卫生许可证号：粤卫食证字〔2009〕第466666××××号

标签认可编号：LZKM06-××××

食品生产许可证：QS4200 0701××××
保质期：280 天
生产日期：见合格证或封口
委托方：××食品有限责任公司
厂址：广州花都区工业园区××号
电话：020-××××××××
制造商：广州××食品有限公司
电话：020-××××××××
传真：020-××××××××
地址：广州市花都区××路 20 号
储存方法：请勿倒置，防潮防湿，小心轻放，请勿脚踏。
烹饪方法：

【蒸米粉】将米粉放入开水中浸泡 2～3 分钟，松散后捞起过冷，放肉丝、虾仁及适量酱油拌匀，用猛火蒸 7～8 分钟，美味清香。

【汤米粉】将米粉放入开水中浸泡 2～3 分钟，松散后捞起，下入汤中即可食用，煮 2～3 分钟也可，具南北风味。

【炒米粉】将米粉放入开水中浸泡 3～4 分钟，松散后捞起过冷，用少量香油、酱油拌匀加入配料，下锅炒 2～3 分钟，其味香浓。

【火锅米粉】将米粉直接放入火锅中煮 3～5 分钟（米粉松散时）捞起可吃，不仅方便快捷，且别有一番风味。

【凉拌米粉】将米粉放入开水中浸泡 3～4 分钟，松散后用冷开水过冷，加入凉拌佐料拌匀即可食用，风味独特。

➘ 思考

1. 食品说明书与一般商品说明书最大的不同点是什么？
2. 试比较说明书与广告的异同。
3. 尝试写一份食品说明书或工具使用说明书。

小链接

某品牌笔记本电脑使用说明书

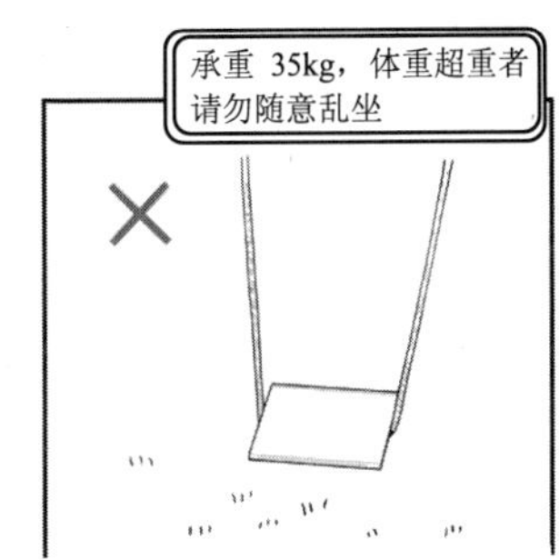

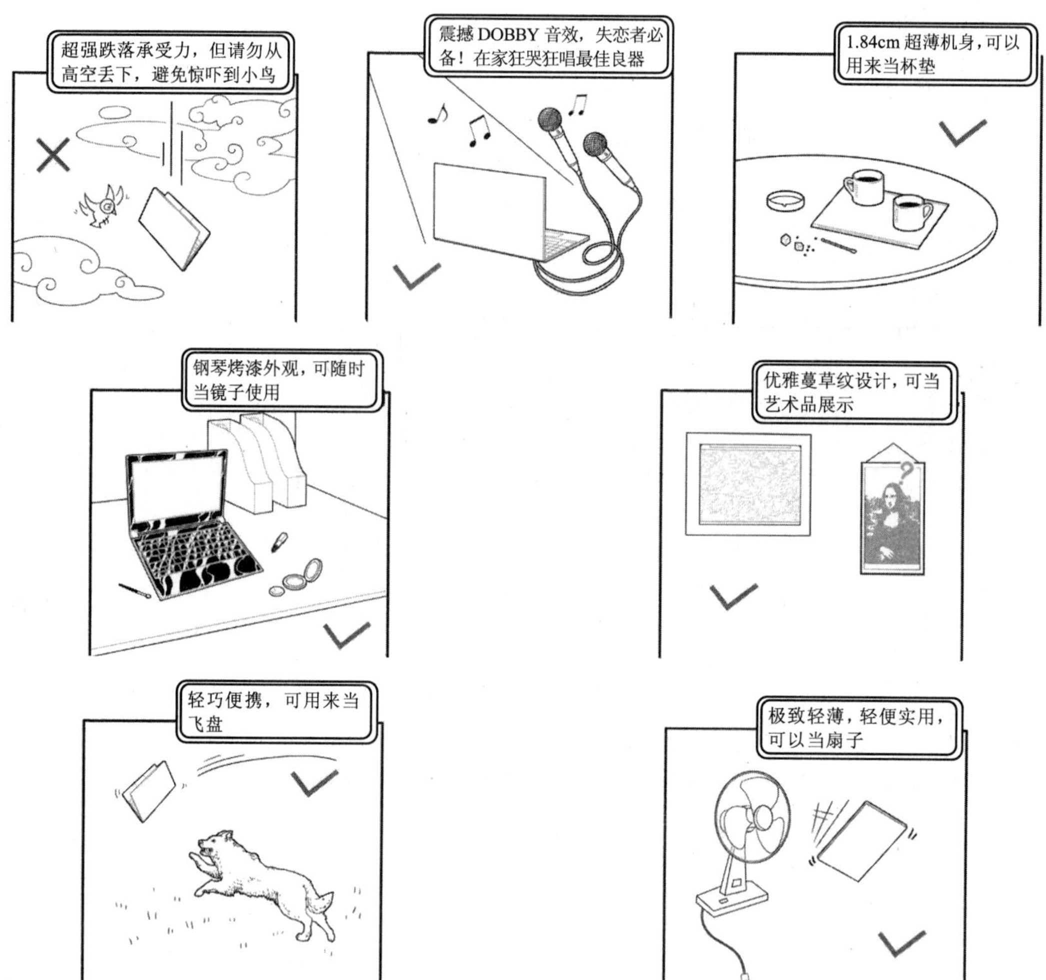
超强跌落承受力，但请勿从高空丢下，避免惊吓到小鸟
震撼DOBBY音效，失恋者必备！在家狂哭狂唱最佳良器
1.84cm超薄机身，可以用来当杯垫
钢琴烤漆外观，可随时当镜子使用
优雅蔓草纹设计，可当艺术品展示
轻巧便携，可用来当飞盘
极致轻薄，轻便实用，可以当扇子

任务六　拟写广告词

任务阐述

掌握广告词的写法，做到格式规范，语言简明、得体，符合专业写作的要求。

对号入座

读一读，想一想，笑一笑

幽默的语言、夸张的情节，使我们在轻松愉快的享受中不知不觉地接受了广告信息，甚至喜欢上了广告产品，可见广告语言对于广告而言是多么重要。让我们一起来体会一下：

唉，丈母娘年纪大了，怀旧爱唠叨。

她常说："衣服旧点、皱点不要紧，只要洗得干净。我这几十年不都过来了。"

后来，我们买了飞利浦蒸汽电熨斗，把全家人的衣服熨得服服帖帖，个个打扮得漂漂亮亮。

知识云梯

广告词也就是人们通常所说的广告文案。"广告文案"这一概念是"舶来品"。在国内最早见于 1991 年前后出版的译本和港台进入的书籍中，1991 年中国友谊出版公司出版的《现代广告学名著丛书》，译者统一采用了"广告文案"这一概念。

一、广告文案的概念

广告文案是广告作品中为传达广告信息而使用的全部语言符号（包括有声语言和文字）所构成的整体。它与非语言符号共同构成有效传达信息的广告作品。

可以这样理解：广告文案=广告作品中的有声语言+文字。

二、广告文案的结构

广告文案的基本结构包括标题、正文、口号、附文四大要素。

（一）广告标题

广告标题是整个广告文案乃至整个广告作品的总题目。以是否直接表现广告信息为标准，广告标题可分直接标题、间接标题、复合标题三种类型。

直接标题。凡直接体现广告中心思想或一语点明广告主题的标题，为直接标题。如“松下电器”“重庆秦妈老火锅”等。

间接标题。凡不直接揭示广告主题，而是运用间接方式宣传产品的特点和功能的广告标题，为间接标题。如某制帽厂广告“华冠满天下”、某房地产广告“把根留住”、机场广告“连接世界的桥梁”等。

复合标题。采取直接标题和间接标题混合运用的形式。它又可分为三种表现结构：

1．引题+正题+副题

如“万科城市花园告诉您”（引题）“不要把所有鸡蛋放在同一个篮子里”（主题）“购买富有增值潜力的物业，您明智而深远的选择”（副题）。

2．引题+正题

如“哇——他们为什么要惊叫？！”（引题）“全新64位数据库服务器！”（主题）。

3．正题+副题

如“健康从‘肠’计议·信任优之元”（正题），“优之元首推国际成人配方，彰显世界级益生菌专家魅力”（副题）。

（二）广告正文

广告正文是指广告文案中处于主体地位的语言文字部分，是广告标题的延续和细部展开的诉求。一般由开头、主体和结尾三部分组成。

1．开头

开头主要是将人们的阅读兴趣由标题转向正文，因此正文开头须引人入胜。开头有两种方式：承接标题、总括全文。如标题为“国泰航空公司”，正文开头是：“一家航空公司特别优越出众，原因何在？很简单：服务人员表现出色，能对乘客照顾得无微不至，使乘客有宾至如归之感。”开头概括地介绍了国泰航空公司在服务上的细致周到。

2．主体

主体是整个广告文案的主要部分，其任务是根据广告的主题，突出产品的特征和主要“卖点”，用有说服力的证据来证实或补充开头。如前面提到的国泰航空公司的广告，主体部分便具体介绍了该公司服务方面的特点：“国泰的服务人员，处处替乘客着想，事无大小，均乐于效劳。因此，国泰航空公司成为亚洲首屈一指的航空公司，亦是理所当然。”

3．结尾

正文的结尾一般是向受众发出号召，以鼓励和吸引消费者选择广告产品，必要时，还可以提供具体方式。如上例结尾写道：“您下次在亚洲公干或旅游，请搭乘服务出众、胜人一筹的国泰航空公司航班”，具有较强的鼓动性。

（三）广告口号

广告口号又称广告语、广告标语、广告主题句等。它是为了加强受众对企业、商品或服务等的一贯印象，在广告中长期反复使用的一两句简明扼要的、口号性的、表现商品特性或企业理念的句子。

按广告口号诉求内容和心理效应可分为以下几类：

1．颂扬式

强调商品的好处，突出其优点。如雀巢咖啡的广告口号“味道好极了”、美国玛氏公司巧克力豆的广告口号“只溶于口，不溶于手”等都属于颂扬式。

2．号召式

以富有感召力的鼓动性词句，直接动员消费者购买。如可口可乐的广告口号“请喝可口可乐”、三菱汽车的“有朋自远方来，喜乘三菱车”等。

3．标题式

广告标题与广告口号融为一体，既起广告标题的作用，也起广告口号的作用。如云丝顿香烟的广告口号“抽美国云丝顿，领略美国精神”。

4．情感式

如威力洗衣机的广告口号“威力洗衣机——献给母亲的爱”。

5．幽默式

如某水泥厂的广告口号“它能粘住一切，除了一颗破碎的心”、某口红广告口号“如果一不小心我诱惑了你，责任全在××牌口红”等。

（四）广告附文

广告附文是在广告正文之后向受众传达企业名称、地址、购买商品或接受服务的方法等的附加性文字。包括商品品牌名称、企业名称、企业标志或品牌标志、企业地址、电话、邮编、联系人、网址、购买商品获得服务的途径和方式、权威机构认证标志、特殊信息等内容。

根据表现形式的不同，广告附文分为下列几种形式：

1．常规式

围绕广告战略目标、广告对象，选择若干项内容一一列出。

2．表格式

这种形式可使附文的内容表达得更为清楚，使受众一目了然，广告文案也会显得有变化。

3．附言式

往往以“特别提醒”“好消息”“惊喜”等语领起，向受众提供与广告内容相关的一些附属信息。

4．条签式

在广告文案中设计一张简短的条签，以虚线或方格等形式来表示，它可以是一张回邮单，也可以是其他内容。

三、广告文案的语言要求

无论哪一种形式的广告语言，在语言上都必须遵循如下要求：

（一）准确、简洁

广告文案必须注意“准确表达语意”，只有语意准确，才不会引起消费者误解，才能深入消费者心扉。同时，广告文案的语言还必须简洁，必须以最少的词汇传递出最多的真实信息，做到“言出意达”“言简意赅”，即不能堆砌辞藻，也不能用模棱两可、含糊不清的虚拟语气，更不能用子虚乌有、言过其实的溢美之词。

（二）生动、新颖

美国广告专家威廉·彭立克认为：“广告文案最重要的就是‘新鲜’与‘独创’。”新鲜、独特的广告，可以使消费者对产品产生美好的情绪和强烈的购买欲望，而那些内容枯燥呆板、语言老套陈旧的广告只会使人厌烦，即使是卓越出众的产品，也会因此失去吸引力和竞争力。那么怎样才能使广告语言生动、新颖呢？

1. 妙用文字、耐人寻味

妙用文字，是指活用名词、巧用动词、妙用形容词等方式，使语言更加生动形象。例如：

一家矿泉水广告“口服、心服”。构思巧妙，含义丰富。

红梅味精广告“领‘鲜’一步”。生动、形象、贴切。

天仙电扇广告词：“实不相瞒，‘天仙’的名气是‘吹’出来的”。朴实又俏皮，耐人寻味。

2. 巧用修辞

修辞是对广告语言进行润色和修饰的一个强有力手段，是使广告语言准确、鲜明、形象、生动地表情达意的具体方法。

修辞手法主要包括比喻、比拟、夸张、反复、对偶、排比、顶针、借代、拈连、双关等，巧妙地使用这些修辞手法，可以给广告文案增色添香。例如：

上海鹤鸣皮鞋广告——皮张之厚无以复加，利润之薄无以复减。（夸张）

绿色巨妮斯海藻系列化妆品——绿色是生命活力，绿色是脱颖而出，绿色是滋养柔美，绿色是吐故纳新，绿色巨妮丝海藻系列化妆品。（排比）

3. 具象描绘

所谓具象描绘，就是具体、形象地描绘商品或企业的形象。例如：一片新绿，一抹火红，一汪蔚蓝，绿丹兰化妆品。

（三）风趣、幽默

使用诙谐、幽默的广告语言，可以使人轻松愉快地接受该产品。一般可采用相声、小品、滑稽对话、幽默说唱、图案等形式，增强广告的喜剧效果。

香港某化妆品公司的广告是“趁早下‘斑’，请勿‘痘’留”，可谓贴切生动，又不失幽默。

（四）通俗上口，便于记忆

广告是一种雅俗共赏的通俗文化，因此广告语言不要过于庄重，修饰太多，应尽量使用一些通俗化、大众化的日常用语、口语等，便于记忆和传送。避免使用那些艰深晦涩的词语和专业性极强的术语。

例如：19世纪末，上海南洋兄弟烟草公司为“白金龙”香烟所作的广告是“饭后一支烟，胜过活神仙”，没想到这句话竟然成为家喻户晓、老幼皆知的谚语，流传至今。

范文学习

报纸、电视、广播文案

阅读提示

企业通常会选择三大传统大众媒体即报纸、电视、广播来刊登或播出广告文案。报纸可承载的信息量较大；电视运用画面、声音展示产品，视觉冲击力强；广播主要依靠声音来传播，要求文案短小精悍，有吸引力。此处所选的文案格式规范、用语简练，符合刊登或播出媒体的特点，是较好的范文。

报纸广告文案

标题	新鲜服务　美菱快一步
正文	新世纪，新美菱，新生活！ 新鲜的美菱向您郑重承诺“新鲜服务　美菱快一步”的新服务理念，理念以新鲜的服务内容和崭新的服务形象让您倍感新鲜美菱的无穷魅力！为此，我们以“更新、更快、更人性化”为服务宗旨，奉献给您的将是一次次优质、快捷、专业的满意服务。
附文	（附文从略）
广告语	精确每一度　新鲜每一处 新鲜的　美菱的
标题	环球时报
广告语	我们报道整个世界
正文	《环球时报》由人民日报社主办，是国内权威的国际性报纸。2004 年平均每期发行量超过 200 万份，广告额突破 2 亿元。 《环球时报》在 75 个国家和地区驻有 300 多位特派、特约记者，他们及时从一线发回的独家新闻报道，是我们保持领先地位的有力保障。 新生代市场研究机构数据显示，《环球时报》的读者以党政机关领导干部、企业管理人员、专业技术人员和大学生为主，呈现高社会影响力、高学历、高收入的特征，因此具有很高的广告价值。
附文	邮发代号：1-180　　国内统一刊号：CN11-0215

电视广告文案

（旁白）：源自美国的清新洁丽，今已登陆中国。以先进科技向污渍挑战，全新汰渍洗衣粉。清洁、清爽、清香。

（画面）家庭主妇：

要不是亲身体验，我还不相信呢！

祖父八十大寿，在我家院子大摆宴席，我丈夫的新衬衫“一一记录了各种美味”，要是洗不干净，好好的一件衣服，就要泡汤了。

试试广告介绍的全新汰渍洗衣粉吧！

真想不到它的清新洁丽，能够那么快发挥作用，把污渍和汗味消除得如此彻底，衣服恢复干净，还有香味呢！我丈夫很高兴。谢谢！

（旁白）：全新汰渍洗衣粉。清洁、清爽、清香。

广播广告文案

琴岛——利勃海尔冰箱广播广告:
(沙鸥鸣叫，轮船汽笛声)
孙女：爷爷，青岛马上就到了。
爷爷：好啊，孩子，咱们一下船就去办那件大事。
孙女：是买那个有两个大娃娃的电冰箱?
爷爷：叫琴岛——
孙女：琴岛——利勃海尔。
爷爷：对对！琴岛——利勃海尔。还是我孙女记性好。
孙女：爷爷，我们小朋友都说琴岛——利勃海尔电冰箱最棒了，是吗?
爷爷：琴岛——利勃海尔参加国际电冰箱评比，连续四次夺魁，全国独一无二，你说它棒不棒呀!
孙女：棒！琴岛——利勃海尔真棒!
(海鸥欢叫，轮船汽笛长鸣)

思考

1. 试为你所在的学校写一则招生广告。要求文案包含标题、广告语、正文和附文。
2. 比较和体会报纸广告、电视广告和广播广告文案的写作特点。

小链接

风趣幽默的广告词在提高广告收视率和感染力、树立产品和企业在公众心目中的良好形象方面，发挥了很好的作用。

瓷器广告：法国一家瓷器制造厂针对有些家庭夫妻为琐事争吵而砸碗摔碟，别出心裁地在广告上宣称："为了您家庭的和睦，使劲摔吧！切莫因小失大。"

饭店广告："请到此用餐，否则你我都要挨饿!"

鹦鹉广告：法国一家商店在待售鹦鹉笼标价为500法郎的价目签旁边挂着一则广告："不信问它，看它值不值500法郎？"

香水广告：法国某香水制造公司推销一款新产品的广告词："我们的新产品极易吸引异性，因此随瓶奉送自卫教材一份。"

胶水广告：香港一旅游商店为推销一种"强力万能胶水"，用该胶水将一枚价值千元的金币黏在墙上，广告词是："谁能用手指将它剥下，金币便归其所有。"

旅游广告：瑞士旅游公司的广告牌上写着："还不快到阿尔卑斯山玩玩，6 000年以后这山就没了。"荷兰一家旅行社刊出这样一则广告："请飞往北极度蜜月吧！当地夜长24小时。"

奖励广告：德国奔驰汽车的广告是："如果谁能发现'奔驰'牌汽车突然被迫抛锚，本公司愿奉献1万元。"

警告广告：英国伦敦某无人售票地铁站入口处有这样一则广告："如果您无票乘车，我们保证免费将您送到终点——伦敦治安院下车。"

招生广告：意大利一家法语学习班的招生广告说："如果你听了一节课之后发现不喜欢

这门课程，那你可以要求退回你的费用，但必须用法语说。”

眼药水广告：“……滴此眼药水后，将眼睛转动几下，可使眼药水遍布全球。”

墓碑上的广告：苏格兰有一块墓碑的碑文是：“这里长眠的是亥米西 · 麦克泰维西。其悲痛的妻子继承了他的兴旺的事业——蔬菜商店，商店在第 11 号高速公路旁，每日营业到晚 8 点。”

理发店广告：某家理发店的墙上贴着这样一则广告：“别以为你丢了头发，其实你赢得了面子。”

招聘广告：美国一家报纸登了这样一则广告：“招聘女秘书：长相像妙龄少女，思考像成年男子，处事像成熟女士，工作起来像一头驴子！”英国一家报纸的广告栏刊登了一则广告：“本牙科医生迫切需要一名女秘书兼接待员，请拨电话联系。如无人接电话，则该职位仍然空着。”

任务七 拟 写 海 报

任务阐述

掌握海报的写法，做到格式规范、文字简洁。能够根据学习、生活、工作的需要恰当运用该应用文种。

对号入座

读一读，想一想，改一改

1. 某师范学校门口墙壁上的海报上写着“批发自考资料”：有意批发、购买自考少（小）抄者请与我联系，细节问题面议。截止日期10月20日，张先生，138××××××××。

2. 某剧院前贴出一张海报，上写“豹子头刊金印后，野猪林伏洒（酒）家前。”

知识云梯

一、海报的概念

海报是在一定范围内向公众报道或介绍有关戏剧、电影、比赛、报告会、展销等消息的一种招贴式应用文。

海报的名称最早出现于上海。那时，人们习惯把职业性的戏剧表演叫做“海”，而把从事职业戏剧表演称为“下海”，那些演出剧目信息的招贴就被叫做“海报”。

海报具有张贴性、宣传性和灵活性的特点。

海报的特点重在告知和宣传，而广告除了宣传外，目的重在营销。虽然两者都很注重创意和设计，但海报较广告更随意。海报可以是设计精美的艺术宣传招贴，还可以写在大小不等的纸上张贴，既可以用质量不错的展板设计制作，也可以在黑板上写清楚告知的内容。重要的海报需要通过报刊、电台、电视台等媒体进行宣传。海报制作必须醒目。

二、海报的分类

根据内容的不同，海报大致可以分为以下几类：

1. 文艺类海报

这类海报主要是指告知电影、戏剧、文艺演出和大型公众综艺活动等信息的海报。

2. 体育类海报

这类海报主要是指介绍体育赛事和活动的海报。

3. 报告类海报

这类海报主要是指告知举办各种讲座、学术报告、英模报告、政治形势报告、国际形势报告等内容的海报。

4. 展销类海报

这类海报主要是指告知各种展览活动的海报，比如商品展销、科普展览等。

三、海报的基本结构

海报的内容和结构包括标题、正文、结尾，以及整体创意和美术设计。海报的美术设计，形式灵活多样，讲究新颖独特。

1. 标题

海报的标题相当关键，是海报的主题和内容的焦点。标题通常有两种形式：一种形式是直接采用“海报”做标题，另一种形式是根据活动内容拟定标题，适当使用修辞手法以突出海报的效果，比如“奇异的世界——海洋生物展览”。

标题必须醒目、简洁、新颖。设计时要在字体大小、颜色和形式上下功夫。

2. 正文

正文部分因海报种类的不同而有所差别。

（1）必备内容。明确活动名称、种类（电影、报告、比赛等）；简要交代活动的具体情况，比如比赛的是什么球队，演出的是什么剧种，报告会的内容和报告人，展览的主题和内容等。

（2）辅助内容。交代举行活动的时间、地点、票价等。时间、地点要写得明白具体，准确清楚，切忌只写出大概范围，比如，报告会只写×日而不写具体时间，地点只写大概位置而不写准确地点。必要时还要标出乘车路线。票价也要明确标出。有的海报还有一些说明性文字。

正文部分的文字可根据版面的大小设计格式和字体及文字位置，以清晰、美观为标准。

3. 结尾

海报可以有结语，在正文之后另起一行，书写“欢迎参加”、“机不可失”等，也可没有。结语之后另起一行靠右下角写落款部分：举办单位名称和海报的张贴日期。

四、海报的整体创意与美术设计

整体创意和美术设计在海报这种招贴式应用文中越来越受到重视。比如电影海报，就像影片的“名片”，以影片最精彩的镜头，配以最美的广告语言加以推介，同时具有艺术性和文化特征。电影海报作为电影的一种衍生品，必将带给人们更多的经典回味。欣赏海报就是欣赏艺术品，海报浓缩了电影的精华。电影是流动艺术，而电影海报是凝固艺术，一幅海报往往浓缩了一部电影的精华。两者互相补充，带给观众完整的艺术体验。

范文学习

一 赛事海报

阅读提示

这则海报是根据活动内容拟定标题，正文写明友谊赛的时间、地点，票价也明确标出，以两军势均力敌的对垒作为最大亮点来吸引观众。版面设计清晰、大方，非常美观。

象棋比赛

运筹帷幄　　决胜千里
中文系 苏菲 VS 设计系 小小
对抗激烈　　扣人心弦

时间：2010年10月20日13时
地点：××技校俱乐部
购票地点：××工会公室305室
票价：30元/人

××技校学生会文娱部
2010年10月16日

二 电影海报

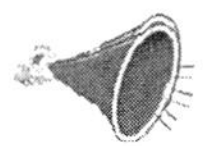

阅读提示

这则海报是以影片的精彩镜头及最大卖点，如著名电影导演、演员作为宣传点，配以最美的广告语言对影片加以推介，值得借鉴。

《赤壁》隆重上映

华语影坛空前巨制，群星荟萃再现三国乱世

时间：2008 年 7 月 10 日

地点：市区各大影院

票价：人民币 35 元

珠江电影发行放映公司

2008 年 7 月 2 日

三 展览海报

阅读提示

这则海报直接采用“海报”做标题，使用修辞手法以突出海报的效果，形象且生动，同时也突出了该笑星的影响力。

海　　报

牛眼一睁　扫描三百名家苦乐人生

牛眼一眯　笑语四方才子成败沧桑

《牛眼看家》——著名笑星牛群摄影展在北京、天津、深圳等地巡回演出后，将于 5 月 18 日至 23 日在我市隆重展出。届时牛群将为观众现场签名留念。欢迎摄影爱好者和各界人士前往参观。

展出地址：××市文化展览馆

售票时间：即日起每天 8:00～18:00

售票地点：××市文化展览馆一楼大厅

联系人：×××

联系电话：×××××××××

××市摄影家协会

××××年××月××日

思考

1. 请设计一份学生篮球比赛的海报。
2. 请设计一份教师卡拉 OK 比赛的海报。
3. 请设计一份学生手工艺品展览的海报。

小链接

“一元钱存款”海报

用手掬一捧水，水会从手指间流走。很想存一些钱，但是在目前这种糊口都难的日子里，是做梦也不敢想的。先生们、女士们，如果你们有这种想法的话，那么请您持一本存款簿吧，它就像是一个水桶，有了它，从手指间流走的零钱就会一滴一滴、一点一点地存起来，您就会在不知不觉中，有一笔可观的大钱了。我们千代田银行是一块钱也可以存的。有了一本千代田存款簿，您的胸膛就会因充满希望而满足，您的心就能在天空中飘然翱翔。

以上是“一元钱存款”的海报。“二战”后，日本经济很不景气，财阀、财团被迫解体或更名。享有盛誉的三菱银行也更名为千代田银行。名字的陌生带来的是生意的冷清。业务部的岛田晋苦闷不已，整日苦思冥想，终于在一天想出了“一块钱存款”的策略。但一块钱实在太少了，顾客们很少上门存款，在此情况下，千代田银行才发出了这份海报。

这则“一元钱存款”海报能够历经风尘、五十年而流传下来、被人们称颂，它的独到之处是有目共睹的。这则海报具有广告宣传性、商业性。银行要发展生存，必须有社会各界的积极参与，这样才会给银行带来生机。海报形象地把存款比作水桶，把零钱比作点滴水珠，积少成多便成为一笔可观的大钱。小小存款会使人们拥有希望与满足，是这则海报的成功之处，于微小处见阳光。这则海报由千代田银行发布，用充满希望、自信、诚恳、热情的语言来增强人们的参与积极性。简洁明了的文字、短小精悍的篇幅是这则海报的又一特点。

任务八　拟写民事起诉状

任务阐述

掌握民事起诉状的写法，做到格式规范，文字表述正确，符合要求。

对号入座

读一读，想一想，改一改

1. 儿子：妈妈，暑假我要去旅游。
   妈妈：不行，你得参加奥数班、钢琴班、体操班、书法班……
   儿子：如果您还是这样认为的话，您将会收到由爸爸法官签发的家庭传票。
2. 甲：你脸咋成了菜青色啊？
   乙：没办法，我奶奶顿顿做白菜，总让我吃光，从不自产自销。
   甲：有办法呀，游行示威反倾销呗！
3. 法官：你怎么能证明你是无罪的呢？
   被告：当然，这得让我好好想一想。
   法官：好吧，给你5年的时间，够了吧？

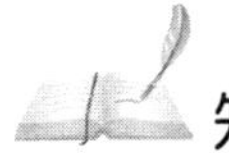

知识云梯

一、民事起诉状的概念

民事起诉状是指在认为自己的民事权益受到侵害或者与他人发生争议时，公民、法人和其他组织为维护自己的合法权益向人民法院提出的要求人民法院依法作出公正裁判的书面诉讼请求。

二、民事起诉状的写作

民事起诉状一般由首部、正文和尾部组成。

（一）首部

标题写明“民事起诉状”。首部应依次写明当事人的基本情况，即姓名、性别、出生年月日、民族、籍贯、职业、工作单位和职务、住所等。

（二）正文

正文应包括以下几部分内容：

1．写明诉讼请求

开头写明需法院依法解决原告人一方要求的有关民事权益争议的具体问题。

2．写清事实与理由

事实部分主要写明被告人侵权行为的具体事实或当事人双方权益争执的具体内容以及被告人应承担的责任，具体说明双方发生权益争执的时间、地点、原因、情节、事实经过，以及其他能说明问题的重点内容，尤其应着重写清被告人侵权行为所造成的后果、应承担的责任以及当事人双方争执的焦点和分歧。

理由部分主要是列举证据，需提供能证明所控事实的各种证据，证人的姓名、职业、住址，证据的来源和交验的物证、书证、视听资料等，并根据事实、对照法律有关条款作理由上的论证，写明所提请求的法律依据、被告人侵犯行为或违法行为的性质等。

民 事 起 诉 状

<table>
<tr><td>原告姓名</td><td></td><td>性 别</td><td></td><td>出生日期</td><td>年 月 日</td></tr>
<tr><td>出生地点</td><td colspan="3">省（市） 市（县）</td><td>职 业</td><td></td></tr>
<tr><td>工作或学习单位</td><td colspan="3"></td><td>电 话</td><td></td></tr>
<tr><td>工作或学习单位地址</td><td colspan="5"></td></tr>
<tr><td>家庭住址</td><td colspan="3"></td><td>电 话</td><td></td></tr>
<tr><td>被告姓名</td><td></td><td>性 别</td><td></td><td>出生日期</td><td>年 月 日</td></tr>
<tr><td>出生地点</td><td colspan="3">省（市） 市（县）</td><td>职 业</td><td></td></tr>
<tr><td>工作或学习单位</td><td colspan="3"></td><td>电 话</td><td></td></tr>
<tr><td>家庭住址</td><td colspan="3"></td><td>电 话</td><td></td></tr>
<tr><td colspan="6">诉讼请求</td></tr>
<tr><td colspan="6"></td></tr>
<tr><td colspan="6"></td></tr>
<tr><td colspan="6">事实与理由</td></tr>
<tr><td colspan="6"></td></tr>
<tr><td colspan="6"></td></tr>
<tr><td colspan="6"></td></tr>
<tr><td colspan="6"></td></tr>
<tr><td colspan="6"></td></tr>
<tr><td colspan="6"></td></tr>
</table>

（三）尾部

写明受理诉状的人民法院的名称、起诉状副本份数、起诉人姓名及起诉时间。

范文学习

一　民事起诉状

阅读提示

将下文与民事起诉状的基本格式进行对比，弄清民事起诉状的结构、内容和写作特点。

原告（被诉人）：广州市××电子有限公司

住所：广州市越秀区东华南路××号　企业性质：有限责任公司

工商登记核准号：44301189××××　电话：6678××××

法定代表人：胡××　电话：6678××××

委托代理人：广东绿叶律师事务所律师　张××

被告（申诉人）：何××，男，汉族

住址：广州市一德路××花园，手机：1314778××××

案由：劳动纠纷

诉讼请求：

1. 请求撤销广州市越秀区劳动争议仲裁委员会越劳仲案字〔2009〕第1252号裁决书第一项：被诉人在本裁决生效之日起十日内支付申诉人2009年3月3日至4月30日的工资2 012.82元，重新审理。

2. 请求撤销广州市越秀区劳动争议仲裁委员会越劳仲案字〔2009〕第1252号裁决书第二项：被诉人在本裁决生效之日起十日内支付申诉人2002年至2004年期间合计十二天法定休假日的加班工资3 321.32元，重新审理。

3. 请求撤销广州市越秀区劳动争议仲裁委员会越劳仲案字〔2009〕第1252号裁决书第三项：被诉人在本裁决生效之日起十日内支付申诉人2004年4月16日至9月30日期间停工留薪期工资不足部分4 765元，重新审理。

事实和理由：

我公司不服广州市越秀区劳动争议仲裁委员会越劳仲案字〔2009〕第1252号裁决书，认为该裁决书认定事实不清，裁决错误，特向贵院提出起诉。

一、广州市越秀区劳动争议仲裁委员会越劳仲案字〔2009〕第1252号裁决书认定被告何××于2004年4月16日至9月30日停工留薪期间的工资为1 660元/月（特别是认定摩托车补贴500元/月），显属错误。

被告何××在2003年11月份因交通事故受伤前在我公司的工资为700元/月，另外，我公司根据考勤情况，如当月全勤的，发全勤奖100元；自带摩托车补贴200元/月；业务电话补贴费100元/月；浮动奖金150元/月。

被告交通事故受伤后，极力请求我公司出具一份比他实际工资高的工资表，以便其向交通事故肇事者多索赔。基于被告多次请求，我公司应其要求虚作了比他实际工资高得多的2003年9月、10月的工资表交给被告。特别是摩托车补贴实际是200元/月，但被告极力请求，我公司便虚作为他写成500元/月。在劳动仲裁庭审中，我公司对虚作的2003年9月、10月的工资表情况已陈述清楚原由，要求仲裁委员不采纳虚作的2003年9月、10月工资表，但仲裁委员会仍然不顾我公司抗辩理由，裁决时采纳这份虚作的证据，这对我公司极不公平。

实际上，被告何××于2004年4月16日至9月30日停工留薪期间，我公司已按劳动合同约定的800元/月支付了其全部的工资，不存在我公司欠其工资的情况。

另外，被告是附条件自带摩托车为我公司运输工作的。在2004年4月16日至9月30日被告停工留薪期间，其没有为我公司工作，我公司没有使用被告的摩托车，也不存在被告因联系业务产生电话费的情况，因此全勤奖、自带摩托车补贴、业务电话补贴、浮动奖金应当不能享受。但仲裁委员会却认定被告在2004年4月16日至9月30日停工留薪期间能享受全勤奖、自带摩托车补贴、业务电话补贴、浮动奖金，我公司认为这样处理很不合理。

二、广州市越秀区劳动争议仲裁委员会越劳仲案字〔2009〕第1252号裁决书认定被告于2002年和2003年的劳动节及国庆节、2004年的国庆节加班，显属错误。

我公司在2002年和2003年的劳动节及国庆节、2004年的国庆节并没有加班，被告在仲裁庭审中也无证据证明其在此期间在我公司加班。被告在仲裁庭审只出示了于2005年劳动节在我公司加班两天的签名表复印件，根据法律规定，我公司完全可以主张该复印件无法律效力，但我公司还是本着实事求是的原则，对被告于2005年劳动节在我公司加班两天的事实予以承认。但越秀区劳动争议仲裁委员会却在被告无法拿出2002年和2003年的劳动节及国庆节、2004年国庆节在我公司加班的证据的情况下，仍然认定被告在此期间在我公司加班，这显属错误。

综上所述，请贵院公正审理，依法维护我公司合法权益。

此致

广州市越秀区人民法院

起诉人：（签章）

二〇〇九年××月××日

附：

1. 本民事起诉状副本2份；

2. 证人名单及联系方式

（1）证人李××，女，49岁，单位：广州市××电子有限公司。职务：出纳。联系地址：广州市越秀区东华南路××号。电话：8187××××，手机：1353505××××。

（2）证人叶××，男，51岁，单位：广州市××电子有限公司。职务：摩托车运输员。联系地址：广州市越秀区东华南路××号。电话：8187××××，手机：1388246××××。

思考

1. 说说拟写劳资类纠纷的民事起诉状应注意哪些问题。
2. 说说此文提起诉讼的理由。

二　民事起诉状二

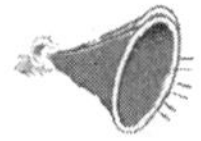

阅读提示

比较、分析民事起诉状一、二在诉讼请求上的异同。

原告：叶××，女，15岁，住××市太平乡柳河村

法定代理人：叶××，男，原告之父，住××市太平乡柳河村，电话：88××××××

委托代理人：赖××，××省黑土地律师事务所，电话：1598080××××

被告：××医院，地址：××市红旗区青年路××号

诉讼请求：

1. 判令被告赔偿原告各项损失共454 017.63元。其中医疗费105 917.31元；护理费6 520.8元；营养费316元；就医交通费1 880.8元；住院伙食补助费505.6元；残疾赔偿金80 477.12元；残疾辅助器具费238 400元；精神损害抚慰金20 000元。

2. 诉讼费用由被告承担。

事实与理由：

2008年10月9日，原告被摩托车撞伤，当即送到××市人民医院救治，××市人民医院发现原告左小腿血管损伤，简单处理后立即送往被告处治疗。10月10日，被告工作人员黄××为原告进行左小腿血管探查及修复术，术后原告反复发热，伤口化脓。10月24日，被告工作人员黄××再次为原告进行左小腿清创缝合术。手术中，在未告知原告及原告法定代理人的情况下，擅自将手术方式改为左小腿清创缝合术、血管修补术、腓肠神经皮瓣转移术，术后皮瓣发黑、坏死，伤口化脓，危及原告生命，原告不得已转到××街道社区服务中心进行截肢，住院20多天后出院。经治疗，原告虽保住生命，却留下终身残疾。原告认为被告的医疗行为不当，导致原告残疾，向××市医学会申请医疗事故技术鉴定。××市医学会于2008年11月30日做出了“不属于医疗事故”的鉴定结论，原告不服，在规定时间向××省医学会申请再次鉴定，××省医学会以原告在申请中提出被告伪造病历为由，决定“暂不受理”，并委托××区卫生局对被告病历的真实性进行调查。原告多次请求××区卫生局处理，××区卫生局借故推诿，以致再次鉴定无法进行。为维护原告的合法权益，根据相关法律规定，向你院起诉。

被告的行为违反法律、法规和医疗护理规范：

1. 2008年10月24日，被告告知原告及原告的法定代理人，给原告施行左小腿清创缝合术，在手术中却擅自将手术方案改为左小腿清创缝合术、血管修补术、腓肠神经皮瓣转移术，使原告在不知情的情况下被迫接受了该手术，侵犯了原告的知情权。

2. 原告咨询了有关医学专家，认为被告以下的医学处置不当：A. 在原告伤口严重感染、高热的情况下进行腓肠神经皮瓣转移术，选择的手术时机不当，是皮瓣不能成活的主要原因。B. 在原告伤口感染长时间不能控制的情况下，被告未做伤口分泌物培养，以致不能正确地选用抗生素，是皮瓣不能成活的另一原因。C. 腓肠神经皮瓣转移术中，皮瓣取自患肢伤口后部，违反了医疗常规，是皮瓣不能成活的又一原因。D. 被告在原告伤口严重感染、高热的情况下使用“地塞米松”，致使感染扩散，不能控制，也是皮瓣不能成活的原因之一。

3. 被告为逃避责任，伪造病历，在病历中做虚假记录。被告的病历中多处记录与原告当时的病情不相符，且病历中的记录自相矛盾，使鉴定机构不能正确判定责任。

综上所述，被告的行为违反法律、法规和医疗护理规范，使原告未得到及时有效的治疗，造成原告伤残，被告应承担主要责任。原告根据法律规定诉至你院，请依法裁判。

此致

××区人民法院

县状人：×××

2009年4月11日

思考

1. 说说医疗类纠纷民事起诉状的特点。
2. 说说此文提起诉讼的理由。
3. 如果你将房屋出租后，租客拖欠租金，应怎样写民事起诉状？

小链接

民事诉讼时效

民事诉讼都有时效，即权利人若超过法定期限不行使自己的权利，其诉讼权便失效。法律另有规定的除外。一般来说，一般权利人向人民法院请求保护民事权利的诉讼时效期为两年。

民事起诉状范本

原告：姓名、性别、年龄、民族、籍贯、文化程度、职业或职务、单位或住址

法定代理人（或委托代理人、指定代理人）：姓名、性别、年龄、民族、籍贯、文化程度、职业或职务、单位或住址、与原告关系（如果委托律师代理诉讼，只写委托代理人姓名、所属律师事务所名称）

原告：××（若有共同原告，姓名按照权利大小排列，所列项目同前）

被告：姓名、性别、年龄、民族、籍贯、文化程度、职业或职务、单位或住址

被告：××（若有共同被告，按照义务大小排列，所列项目同前）

第三人：姓名、性别、年龄、民族、籍贯、文化程度、职业或职务、单位或住址

诉讼请求

____

____

____

事实和理由

____

____

____

证据和证据的来源、证人姓名和住址

____

____

此致

敬礼

__________人民法院

起诉人：__________

（签名或盖章）

_____年__月__日

附：

1. 本诉状副本 ________ 份；
2. 证物 ________（名称）________ 件；
3. 书证 ________（名称）________ 件。

无 奇 不 有

1．骂出的民事诉讼

某村妇连续五天到邻居家中高声叫骂，每次持续五小时左右，被判赔偿原告精神损害抚慰金、经济损失共计 3 000 元。

2．喝出的民事诉讼

有一位老太太喝咖啡，腿上被烫了一个泡，竟获得 300 万元的巨额赔偿。

3．教出的民事诉讼

教师因教学生认识字母，被家长以孩子想象力受损为由告上法庭，并赢得诉讼。

附 录

附录 A 基础模块任务书

附录 B 职业模块任务书

附录 C 拓展模块任务书

附录 A

基础模块任务书

☆ 任务一　掌握听话、说话的基本方法

☆ 任务二　掌握介绍的基本方法

☆ 任务三　掌握叙述的基本方法

☆ 任务四　掌握即席发言的基本方法

☆ 任务五　掌握演讲的基本方法

☆ 任务六　掌握应聘交谈的基本方法

任务一　掌握听话、说话的基本方法

实训工场

你能在日常生活、工作中运用所学知识解决实际问题吗？

任务书 1

班级＿＿＿＿＿组别＿＿＿＿＿人数＿＿＿＿＿完成时间＿＿＿＿＿流水号＿＿＿＿＿

任　务	要　求	组员姓名	任务分工	得　分
绕口令	看谁将下面的绕口令读得又快又准	A:	代表小组发言	
		B:	作为备选代表协助A	
		C:	观察、评价其他组的表现	
		D:	文字记录及资料整理	
我的展示	接着说下去！			

花中之王牡丹花，花中皇后月季花。凌波仙子水仙花，月下公主是昙花。

清新淡雅吊兰花，烂漫多彩杜鹃花。芳香四溢茉莉花，金钟倒挂灯笼花。

一花先开金盏花，二度梅，三莲花。四季海棠，四季花，五色梅，五彩花。

六月雪开的是白花，七星花是个大瓣花。八宝花是吉祥花，九月菊是仲秋花。

月月红、百兰花，千日红本是变色花。万年青是看青不看花。

任务书 2

班级＿＿＿＿＿组别＿＿＿＿＿人数＿＿＿＿＿完成时间＿＿＿＿＿流水号＿＿＿＿＿

任　务	要　求	组员姓名	任务分工	得　分
抓要点	聆听他组同学用普通话大声朗读的一段文字（100字以内），随后用三个关键词概括其主要内容	A:	代表小组发言	
		B:	作为备选代表协助A	
		C:	观察、评价其他组的表现	
		D:	文字记录及资料整理	
我的展示	接着说下去！			

任务书3

班级__________组别__________人数__________完成时间__________流水号__________

<table>
<tr><th>任务</th><th>要求</th><th>组员姓名</th><th>任务分工</th><th>得分</th></tr>
<tr><td rowspan="4">连续说</td><td rowspan="4">围绕自定的主题，连续说十句话，不能断断续续，力求流畅清晰</td><td>A：</td><td>代表小组发言</td><td rowspan="4"></td></tr>
<tr><td>B：</td><td>作为备选代表协助A</td></tr>
<tr><td>C：</td><td>观察、评价其他组的表现</td></tr>
<tr><td>D：</td><td>文字记录及资料整理</td></tr>
<tr><td>我的展示</td><td colspan="4">接着说下去！</td></tr>
</table>

任务二 掌握介绍的基本方法

实训工场

你能在日常生活、工作中运用所学知识解决实际问题吗？

任务书1

班级________组别________人数________完成时间________流水号________

<table>
<tr><th>任　务</th><th>要　求</th><th>组员姓名</th><th>任务分工</th><th>得分</th></tr>
<tr><td rowspan="4">自我介绍</td><td rowspan="4">分组模拟新员工欢迎会，作为新员工向大家作自我介绍。要把自己的职业、姓名、主要特点、爱好等内容介绍完整</td><td>A：</td><td>代表小组发言</td><td rowspan="4"></td></tr>
<tr><td>B：</td><td>作为备选代表协助A</td></tr>
<tr><td>C：</td><td>观察、评价其他组的表现</td></tr>
<tr><td>D：</td><td>文字记录及资料整理</td></tr>
<tr><td>我的展示</td><td colspan="4">接着说下去！</td></tr>
</table>

任务书2

班级________组别________人数________完成时间________流水号________

<table>
<tr><th>任　务</th><th>要　求</th><th>组员姓名</th><th>任务分工</th><th>得　分</th></tr>
<tr><td rowspan="4">介绍他人</td><td rowspan="4">分组模拟生日晚会，作为“寿星”，请把你父母介绍给各位来宾</td><td>A：</td><td>代表小组发言</td><td rowspan="4"></td></tr>
<tr><td>B：</td><td>作为备选代表协助A</td></tr>
<tr><td>C：</td><td>观察、评价其他组的表现</td></tr>
<tr><td>D：</td><td>文字记录及资料整理</td></tr>
<tr><td>我的展示</td><td colspan="4">接着说下去！</td></tr>
</table>

任务书3

班级________组别________人数________完成时间________流水号________

<table>
<tr><th>任　务</th><th>要　求</th><th>组员姓名</th><th>任务分工</th><th>得　分</th></tr>
<tr><td rowspan="4">面试问答</td><td rowspan="4">模拟某单位招聘：全班分成3个小组，每个小组派1名同学扮演应聘同学，派3～4名扮演面试官，全班评选最佳演绎奖3名</td><td>A：</td><td>代表小组发言</td><td rowspan="4"></td></tr>
<tr><td>B：</td><td>作为备选代表协助A</td></tr>
<tr><td>C：</td><td>观察、评价其他组的表现</td></tr>
<tr><td>D：</td><td>文字记录及资料整理</td></tr>
<tr><td>我的展示</td><td colspan="4">接着说下去！</td></tr>
</table>

任务三　掌握叙述的基本方法

实训工场

你能在日常生活、工作中运用所学知识解决实际问题吗？

任务书 1

班级________组别________人数________完成时间________流水号________

任务	要求	组员姓名	任务分工	得分
口述经过	请口述身边最近发生的一件事情，要有细节阐述	A：	作为代表参加全班的互动游戏	
		B：	作为备选代表协助A	
		C：	观察、评价其他组的表现	
		D：	文字记录及资料整理	
我的展示	接着说下去！			

任务书 2

班级________组别________人数________完成时间________流水号________

任务	要求	组员姓名	任务分工	得分
口述程序	介绍某种菜肴的制作流程，要有重点和条理性	A：	作为代表参加全班的互动游戏	
		B：	组织组员讨论、设计本组方案	
		C：	观察、评价其他组的表现	
		D：	文字记录及资料整理	
我的展示	接着说下去！			

任务书3

班级________组别________人数________完成时间________流水号________

<table>
<tr><th>任　务</th><th>要　求</th><th>组员姓名</th><th>任务分工</th><th>得　分</th></tr>
<tr><td rowspan="4">叙述情节</td><td rowspan="4">根据多幅连环画，按不同顺序连缀成完整的故事情节</td><td>A：</td><td>作为代表参加全班的互动游戏</td><td rowspan="4"></td></tr>
<tr><td>B：</td><td>组织组员讨论、设计本组方案</td></tr>
<tr><td>C：</td><td>观察、评价其他组的表现</td></tr>
<tr><td>D：</td><td>文字记录及资料整理</td></tr>
<tr><td>我的展示</td><td colspan="4">接着说下去！</td></tr>
</table>

任务四　掌握即席发言的基本方法

实训工场

你能在日常生活、学习中运用所学知识解决实际问题吗?

任务书 1

班级＿＿＿＿＿组别＿＿＿＿＿人数＿＿＿＿＿完成时间＿＿＿＿＿流水号＿＿＿＿＿

任　务	要　求	组员姓名	任务分工	得　分
随机应变	教师将3～4个关于生活的词语写在黑板上，学生以小组为单位，选派代表上台进行为时2分钟的即席发言，要求所言之中必须含有这3～4个词语	A:	代表小组发言	
		B:	作为备选代表协助A	
		C:	观察、评价其他组的表现	
		D:	文字记录及资料整理	
我的展示	接着说下去!			

任务书 2

班级＿＿＿＿＿组别＿＿＿＿＿人数＿＿＿＿＿完成时间＿＿＿＿＿流水号＿＿＿＿＿

任　务	要　求	组员姓名	任务分工	得　分
临场发挥	请以“如果我的生命只剩一天”为话题作约2分钟的即席发言	A:	代表小组发言	
		B:	作为备选代表协助A	
		C:	观察、评价其他组的表现	
		D:	文字记录及资料整理	
我的展示	接着说下去!			

任务五　掌握演讲的基本方法

实训工场

你能在日常生活、工作中运用所学知识解决实际问题吗？

任务书 1

班级________组别________人数________完成时间________流水号________

任　务	要　求	组员姓名	任务分工	得　分
态势语表演	分小组讨论、设计一段话的情境、语气、语调与态势语的配合方案。其他小组评分	A:	代表小组发言	
		B:	作为备选代表协助 A	
		C:	观察、评价其他组的表现	
		D:	文字记录及资料整理	
我的展示	接着说下去！			

任务书 2

班级________组别________人数________完成时间________流水号________

任　务	要　求	组员姓名	任务分工	得　分
演　讲	从老师给出的题目中任选一题，拟写演讲稿，脱稿作 5 分钟的演讲	A:	代表小组发言	
		B:	作为备选代表协助 A	
		C:	观察、评价其他组的表现	
		D:	文字记录及资料整理	
我的展示	接着说下去！			

演讲题目（任选一）：

1. 如果我是汽车检修员（园林设计员……）
2. 爱岗敬业，从我做起
3. 我的第一次成功（失败、伤心、动心……）
4. 我的第一个朋友（老师、邻居、伙伴……）

任务六 掌握应聘交谈的基本方法

实训工场

你能在日常生活、工作中运用所学知识解决实际问题吗？

任务书 1

班级__________组别__________人数__________完成时间__________流水号__________

任　务	要　求	组员姓名	任务分工	得　分
应　答　辞	假如你是某一专业的学生，请为以下问题准备应答辞。注意口语语体特征，应答要简明、得体	A：	代表小组发言	
		B：	作为备选代表协助 A	
		C：	观察、评价其他组的表现	
		D：	文字记录及资料整理	
我的展示	接着说下去！			

1．你如何评价你所学的专业和你的老师？

2．你和同学发生矛盾后一般会怎样处理？

3．你正在做你喜欢的事时，父母却让你去做一件你不喜欢的事，通常你会怎么做？

4．你对工资待遇有什么要求？

5．如果你应聘的公司不聘用你，你有什么想法？

6．你有什么业余爱好？

7．你的座右铭是什么？

8．你最崇拜的人是谁？

任务书 2

班级__________组别__________人数__________完成时间__________流水号__________

任　务	要　求	组员姓名	任务分工	得　分
设计面试着装	根据小组成员的专业特点、个人性格、年龄特征设计面试着装，并口头描述	A：	代表小组发言	
		B：	作为备选代表协助 A	
		C：	观察、评价其他组的表现	
		D：	文字记录及资料整理	
我的展示	接着说下去！			

任务书3

班级________组别________人数________完成时间________流水号________

任　务	要　求	组员姓名	任务分工	得　分
模拟面试	一位同学充当某用人单位的面试官，对扮演应聘者的同学进行模拟面试提问，不得少于三个问题	A:	代表小组发言	
		B:	作为备选代表协助A	
		C:	观察、评价其他组的表现	
		D:	文字记录及资料整理	
我的展示	接着说下去！			

附录 B

职业模块任务书

☆ 任务一　掌握接待的基本方法

☆ 任务二　掌握答询的基本方法

☆ 任务三　掌握讲解的基本方法

☆ 任务四　拟写条据

☆ 任务五　拟写启事

☆ 任务六　拟写专用书信

☆ 任务七　拟写通知

☆ 任务八　拟写请示与批复

☆ 任务九　拟写报告

☆ 任务十　拟写函

☆ 任务十一　拟写计划

☆ 任务十二　拟写总结

☆ 任务十三　拟写请柬、欢迎词、开幕词

任务一　掌握接待的基本方法

实训工场

你能在日常生活、工作中运用所学知识解决实际问题吗？

任务书1

班级＿＿＿＿组别＿＿＿＿人数＿＿＿＿完成时间＿＿＿＿流水号＿＿＿＿

<table>
<tr><th>任　务</th><th>要　求</th><th>组员姓名</th><th>任务分工</th><th>得　分</th></tr>
<tr><td rowspan="4">选择住处</td><td rowspan="4">分组派代表选出所给题目符合礼仪标准的选项，并说明理由</td><td>A：</td><td>代表小组发言</td><td rowspan="4"></td></tr>
<tr><td>B：</td><td>作为备选代表协助A</td></tr>
<tr><td>C：</td><td>观察、评价其他组的表现</td></tr>
<tr><td>D：</td><td>文字记录及资料整理</td></tr>
<tr><td>我的展示</td><td colspan="4">接着说下去！</td></tr>
</table>

假设被接待方为例行出差的外方普通工作人员，如何安排其入住宾馆最为合适？

A．住当地最好的宾馆　　B．住当地的普通招待所

C．住本单位招待所　　D．住当地较好但价格较低的宾馆

任务书2

班级＿＿＿＿组别＿＿＿＿人数＿＿＿＿完成时间＿＿＿＿流水号＿＿＿＿

<table>
<tr><th>任　务</th><th>要　求</th><th>组员姓名</th><th>任务分工</th><th>得　分</th></tr>
<tr><td rowspan="4">选择礼品</td><td rowspan="4">分组选出不符合为外宾选择礼品的标准的选项，派代表说明理由</td><td>A：</td><td>代表小组发言</td><td rowspan="4"></td></tr>
<tr><td>B：</td><td>作为备选代表协助A</td></tr>
<tr><td>C：</td><td>观察、评价其他组的表现</td></tr>
<tr><td>D：</td><td>文字记录及资料整理</td></tr>
<tr><td>我的展示</td><td colspan="4">接着说下去！</td></tr>
</table>

下列哪项不是为外宾选择礼品的基本原则？

A．突出礼品的纪念性　　B．体现礼品的民族性

C．有针对性　　D．选用贵重的礼品

E．重视礼品的文化差异性

任务书3

班级＿＿＿＿＿组别＿＿＿＿＿人数＿＿＿＿＿完成时间＿＿＿＿＿流水号＿＿＿＿＿

任务	要求	组员姓名	任务分工	得分
设计接待流程	分组设计家长会接待家长的具体事宜，并选派代表解说	A：	代表小组发言	
		B：	作为备选代表协助A	
		C：	观察、评价其他组的表现	
		D：	文字记录及资料整理	
我的展示	接着说下去！			

任务二　掌握答询的基本方法

实训工场

你能在日常生活、工作中运用所学知识解决实际问题吗？

任务书1

班级＿＿＿＿组别＿＿＿＿人数＿＿＿＿完成时间＿＿＿＿流水号＿＿＿＿

<table>
<tr><th>任　务</th><th>要　求</th><th>组员姓名</th><th>任务分工</th><th>得　分</th></tr>
<tr><td rowspan="4">情境答询</td><td rowspan="4">根据教师给出的情境进行组与组之间相互答询，不得少于三问三答</td><td>A：</td><td>代表小组发言</td><td rowspan="4"></td></tr>
<tr><td>B：</td><td>作为备选代表协助A</td></tr>
<tr><td>C：</td><td>观察、评价其他组的表现</td></tr>
<tr><td>D：</td><td>文字记录及资料整理</td></tr>
<tr><td>我的展示</td><td colspan="4">接着说下去！</td></tr>
</table>

参考情境：旅游景点、商场、教育机构、学校、新闻发布会现场、电信营业大厅、旅行社、影楼、饭店、餐厅、电视台、洗衣店、售楼处、交警岗亭、法院、公共汽车上。

任务书2

班级＿＿＿＿组别＿＿＿＿人数＿＿＿＿完成时间＿＿＿＿流水号＿＿＿＿

<table>
<tr><th>任　务</th><th>要　求</th><th>组员姓名</th><th>任务分工</th><th>得　分</th></tr>
<tr><td rowspan="4">大家看法</td><td rowspan="4">分组讨论成功答询的关键是什么，给出本组观点及论据</td><td>A：</td><td>代表小组发言</td><td rowspan="4"></td></tr>
<tr><td>B：</td><td>作为备选代表协助A</td></tr>
<tr><td>C：</td><td>观察、评价其他组的表现</td></tr>
<tr><td>D：</td><td>文字记录及资料整理</td></tr>
<tr><td>我的展示</td><td colspan="4">接着说下去！</td></tr>
</table>

任务书 3

班级__________组别__________人数__________完成时间__________流水号__________

<table>
<tr><th>任务</th><th>要求</th><th>组员姓名</th><th>任务分工</th><th>得分</th></tr>
<tr><td rowspan="4">七嘴八舌</td><td rowspan="4">说说你曾听到或遇到的答询趣事及你从中得到的启示</td><td>A:</td><td>代表小组发言</td><td rowspan="4"></td></tr>
<tr><td>B:</td><td>作为备选代表协助A</td></tr>
<tr><td>C:</td><td>观察、评价其他组的表现</td></tr>
<tr><td>D:</td><td>文字记录及资料整理</td></tr>
<tr><td>我的展示</td><td colspan="4">接着说下去!</td></tr>
</table>

任务三　掌握讲解的基本方法

实训工场

你能在日常生活、工作中运用所学知识解决实际问题吗？

任务书1

班级＿＿＿＿组别＿＿＿＿人数＿＿＿＿完成时间＿＿＿＿流水号＿＿＿＿

任　务	要　求	组员姓名	任务分工	得　分
知识竞答	教师将课前准备好的题目写在小纸条上，各组以“抽签——答题——记分”的形式开展活动，并根据回答的正误给分，得分高的组为胜	A:	代表小组发言	
		B:	作为备选代表协助A	
		C:	观察、评价其他组的表现	
		D:	文字记录及资料整理	
我的展示	接着说下去！			

附题：1．讲解的方式有哪些？

2．讲解的注意事项有哪些？

3．讲解员应具备哪些素质？

4．讲解有哪些技巧？

5．讲解实物时要注意什么？

任务书2

班级＿＿＿＿组别＿＿＿＿人数＿＿＿＿完成时间＿＿＿＿流水号＿＿＿＿

任　务	要　求	组员姓名	任务分工	得　分
步骤接龙	各小组自选一题目，写一份讲解词，并派代表朗读	A:	代表小组发言	
		B:	作为备选代表协助A	
		C:	观察、评价其他组的表现	
		D:	文字记录及资料整理	
我的展示	接着说下去！			

附题：1．讲解某一零件的加工过程。

2．讲解某汽车的内部构造。

3．讲解一处建筑物。

4．讲解手机微信的使用方法。

5．讲解在银行柜员机存款的方法或过程。

6．讲解淘宝购物的方法。

任务四　拟 写 条 据

实训工场

你能在日常生活、工作中运用所学知识解决实际问题吗？

任务书1

班级＿＿＿＿组别＿＿＿＿人数＿＿＿＿完成时间＿＿＿＿流水号＿＿＿＿

任　务	要　求	组员姓名	任务分工	得　分
板　书	分别用汉字数字的大写形式和阿拉伯数字形式写出零至十	A:	代表小组在黑板上书写	
		B:	作为备选代表协助A	
		C:	观察、评价其他组的表现	
		D:	文字记录及资料整理	
我的展示	接着说下去！			

任务书2

班级＿＿＿＿组别＿＿＿＿人数＿＿＿＿完成时间＿＿＿＿流水号＿＿＿＿

任　务	要　求	组员姓名	任务分工	得　分
改　错	今借到扩音器3台。 阿呜 2002年12月	A:	代表小组发言	
		B:	作为备选代表协助A	
		C:	观察、评价其他组的表现	
		D:	文字记录及资料整理	
我的展示	接着说下去！			

任务书3

班级__________组别__________人数__________完成时间__________流水号__________

<table>
<tr><th>任务</th><th>要求</th><th>组员姓名</th><th>任务分工</th><th>得分</th></tr>
<tr><td rowspan="4">写托事条</td><td rowspan="4">写一张条据，主要内容为托同学的妈妈代买一件衣服。分组讨论，成文后派代表写在黑板上</td><td>A：</td><td>代表小组在黑板上书写</td><td rowspan="4"></td></tr>
<tr><td>B：</td><td>作为备选代表协助A</td></tr>
<tr><td>C：</td><td>观察、评价其他组的表现</td></tr>
<tr><td>D：</td><td>文字记录及资料整理</td></tr>
<tr><td>我的展示</td><td colspan="4">接着说下去！</td></tr>
</table>

任务五 拟写启事

实训工场

你能在日常生活、工作中运用所学知识解决实际问题吗？

任务书1

班级________组别________人数________完成时间________流水号________

任务	要求	组员姓名	任务分工	得分
小小修理工	以小组为单位对以下病例题进行修改，并梳理成书面文字，选派代表口述其错误	A:	代表小组讲解修改意见	
		B:	作为备选代表	
		C:	观察、总结其他组的表现	
		D:	文字记录及资料整理	
我的展示	接着说下去!			

病例1：

征稿启事

爱好文学的同学们：

为了丰富校刊《星星草》的内容，特征求下列内容的稿件：园丁颂歌、班级启事、学习心得、读书笔记、思想火花等。来稿要求内容健康，文字简洁，字迹清晰，篇幅以千字左右为宜。请写明真实的姓名和所在班级。

2010年3月8日

《星星草》编辑部

病例2：

寻物启事

本人是09级模具设计班的学生，于5月15日路经学校饭堂门口附近时，不小心丢失皮包一只。有拾到者请交给本人，我愿意付出重金表示感谢。

此致

敬礼!

××学院全体教职工

5月16日

病例 3：

××大学（1905～2005）百年校庆启事

今年 10 月 2 日，将是我校的百年诞生日。为迎接百年校庆，百年校庆筹备委员会，恭请全世界凡在北洋大学、天南大学学习和工作过的师生员工回母校活动。同时学校拟编校史资料集、优秀论文集，请各界校友踊跃支持。

热烈欢迎海内外校友为母校的发展作出贡献。邮政编码：（略）联系电话：（略）电子信箱：（略）

病例 4：

开 业 启 事

经上级部门批准，我公司汽车信息咨询服务部已正式成立。

服务时间：早 8 时～晚 8 时（星期六、日照常）。

服务范围：市场信息、有关最新汽车动向信息查询等。

地址：××路××号

××汽车公司信息咨询服务部

2009 年 5 月 20 日

任务书 2

班级＿＿＿＿＿组别＿＿＿＿＿人数＿＿＿＿＿完成时间＿＿＿＿＿流水号＿＿＿＿＿

任　务	要　求	组员姓名	任务分工	得　分
个性创作	要求小组成员根据下列参考资料进行写作，可以自由选择	A：	作为代表在黑板上书写	
		B：	作为备选代表	
		C：	观察、总结其他组的表现	
		D：	文字记录及资料整理	
我的展示	接着说下去！			

1．王部是一位会计专业的职校学生，家境贫寒。暑假即将来临，但他下学期的学费还没有着落。所以，他今年暑假打算在家乡办一个 20 人的暑期少儿数学培训班，既可以为那些忙碌的父母解燃眉之急，又可以为自己筹集学费。请你为他撰写这则“招生启事”。招生项目、具体内容自拟。

2．特蒙汽车××专卖店于 6 月 18 日开业。特蒙是中国驰名商标，汽车名牌，由××市汽车厂定点生产。6 月 18 日至 28 日开业期间，全店商品 8 折优惠。专卖店地址：××市××路××号，电话：××××××××。根据以上材料，为××专卖店写一则开业启事。

3．宁波市飞彩装潢公司自 2005 年 10 月 20 日，将由原址搬迁到和平路 38 号，电话号码变更为××××××××，请你为该公司撰写一则迁址启事，具体内容自拟。

4．东方宾馆开业，娱乐设施齐全，请你为它设计一则开业启事，具体内容自拟。

任务六　拟写专用书信

实训工场

你能在日常生活、工作中运用所学知识解决实际问题吗？

任务书1

班级＿＿＿＿组别＿＿＿＿人数＿＿＿＿完成时间＿＿＿＿流水号＿＿＿＿

任　务	要　求	组员姓名	任务分工	得　分
习　作	各小组围绕以下资料展开讨论，进行写作。要求所写内容格式规范、重点突出、文字通顺	A:	代表小组写作	
		B:	作为备选代表协助A	
		C:	观察、评价其他组的表现	
		D:	文字记录及资料整理	
我的展示	接着说下去！			

参考资料：

××市××技工学校汽车机电一体化专业2009级学生黄××积极上进，校党支部欲将其作为学生党员培养对象进行培养，要求黄××初中时的班主任出具证明。请根据以上材料，以黄××的初中班主任的身份向××技工学校党支部写一封证明黄××初中时表现优良的证明信。

任务书2

班级＿＿＿＿组别＿＿＿＿人数＿＿＿＿完成时间＿＿＿＿流水号＿＿＿＿

任　务	要　求	组员姓名	任务分工	得　分
习　作	假如你是汽车驾驶5班的吴自友，由于违反校规受到处分，时过一年，已有改变。于是你向学生处申请撤销处分。请各组根据所学知识指出申请书原文中存在的问题，可以从格式、三大要素及用语是否准确等方面来判断	A:	代表小组发表改正意见	
		B:	作为备选代表协助A	
		C:	观察、评价其他组的表现	
		D:	文字记录及资料整理	
我的展示	接着说下去！			

参考资料：

撤 销 处 分

本人在老师的教育下，在父母的关心督促下，已经有很大转变。我强烈要求学生处给我撤销处分。因为我即将毕业要出去找工作所以一定要在我毕业前给我解决这个问题。

吴自友××××年××月××日

任务书3

班级________组别________人数________完成时间________流水号________

任　务	要　求	组员姓名	任务分工	得　分
习　作	各小组代表以技校应届毕业生的身份，结合本专业，写一封求职信。各组选派代表上台轮流朗读本组作品，再梳理成内容完整、格式规范、重点突出、文字通顺的书面作业	A：	代表小组上台写作	
		B：	作为备选代表协助A	
		C：	观察、评价其他组的表现	
		D：	文字记录及资料整理	
我的展示	接着说下去！			

任务七　拟写通知

实训工场

你能在日常生活、工作中运用所学知识解决实际问题吗？

任务书

班级＿＿＿＿组别＿＿＿＿人数＿＿＿＿完成时间＿＿＿＿流水号＿＿＿＿

任　务	要　求	组员姓名	任务分工	得　分
习　作	自选一题，根据材料拟写一份通知，可小组合作完成，细节自定	A:	代表小组上台写作	
		B:	作为备选代表协助A	
		C:	观察、评价其他组的表现	
		D:	文字记录及资料整理	
我的展示	接着说下去！			

参考资料：

1. 学校教务处拟召开学生座谈会。
2. 某公司拟举办一次××比赛活动。
3. 某居委会拟为适龄儿童统一注射疫苗。
4. 某单位拟调整夏季作息时间。
5. 某部门拟组织一次募捐活动。

任务八　拟写请示与批复

实训工场

你能在日常生活、工作中运用所学知识解决实际问题吗？

任务书 1

班级_________组别_________人数_________完成时间_________流水号_________

任　务	要　求	组员姓名	任务分工	得　分
习　作	以小组为单位，从所给资料中任选其一完成写作，要求所写内容应符合文章的基本格式	A：	代表小组上台写作	
		B：	作为备选代表协助 A	
		C：	观察、评价其他组的表现	
		D：	文字记录及资料整理	
我的展示	接着说下去！			

参考资料：

1. 以学生会的名义向学校总务处拟写一份要求改善食堂就餐质量的请示。

2. 以团委的名义向学校学生处拟写一份要求组织五四青年节郊游活动的请示，并根据请示内容拟写一份批复。

3. 本校拟重新设计和制作学生校服，请代学生处向校长写一份请示，并根据请示内容拟写一份批复。

4. 本校拟重新组建学生社团，请代校团委向学生处写一份请示，并根据请示内容拟写一份批复。

任务书 2

班级_________组别_________人数_________完成时间_________流水号_________

任　务	要　求	组员姓名	任务分工	得　分
改　错	以小组为单位，选派代表上台指出所给资料中存在的问题，再要求梳理成准确完整的一篇习作，注意所修改的内容应符合基本的格式与写作特点	A：	代表小组上台发言	
		B：	作为备选代表协助 A	
		C：	观察、评价其他组的表现	
		D：	文字记录及资料整理	
我的展示	接着说下去！			

参考资料：

请　　示

市人民政府，市教育局：

我校今年由于住校生急剧增加，现有的学生宿舍已经无法容纳，现在住校生基本上是一铺二人住宿，严重影响了学生的身心健康。为解决这一困难，我校需要再建一栋学生宿舍楼。另外，我校的图书馆也没达到省“两基”标准，望上级部门给予适当支持，特此请示，请马上批准。

××市职业学校

2009年9月1日

任务书3

班级_________组别_________人数_________完成时间_________流水号_________

任　务	要　求	组员姓名	任务分工	得　分
习　作	以机电工程系的名义写一份给汽车机电一体化专业班关于参加技能竞赛的批复	A:	代表小组写作	
		B:	作为备选代表协助A	
		C:	观察、评价其他组的表现	
		D:	文字记录及资料整理	
我的展示	接着说下去！			

任务书4

班级_________组别_________人数_________完成时间_________流水号_________

任　务	要　求	组员姓名	任务分工	得　分
抢　答	用分组——抢答——记分的形式，由教师读出课前出好的判断题供学生抢答，并根据回答的正误给分	A:	代表小组抢答发言	
		B:	作为备选代表协助A	
		C:	观察、评价其他组的表现	
		D:	文字记录及资料整理	
我的展示	接着说下去！			

参考题材：

（1）缘由是否有理有据是请示事项能否得到上级机关批准的关键。

（2）凡必须得到上级机关批准和指示后才能办理的公务，都可用“请示”行文。

（3）请示一般只写一个主送机关和领导人。

（4）请示如需其他相关上级单位知道，可用抄送形式。

（5）受双重领导的单位向上级机关请示，应当写明两个主送机关。

（6）请示不得下发给下级机关。

（7）为提高办事效率，同一份请示可请求指示或批准若干事项。

（8）情况紧急可以越级请示。

（9）报告和请示都是陈述性公文。

（10）批复应一文一事。

（11）如果同意下级单位的请示事项，可以不必说明同意理由，表明同意态度即可。

（12）如果不同意下级单位的请示事项，一般还要说明不同意的理由。

（13）批复内容若涉及其他部门，为了体现上级机关的权威性，起草批复时不必与有关部门协商。

（14）请说明下面三个标题中哪一个符合“请示”标题的写作要求，其他两个标题为什么不合乎要求？

①关于请求增拨我校招生指标的请示。②关于增拨我校招生指标的请示报告。③××商业学校关于增拨我校招生指标的请示。

任务九　拟写报告

实训工场

你能在日常生活、工作中运用所学知识解决实际问题吗？

任务书1

班级________组别________人数________完成时间________流水号________

<table>
<tr><th>任　务</th><th>要　求</th><th>组员姓名</th><th>任务分工</th><th>得　分</th></tr>
<tr><td rowspan="4">习　作</td><td rowspan="4">以小组为单位，选派代表上台根据所提供的资料，在黑板上进行为时20分钟的即席写作。要求所写的内容符合格式要求</td><td>A:</td><td>代表小组上台书写</td><td rowspan="4"></td></tr>
<tr><td>B:</td><td>作为备选代表协助A</td></tr>
<tr><td>C:</td><td>观察、评价其他组的表现</td></tr>
<tr><td>D:</td><td>文字记录及资料整理</td></tr>
<tr><td>我的展示</td><td colspan="4">接着说下去！</td></tr>
</table>

参考资料：

学校团委要求每个系在月末上报各个系团委的工作情况。9月份，你所在的系（如汽车工程系）开展了“爱心资助活动”，向贵州的贫困学生捐助衣物和钱款。

任务书2

班级________组别________人数________完成时间________流水号________

<table>
<tr><th>任　务</th><th>要　求</th><th>组员姓名</th><th>任务分工</th><th>得　分</th></tr>
<tr><td rowspan="4">习　作</td><td rowspan="4">分别给组员不同资料，要求其负责完成自己那部分内容的写作。每组组员可以依次上台在黑板上书写，台下的组员有责任对台上的情况提出异议</td><td>A:</td><td>代表小组上台板书</td><td rowspan="4"></td></tr>
<tr><td>B:</td><td>作为备选代表协助A</td></tr>
<tr><td>C:</td><td>观察、评价其他组的表现</td></tr>
<tr><td>D:</td><td>文字记录及资料整理</td></tr>
<tr><td>我的展示</td><td colspan="4">接着说下去！</td></tr>
</table>

参考资料：

1．××××年6月4日凌晨2时40分，××分公司江南百货大楼发生火灾。事故未造成人员伤亡，但该大楼二楼商品全部被烧毁，造成直接经济损失达 350 万元。事故原因是二楼某个体裁缝未经二楼经理同意，从总闸自接线路，夜间没断电导致电线起火。事故发生后，分公司领导马上拨打火警，市消防队出动了 8 辆消防车，至清晨 6 点，大火才被扑灭。之后分公司经理、副经理多次到现场调查，并对事故进行了认真处理。

2．黄利县于2004年6月20日凌晨突降暴雨，凌晨1点左右山洪爆发，冲毁了永平粮站仓库2座，冲走稻、麦等粮食50吨，冲垮宿舍平房8间。事前，气象站未发出准确预报，所以事情刚发生时全所职工毫无准备，公私财产损失严重。目前大雨仍时断时续，粮站职工正在全力抢救国家财产。已有30吨粮食转移到安全处。永平粮站须将上述情况报告黄利县粮食局。

3．2009 年 5 月 9 日晚，大红鹰学院举行《大学生守则》学习情况测评。测评活动结束后，人文艺术系学工办要求各班以报告的形式上报这次活动的情况。

任务十　拟　写　函

实训工场

你能在日常生活、工作中运用所学知识解决实际问题吗？

任务书1

班级＿＿＿＿＿组别＿＿＿＿＿人数＿＿＿＿＿完成时间＿＿＿＿＿流水号＿＿＿＿＿

任　务	要　求	组员姓名	任务分工	得　分
改　错	全班分成四个大组，将下面题目中的错误认真讨论后派代表发言，看哪一组改得又快又好	A:	代表小组发言	
		B:	作为备选代表协助A	
		C:	观察、评价其他组的表现	
		D:	文字记录及资料整理	
我的展示	接着说下去！			

函

××省政府办公厅：

贵省七月十三日所发邀请函已收悉，感谢贵省政府领导的盛情邀请及××先生的热望。我省有意与贵省开展经济技术合作已久，但目前前往确有困难，拟定十月或稍晚时候，主管经贸工作的副省长前往访问。

××省人民政府办公厅（印章）

任务书2

班级＿＿＿＿＿组别＿＿＿＿＿人数＿＿＿＿＿完成时间＿＿＿＿＿流水号＿＿＿＿＿

任　务	要　求	组员姓名	任务分工	得　分
快速选择	全班分成四个大组，就下列选择题展开讨论后派代表发言，阐述本组的选择及理由	A:	代表小组发言	
		B:	作为备选代表协助A	
		C:	观察、评价其他组的表现	
		D:	文字记录及资料整理	
我的展示	接着说下去！			

选择：下列事项中，可用函来处理的有（　　　）：

A．××县人事局拟撰文请求县财政局拨给骨干考试办公费

B．××县纪委拟向市委汇报重大案件查处情况

C．××市教委拟向所属学校公布初中毕业统考时间及要求

D．A县工商局委托B县工商局协助调查A县个体商户张××在B县的营业情况

E．××乡政府办公室拟书面询问县政府办公室举办秘书培训班的有关事宜

任务书3

班级＿＿＿＿＿组别＿＿＿＿＿人数＿＿＿＿＿完成时间＿＿＿＿＿流水号＿＿＿＿＿

任　务	要　求	组员姓名	任务分工	得　分
拟写一份函	全班分为四个大组，根据下列题目要求讨论并成文，派代表在黑板上板书（两个大组拟写发函，两个大组拟写复函）。师生共同评点	A：	代表小组发言	
		B：	作为备选代表协助A	
		C：	观察、评价其他组的表现	
		D：	文字记录及资料整理	
我的展示	接着说下去！			

要求：某公司拟借用我校礼仪队员数名为其周年庆典服务。请分别拟写发函和复函。具体内容自定。

任务十一　拟　写　计　划

实训工场

你能在日常生活、工作中运用所学知识解决实际问题吗？

任务书1

班级＿＿＿＿组别＿＿＿＿人数＿＿＿＿完成时间＿＿＿＿流水号＿＿＿＿

任　务	要　求	组员姓名	任务分工	得　分
改　错	以小组为单位，选派学生代表上台发表对下列材料的修改意见，要求从目标、措施、方法三个方面修正，最后整理成书面材料	A：	代表小组发表意见	
		B：	作为备选代表协助A	
		C：	观察、评价其他组的表现	
		D：	文字记录及资料整理	
我的展示	接着说下去！			

期末复习迎考的打算

期末考试将要来临，为了在考试中取得好成绩，升上二年级，特制订以下几条打算：

1．巩固基础知识，对各门功课要抓基础，要彻底地掌握基础知识。

2．抓薄弱环节，对几门差的科目要重点复习，多花时间。

3．抓重点主要科目，对一些主要科目不能放松，因为这些科目的学分高，况且在将来的工作中用途广。

4．在掌握基础知识的前提下，适当地学习一些难题。

5．充分合理地利用时间，同时又要保证休息时间，毕竟身体健康更重要。

任务书2

班级＿＿＿＿组别＿＿＿＿人数＿＿＿＿完成时间＿＿＿＿流水号＿＿＿＿

任　务	要　求	组员姓名	任务分工	得　分
习　作	结合本专业，以小组为单位，自由选取题目进行写作训练，时间为20分钟，可合作完成。要求注意格式的规范与内容的完整性	A：	代表小组在黑板上习作	
		B：	作为备选代表协助A	
		C：	观察、评价其他组的表现	
		D：	文字记录及资料整理	
我的展示	接着说下去！ 			

题目：

1．本学期的学习计划。

2．每月个人生活费的开支计划。

3．在走上就业岗位前，结合自身的专业性质拟写一份实习计划。

4．请以汽车营销与电子商务专业学生的身份拟写一份年度汽车营销计划。

5．假期减肥（增肥）计划。

6．团员扫墓计划。

7．教师植树计划。

任务十二　拟写总结

实训工场

你能在日常生活、工作中运用所学知识解决实际问题吗？

任务书1

班级________组别________人数________完成时间________流水号________

任　务	要　求	组员姓名	任务分工	得　分
习　作	请以食品检验控专业学生的身份，根据给出的材料进行总结习作训练	A:	代表小组根据材料写作文章的标题与开头部分	
		B:	根据材料写作文章的正文部分（包括成绩、经验与不足）	
		C:	根据A与B的内容进行口头表述	
		D:	文字记录及资料整理	
我的展示	接着说下去！			

参考材料：

据《齐鲁晚报》报道：面对时下的禽流感疫情，洋快餐纷纷启动危“鸡”攻关。济南的多家洋快餐店顾客络绎不绝。肯德基餐厅入口处，一张大大的写着“肯德基为您把关”的宣传海报赫然入目，其上有“世界卫生组织和权威机构证明食用烹煮的鸡肉肯定是安全的，肯德基所有鸡肉产品都是以170℃以上的高温烹制”等字样。据悉，这是百胜集团在禽流感防控时期启动的危“鸡”攻关行动之一。与此同时，记者在山东麦当劳餐厅食品有限公司也看到一份声明称：“世界卫生组织多次强调禽流感病菌在适当的温度下是可以完全消灭的。只要彻底煮熟鸡肉，食用是安全的。”

面对禽流感，肯德基、麦当劳等洋快餐采取了多种应对措施，显得有条不紊。如肯德基在承诺原料鸡全部来自非疫区后，还首次公开了该品牌食品的基本制作工艺。从中可以看出这些措施绝不是临时抱佛脚，而是平时就未雨绸缪，进行了策划和准备，一旦有突发情况就能从容应对。洋快餐的危“鸡”攻关值得借鉴，我们应从中学到一些管理经验和举措，从而正确应对各种危机。

任务书 2

班级_________组别_________人数_________完成时间_________流水号_________

<table>
<tr><th>任　务</th><th>要　求</th><th>组员姓名</th><th>任务分工</th><th>得　分</th></tr>
<tr><td rowspan="4">写总结</td><td rowspan="4">以机电、汽车专业学生的身份，各小组从下列材料中自由选取一则进行写作训练，时间为 20 分钟</td><td>A:</td><td>代表小组发言</td><td rowspan="4"></td></tr>
<tr><td>B:</td><td>作为备选代表协助 A</td></tr>
<tr><td>C:</td><td>观察、评价其他组的表现</td></tr>
<tr><td>D:</td><td>文字记录及资料整理</td></tr>
<tr><td>我的展示</td><td colspan="4">接着说下去！</td></tr>
</table>

参考材料：

1. 请为自己“××××基础”课的期中考试情况写一篇总结，指出经验和不足。
2. 请以《钳工实习》为题写一篇实习总结，指出经验和不足。
3. 请为自己在学校参加汽车维修技能竞赛活动写一篇总结，指出经验和不足。
4. 请为自己参加团组织活动写一篇总结，指出经验和不足。
5. 根据之前拟写的计划写出相应的总结。

任务十三　拟写请柬、欢迎词、开幕词

实训工场

你能在日常生活、工作中运用所学知识解决实际问题吗？

任务书1

班级_________组别_________人数_________完成时间_________流水号_________

任　务	要　求	组员姓名	任务分工	得　分
知识竞答	教师将课前准备好的题目写在小纸条上，各组以“抽签——答题——记分”的形式开展活动，并根据回答的正误给分，得分高的组为胜	A:	代表小组发言	
		B:	作为备选代表协助A	
		C:	观察、评价其他组的表现	
		D:	文字记录及资料整理	
我的展示	接着说下去！			

附题：1. 开幕词的写作结构是什么？

2. 写请柬时要注意什么？

3. 欢迎词的写作结构是什么？

4. 回忆一次印象最深的活动上的开幕词或欢迎词。

任务书2

班级_________组别_________人数_________完成时间_________流水号_________

任　务	要　求	组员姓名	任务分工	得　分
题材接龙	各小组选择一个题，并派代表上台写作。在座的组员有责任对台上的情况提出异议。教师随时调整课堂情绪和节奏	A:	代表小组上台写作	
		B:	作为备选代表协助A	
		C:	观察、评价其他组的表现	
		D:	文字记录及资料整理	
我的展示	接着说下去！ 			

附题：1．以主持人身份设计一份婚宴上的开场白。

2．为某一新开张的花卉公司写一开幕词。

3．根据专业特点写一篇对新同事的欢迎词。

4．拟写一份家长会上的欢迎词。

5．为下一届亚运会的东道主拟写一份开幕词。

任务书3

班级________组别________人数________完成时间________流水号________

任　务	要　求	组员姓名	任务分工	得　分
神秘礼物	每个小组利用课余时间制作一份请柬，内容自拟。选一代表介绍制作思路，完成后由老师评分。请柬的用语要恭敬，格式要正确	A:	代表小组发言	
		B:	作为备选代表协助A	
		C:	观察、评价其他组的表现	
		D:	文字记录及资料整理	
我的展示	接着说下去！			

自我盘点

任务完成得怎样？看看你的自我评价与老师、同学的评语是否一致。

任务完成评价表

班级________学号____年____月____日

评价
1．我学到了 不懂的地方是
2．我最感兴趣的地方是 我表现最好的地方是
3．我进步的地方是 4．在与同学的协作、讨论中，我对小组的最大贡献是 老师和其他同学给我的评语是
5．关于这节课，我有自己的想法，希望老师了解的是

附录 C

拓展模块任务书

☆ 任务一　掌握商务洽谈的基本方法

☆ 任务二　掌握协商的基本方法

☆ 任务三　掌握辩论的基本方法

☆ 任务四　拟写调查报告

☆ 任务五　拟写说明书

☆ 任务六　拟写广告词

☆ 任务七　拟写海报

☆ 任务八　拟写民事起诉状

任务一　掌握商务洽谈的基本方法

实训工场

你能在日常生活、工作中运用所学知识解决实际问题吗？

任务书1

班级________组别________人数________完成时间________流水号________

任　务	要　求	组员姓名	任务分工	得　分
判断题	分组讨论，派代表分析、判断下述句子的对错	A:	代表小组发言	
		B:	作为备选代表协助A	
		C:	观察、评价其他组的表现	
		D:	文字记录及资料整理	
我的展示	接着说下去！			

判断下列句子的对错：

A．一个谈判队伍必须包括技术人员、商务人员、法律人员、财务人员、翻译等。

B．一个理想的谈判人员应该在做“专才”的同时成为一个“通才”。

C．一般说来，谈判队伍人数控制在四人左右比较有利于谈判组长的管理、协调。

D．谈判队伍的具体人数如何确定并没有一个统一的规定可以遵循。

E．没有必要为每次谈判确定主谈人员，应该充分发挥每个人的专长。

任务书2

班级________组别________人数________完成时间________流水号________

任　务	要　求	组员姓名	任务分工	得　分
选择题	从下列选项中选择最有可能被其他人员代替的人员，并说明原因	A:	代表小组发言	
		B:	作为备选代表协助A	
		C:	观察、评价其他组的表现	
		D:	文字记录及资料整理	
我的展示	接着说下去！			

下列四类谈判人员中，最有可能被其他人员代替的人员是哪类？为什么？

A．商务人员　　B．技术人员　　C．翻译　　D．记录人员

任务书 3

班级________组别________人数________完成时间________流水号________

任　务	要　求	组 员 姓 名	任 务 分 工	得　分
选　择　题	分组讨论，派代表回答以下问题	A：	代表小组发言	
		B：	作为备选代表协助 A	
		C：	观察、评价其他组的表现	
		D：	文字记录及资料整理	
我 的 展 示	接着说下去！			

当谈判项目较多、谈判内容较复杂时，下列哪种做法一般不宜采用？为什么？

A．一个包含各个专业的庞大谈判班子。

B．分成若干专业小组，各小组在总负责人领导下工作。

C．总负责人和小组长负责全局性问题的谈判。

D．专业小组负责某一个方面的专业谈判。

任务二 掌握协商的基本方法

实训工场

你能在日常生活、工作中运用所学知识解决实际问题吗？

任务书 1

班级________组别________人数________完成时间________流水号________

任务	要求	组员姓名	任务分工	得分
有话好好说	各组依据教师给出的具体情况（场景）进行协商	A:	代表小组发言	
		B:	作为备选代表协助 A	
		C:	观察、评价其他组的表现	
		D:	文字记录及资料整理	
我的展示	接着说下去！			

参考场景：房子验收不合格、商品出现质量问题、借贷到期不还款、飞机延误或航班取消、房租涨价、交通意外、财产分割、擅自改建。

任务书 2

班级________组别________人数________完成时间________流水号________

任务	要求	组员姓名	任务分工	得分
圈内协商	分组模拟自己与家庭成员（朋友）就相关事宜进行协商，并派代表进行总结	A:	代表小组发言	
		B:	作为备选代表协助 A	
		C:	观察、评价其他组的表现	
		D:	文字记录及资料整理	
我的展示	接着说下去！			

参考协商内容：父母与我沟通太少、父母不了解我、某个误会、父母闹矛盾、我的想法与家人不一致。

任务三　掌握辩论的基本方法

实训工场

你能在日常生活、工作中运用所学知识解决实际问题吗？

任务书 1

班级＿＿＿＿组别＿＿＿＿人数＿＿＿＿完成时间＿＿＿＿流水号＿＿＿＿

任　务	要　求	组员姓名	任务分工	得　分
回答问题	有位同学不重视学习，每次考试成绩都不好，他还理直气壮地说："高分低能，低能高分，这是普遍现象。"对于这个说法，你将如何辩驳？	A：	代表小组发言	
		B：	作为备选代表协助 A	
		C：	观察、评价其他组的表现	
		D：	文字记录及资料整理	
我的展示	接着说下去！			

任务书 2

班级＿＿＿＿组别＿＿＿＿人数＿＿＿＿完成时间＿＿＿＿流水号＿＿＿＿

任　务	要　求	组员姓名	任务分工	得　分
小组对垒	分组辩论： 1．伟人怎么也会犯错误？ 2．某人读了这么多的书，为何在社会上总是碰壁？	A：	代表小组发言	
		B：	作为备选代表协助 A	
		C：	观察、评价其他组的表现	
		D：	文字记录及资料整理	
我的展示	接着说下去！			

任务四　拟写调查报告

实训工场

你能在日常生活、工作中运用所学知识解决实际问题吗？

任务书1

班级________组别________人数________完成时间________流水号________

任　　务	要　　求	组员姓名	任务分工	得　　分
知识竞答	教师将课前准备好的题目写在小纸条上，各小组以“抽签——答题——记分”的形式开展活动，并根据回答的正误给分，得分高的组为胜	A:	代表小组发言	
		B:	作为备选代表协助A	
		C:	观察、评价其他组的表现	
		D:	文字记录及资料整理	
我的展示	接着说下去！			

附题：1. 如何写调查报告？

2. 调查报告的特点是什么？

3. 调查报告有哪些种类？

4. 写调查报告的步骤是什么？

任务书2

班级________组别________人数________完成时间________流水号________

任　　务	要　　求	组员姓名	任务分工	得　　分
步骤接龙	自选项目，分组完成写调查报告的各步骤，每组选派代表作介绍。调查项目应侧重选取学生比较熟悉或感兴趣的，也可由学生自行提供	A:	代表小组发言	
		B:	作为备选代表协助A	
		C:	观察、评价其他组的表现	
		D:	文字记录及资料整理	
我的展示	接着说下去！			

附题：1. 本田汽车的市场销售调查报告。

2. 广州市（或××市）技校学生兼职情况调查。

3. 本班同学开支情况分析。

任务五　拟写说明书

实训工场

你能在日常生活、工作中运用所学知识解决实际问题吗？

任务书 1

班级________组别________人数________完成时间________流水号________

任　　务	要　　求	组员姓名	任务分工	得　　分
说明书的范畴	小组各成员分别找一份说明书，对比并归纳说明书涉及的内容	A:	代表小组发言	
		B:	作为备选代表协助 A	
		C:	观察、评价其他组的表现	
		D:	文字记录及资料整理	
我的展示	接着说下去！			

任务书 2

班级________组别________人数________完成时间________流水号________

任　　务	要　　求	组员姓名	任务分工	得　　分
改　　错	阅读下面这篇商品说明书，以小组为单位完成有关训练题	A:	代表小组发言	
		B:	作为备选代表协助 A	
		C:	观察、评价其他组的表现	
		D:	文字记录及资料整理	
我的展示	接着说下去！			

黑豆奶说明书

我公司地理位置优越，交通便利，占地面积 7 500 平方米，资金实力雄厚；两条全自动瓶装、易拉罐生产线，年产量 1 万吨。

公司的拳头产品，纯天然黑豆奶属国内首创，中华一绝新一代纯天然营养保健饮品，已获得中华人民共和国国家专利、专利号：9326661·2，1990 年 4 月 1 日正式面向全国公布，并列入××省优质新产品。

祖国医学认为，黑豆有延年益寿、秀发、抗衰、增视力等多种功能，黑豆奶是以黑豆为主料配以白糖、优质泉水的植物蛋白饮料，内含丰富的蛋白质、脂肪、氨基酸、维生素等人体必需的营养保健物质，无任何色素，入口甘醇，生津止渴，老少皆宜，四季可饮。专家认为黑豆奶对儿童的健康发育、女性的乌发秀发以及老年人的抗衰老效果更加显著。

风味之正、香味之纯、奶中之王！

专利发明人、××省××保健品公司总经理×××携全体员工将热烈欢迎您的光临惠顾！

欢迎品尝纯天然黑豆奶！

让我们为共饮黑豆奶干杯！

××省××保健品公司

地址：××市××街××号

电话：××××××××

邮编：××××××

1. 这是介绍黑豆奶的说明书，而不是对××省××保健品公司的简要介绍，请你删掉与说明黑豆奶无关的内容。

2. 商品说明书与商品广告的主要区别是什么？请你将本说明书中的广告用语一一找出来，并将它改写成商品说明书的用语。

3. 这篇说明书中的语病较多，包括标点使用不当、数字运用不规范、用词不准确、句子不合语法等，请你加以修改。

4. 请你按上述要求修改后誊清正稿，使它成为一份概括式的商品说明书。正文要求保留三个自然段，字数200字左右。

任务书3

班级________组别________人数________完成时间________流水号________

任　务	要　求	组员姓名	任务分工	得　分
拟写说明书	自选一题，以小组为单位写一份说明书	A:	代表小组发言	
		B:	作为备选代表协助A	
		C:	观察、评价其他组的表现	
		D:	文字记录及资料整理	
我的展示	接着说下去！			

1. 方便面；2. 涂改液；3. 尿不湿；4. 支付宝；5. 香皂；6. 牙膏；7. 洗面奶；8. 保险柜；9. 男人；10. 女人。

任务六 拟写广告词

实训工场

你能在日常生活、工作中运用所学知识解决实际问题吗？

任务书 1

班级__________组别__________人数__________完成时间__________流水号__________

任务	要求	组员姓名	任务分工	得分
拟写广告	全班分 3 个小组，为本班拟写一份广告。要求格式正确、完整，立意新颖，包含广告文案的四要素	A：	代表小组发言	
		B：	作为备选代表协助 A	
		C：	观察、评价其他组的表现	
		D：	文字记录及资料整理	
我的展示	接着说下去！			

任务书 2

班级__________组别__________人数__________完成时间__________流水号__________

任务	要求	组员姓名	任务分工	得分
广告语竞赛	全班分 3 个小组，课前先收集一些商品的广告口号，以收集最多且不重复的小组为获胜者	A：	代表小组发言	
		B：	作为备选代表协助 A	
		C：	观察、评价其他组的表现	
		D：	文字记录及资料整理	
我的展示	接着说下去！			

任务书3

班级________组别________人数________完成时间________流水号________

任务	要求	组员姓名	任务分工	得分
分析广告	根据给出的广告口号分析广告文案语言运用了哪些修辞手法	A:	代表小组发言	
		B:	作为备选代表协助A	
		C:	观察、评价其他组的表现	
		D:	文字记录及资料整理	
我的展示	接着说下去!			

1．聪明不必“绝顶”。(某生发产品广告)
2．气势汹汹但公正严明的黄老太。(某超市的广告)
3．片纸能容天下意，一笔可画古今情。(某字画店广告)
4．酱出名门。(某调味品广告)
5．世上最难吃的饭菜。(某饭店广告)
6．不打不相识。(打字机广告)
7．一夫当关，万夫莫开。(锁厂广告)

任务七　拟 写 海 报

实训工场

你能在日常生活、工作中运用所学知识解决实际问题吗？

任务书 1

班级________组别________人数________完成时间________流水号________

<table>
<tr><th>任　务</th><th>要　求</th><th>组员姓名</th><th>任务分工</th><th>得　分</th></tr>
<tr><td rowspan="4">习　作</td><td rowspan="4">请结合本专业，按下列主题让学生根据自己的兴趣爱好进行自由组合（每组至少5人），要求各组设计出独具特色的海报，可运用多种手段</td><td>A:</td><td>代表小组发言</td><td rowspan="4"></td></tr>
<tr><td>B:</td><td>作为备选代表协助A</td></tr>
<tr><td>C:</td><td>观察、评价其他组的表现</td></tr>
<tr><td>D:</td><td>文字记录及资料整理</td></tr>
<tr><td>我的展示</td><td colspan="4">接着说下去！</td></tr>
</table>

参考题材：

1. 代机电系为学校秋季运动会设计一份海报。
2. 代服务管理系为学校艺术节文艺汇演设计一份海报。
3. 为主题班会活动设计一份海报。
4. 代汽车系为钳工能手竞赛设计一份海报。
5. 代计算机系为某产品设计一份海报。
6. 代基础系为某讲座设计一份海报。

任务书 2

班级________组别________人数________完成时间________流水号________

<table>
<tr><th>任　务</th><th>要　求</th><th>组员姓名</th><th>任务分工</th><th>得　分</th></tr>
<tr><td rowspan="4">习　作</td><td rowspan="4">结合本专业，各小组自由选择下列题材，派代表进行分析，并代拟一份海报</td><td>A:</td><td>代表小组发言</td><td rowspan="4"></td></tr>
<tr><td>B:</td><td>作为备选代表协助A</td></tr>
<tr><td>C:</td><td>观察、评价其他组的表现</td></tr>
<tr><td>D:</td><td>文字记录及资料整理</td></tr>
<tr><td>我的展示</td><td colspan="4">接着说下去！</td></tr>
</table>

参考题材：

1．××技校汽车驾驶专业一位 16 岁的少年小明，因迷恋网络游戏，学习成绩一路滑坡，班主任已多次与家长沟通，共同教育。家长听说儿子又旷课在网吧玩游戏，领回家后便是一顿毒打。小明一气之下离家出走，已经一周没有回家了。他外出时穿一身黑色牛仔服，白色运动鞋；1.6 米的个子，理着平头。如有人知晓，联系电话 139××××××××。请代写一份寻人启事。

2．某地铁公司想招聘一批学习机车制造专业的员工，条件是必须持有焊工证与钳工证，请代其写一份招聘启事。

3．某技校汽车系办公楼搬至学校另一实训基地，请代其写一份迁址启事。

任务八　拟写民事起诉状

实训工场

你能在日常生活、工作中运用所学知识解决实际问题吗？

任务书 1

班级________组别________人数________完成时间________流水号________

任　务	要　求	组员姓名	任务分工	得　分
知识抢答	四人一组抢答题目，累计记分，分高者为胜	A：	代表小组发言	
		B：	作为备选代表协助 A	
		C：	观察、评价其他组的表现	
		D：	文字记录及资料整理	
我的展示	接着说下去！			

题目：民事起诉状的含义，民事起诉状的构成，民事起诉的范围，民事起诉的法律规定。

任务书 2

班级________组别________人数________完成时间________流水号________

任　务	要　求	组员姓名	任务分工	得　分
现场法院	教师给出情境，各组选代表陈述，教师点评，分高者为胜	A：	代表小组发言	
		B：	作为备选代表协助 A	
		C：	观察、评价其他组的表现	
		D：	文字记录及资料整理	
我的展示	接着说下去！			

参考案件：借款纠纷、隐私权、劳动仲裁、合同违约、噪音污染、财产分割、劳资纠纷、民事赔偿。

任务书3

班级________组别________人数________完成时间________流水号________

任务	要求	组员姓名	任务分工	得分
写民事起诉状	组员协作完成民事起诉状的写作	A:	代表小组发言	
		B:	作为备选代表协助A	
		C:	观察、评价其他组的表现	
		D:	文字记录及资料整理	
我的展示	接着说下去！			

参考事由：孤立同学、没有集体荣誉感、不负责任、独裁、内部分裂、扰乱课堂纪律、暴力解决问题、高空掷物。

自我盘点

任务完成得怎样？看看你的自我评价与老师、同学的评语是否一致。

任务完成评价表

班级________ 学号________ ________ 年____月____日

1. 我学到了 不懂的地方是
2. 我最感兴趣的地方是 我表现最好的地方是
3. 我进步的地方是
4. 在与同学的协作、讨论中，我对小组的最大贡献是
5. 老师和其他同学给我的评语是
6. 关于这节课，我有自己的想法，希望老师了解的是

参 考 文 献

[1] 王希杰．汉语修辞学[M]．北京：商务印书馆，2004．
[2] 李红新．文言文基础知识大全[M]．北京：朝华出版社，2007．
[3] 余潇枫．中外经典辩论选读—— 语文新课标必读丛书[M]．杭州：浙江文艺出版社，2009．
[4] 林语堂．怎样说话与演讲[M]．北京：文化艺术出版社，2009．
[5] 裴显生，王殿松．应用写作[M]．北京：高等教育出版社，2006．
[6] 威廉 H 麦加菲．美国语文读本[M]．上海：上海三联书店，2011．
[7] 陈晓云．普通话口语交际[M]．武汉：华中科技大学出版社，2011．
[8] 斯科特 • 奥伯．商务沟通[M]．7 版．北京：世界图书出版公司，2012．
[9] 冯广珍．270 种应用文写作方法[M]．重庆：重庆出版社，2009．